SCORPIO

DALAI LAMA

VON HIER ZUR ERLEUCHTUNG

Die zeitlose Weisheit des großen
tibetischen Weisen Tsong-kha-pa,
erklärt für das Leben in der
modernen Welt

Aus dem Amerikanischen
von Jochen Lehner

SCORPIO

Die amerikanische Originalausgabe *From Here to Enlightenment. An Introduction to Tsong-Kha-Pa's Classic Text. The Great Treatise on the Stages of the Path to Enlightenment by His Holiness The Dalai Lama, translated, edited, and annotated by Guy Newland* ist erschienen bei SNOW LION, an imprint of Shambhala Publications, Inc., Boston

© 2013 der deutschen Übersetzung Scorpio Verlag GmbH & Co. KG
Berlin – München
Umschlaggestaltung und Motiv: Hauptmann & Kompanie
Werbeagentur Zürich
Satz: BuchHaus Robert Gigler, München
Druck und Bindung: GGP Media GmbH, Pößneck
ISBN 978-3-943416-33-6
Alle Rechte vorbehalten.
Nachdruck, Vervielfältigung und Übersetzung, auch auszugsweise,
nur mit unserer vorherigen schriftlichen Zustimmung und mit
Quellenangabe gestattet.

www.scorpio-verlag.de

INHALT

VORWORT
DES HERAUSGEBERS

Mit diesem Buch lädt der Dalai Lama Sie ein, sich ihm beim Studium eines der allergrößten Werke seiner Tradition anzuschließen. Es handelt sich um Tsong-kha-pas *Große Abhandlung über die Stufen auf dem Pfad zur Erleuchtung.* Als Seine Heiligkeit in einer kalten Märznacht des Jahres 1959 aus Lhasa floh, konnte er nicht viel mitnehmen, aber es war ihm sehr wichtig, dass dieses Buch mitkam. Tsong-kha-pas monumentales Werk fasst die sehr umfangreiche ältere Literatur über den buddhistischen Weg zusammen und ist seiner Anlage nach sowohl prägnante Philosophie als auch spiritueller Ratgeber. Anlass zu dieser Darlegung der *Großen Abhandlung* durch Seine Heiligkeit an der Lehigh University (Bethlehem, Pennsylvania) 2008, der ersten überhaupt im Westen, war die Veröffentlichung der ersten vollständigen englischen Übersetzung des Werks (*Great Treatise on the Stages of the Path to Enlightenment,* 3 Bände, Ithaca, N. Y.: Snow Lion Publications, 2001–2004).

Tsong-kha-pas 1402 veröffentliche *Große Abhandlung* ist ein grundlegendes und bahnbrechendes Werk, das eine ganz charakteristische Deutung des Begriffs »Leerheit« als höchste Realität gegen alternative Anschauungen verteidigt. Es ist ein in der Geschichte des tibetischen Buddhismus umstrittenes, aber auch sehr einflussreiches Werk. Der Dalai Lama konzentriert sich jedoch in seinen hier vorgelegten Äußerungen zu diesem Werk nicht auf unterschiedliche Lehrmeinungen in den verschiedenen Schulen des tibetischen Buddhismus; er präsentiert Tsong-kha-pas Anschauungen nicht als Widerlegung unterlegener Alternativen, sondern betont ihre einigende Kraft für die tibetische Weisheitstradition in ihrer ganzen Breite und Tiefe. Als Herkunft dieses reichen Erbes benennt er klar die Weisheitstradition Indiens, und auf der anderen Seite schlägt er den Bogen zur universalen menschlichen Erfahrung.

Mit Leichtigkeit, Humor, Leidenschaft und absolut souverän führt uns Seine Heiligkeit durch Tsong-kha-pas *Große Abhandlung* und stellt seine Erläuterung unter das Generalthema des »abhängigen Entstehens«, die tiefgründige Lehre, nach der alle Dinge nur in inniger Verbundenheit entstehen und existieren können. In jedem Kapitel kommt er erneut auf dieses Thema zurück und betrachtet alle Aspekte des Pfades unter dem Gesichtspunkt dieser Lehre. Um ein paar Beispiele zu geben: Im ersten Kapitel spricht er unter anderem über globale Verantwortung und macht deutlich, wie klar gerade in dieser modernen Welt zu erkennen ist, dass unsere Geschicke auf diesem Planeten eng miteinander verknüpft sind und kein Einzelner und kein Land Glück finden kann, ohne auch die anderen zu berücksichtigen. Oder er weist auf den großen Wert aller Weltreligionen für ihre Anhänger hin, lässt jedoch andererseits keinen Zweifel daran, dass die buddhistische Lehre der wechselseitigen Abhängigkeit den Glauben an einen Schöpfergott ausschließt, der selbst ungeschaffen und folglich ohne Ursache ist. Im Buddhismus gilt, dass *alles* nur in seiner Verbundenheit mit anderen Dingen existiert und von ihnen abhängig ist. Zugleich betont Seine Heiligkeit aber auch, wie wichtig die starke Überzeugung ist, dass unsere Entscheidungen aufgrund der Abhängigkeitsbeziehung zwischen karmischen Ursachen und Folgen Gewicht besitzen und unser Handeln entsprechende Konsequenzen nach sich zieht. Mit analytischer Präzision deckt er die ineinandergreifenden Prozesse auf, durch die wir mit unserem Festhalten an einem falschen Ich-Gefühl in immer weitere Zyklen unnötiger Leiden geraten. Immer wieder führt er vor, wie buddhistische Grundbegriffe, etwa die »drei Kostbarkeiten« und die »vier edlen Wahrheiten«, ihre wahre Bedeutung preisgeben, wenn wirklich verstanden wurde, wie alle Dinge in Abhängigkeit von anderen entstehen und darüber hinaus nicht auch noch von eigenständiger Existenz sind. Er beleuchtet, wie Liebe, Mitgefühl und Güte dadurch zustande kommen, dass wir unsere Verbundenheit mit anderen und unsere Beziehungen zu ihnen zutiefst als ein Geflecht von wechselseitigen Bedingungen erfahren. Schließlich zieht er eine Parallele zur Quantenphysik und bringt uns den Gedanken nahe, dass die Realität als solche nicht *objektiv* konstatiert werden kann, weil sie nur in der Wechselbeziehung zwischen dem erfahrenden Bewusstsein und seinen Gegenständen existiert.

Dieses Buch ist selbst ein Fall von abhängigem Entstehen. Es verdankt sich Lehrvorträgen, die von unzähligen Ursachen und Bedingungen abhingen, darunter das Lebenswerk von Geshe Ngawang Wangyal, die vielen treuen Freunde des Tibetan Buddhist Learning Center und der Einsatz des Lehrkörpers, der Angestellten, der Studenten und der Verwaltung der Lehigh University. Allen, die mir halfen, dieses Buch zu dem zu machen, was es ist, bin ich zutiefst dankbar, insbesondere Geshe Thupten Jinpa, dessen glänzende Simultanübersetzung von entscheidender Bedeutung für die Abfassung des Manuskripts war, sowie dem ehrwürdigen Geshe Lhaktor und seinem Assistenten Tsering Gyatso, die das von Seiner Heiligkeit auf Tibetisch Vorgetragene transkribierten. Joshua Cutler, Diana Cutler, Geshe Yeshe Thapkay, Thubten Chodron, Steven Rhodes, Gareth Sparham, Natalie Hauptman, Thomas Griffin und Susan Higginbotham verdanke ich entscheidende Hilfen immer dann, wenn ich sie brauchte.

Da Seine Heiligkeit vor englischsprachigem Publikum über die *Große Abhandlung* sprach, gebe ich für seine häufigen Zitate in Klammern immer die Fundstelle (Bandnummer und Seite) in der englischen Ausgabe des Verlags Snow Lion Publications an. Ich habe die Ausführungen Seiner Heiligkeit mit erläuternden Anmerkungen versehen und gebe dort auch die bibliografischen Daten englischer Fassungen der vielen weiteren von ihm angeführten Werke an. Da dieses Buch laienverständlich sein möchte, habe ich bei Sanskrit-Wörtern die diakritischen Zeichen weggelassen und gebe auch tibetische Namen und Begriffe nicht in wissenschaftlicher, sondern in annähernd den Klang nachahmender Transliteration wieder.

ZUR EINFÜHRUNG,
ROBERT A. F. THURMAN

Es ist mir eine Ehre, dieses großartige Buch zu begrüßen. Hier legt Seine Heiligkeit der Große Vierzehnte Dalai Lama Tibets (geboren 1935) eine ebenso prägnante wie umfassende Darstellung der Kern-Unterweisungen vor, die Je Rinpoche Tsong Khapa Losang Drakpa (1357–1417) in seiner *Großen Abhandlung über die Stufen auf dem Pfad zu Erleuchtung* bis ins Detail darlegte. Tsong Khapa schrieb das Werk 1402 im vierten Jahr nach seiner vollkommenen Erleuchtung in einer Berghöhle hoch über dem Einödkloster, in dem er sich zu seinem fünfjährigen Retreat aufgehalten hatte. In den Jahren danach hatte er nur eines im Sinn, nämlich aus der Befreiungslehre des Buddha und seiner zahlreichen Nachfolger bis hin zu Atisha (982–1054) eine Aufstiegshilfe für den Weg zur Erleuchtung zu machen, deren sich Menschen jeder Art und Herkunft bedienen konnten.

Dieses großartige Werk wurde zu Beginn dieses Jahrhunderts von Schülern des ehrwürdigen Geshe Wangyal ins Englische übertragen. Aus diesem Anlass kam Seine Heiligkeit 2008 in die Vereinigten Staaten und gab eine in diesem Buch wunderbar festgehaltene Einführung in die Praxis. Ich hatte das Glück, daran teilnehmen zu können, aber wenn ich das Buch jetzt lese, muss ich doch staunen, wie viel mir damals entging. Es ist, als blickte man durch eine starke Lupe auf einen geschliffenen Diamanten: Hat man die Unterweisungen als Text vor sich liegen, entdeckt man noch mehr Proportion und Tiefe, noch schönere Lichtbrechungen.

Das Buch gibt einem alles an die Hand, was man braucht, um sich auf den großen Weg mit seinen Stufen zu machen. Dennoch ist es kurz und einfach gehalten, verlangt dem Anfänger nie zu viel ab, während es zugleich die Erfahreneren auffordert, neu hinzusehen, um tiefere, verfeinerte Einsichten zu gewinnen. Es ist eine Quintessenz, wie man sie nur von diesem wahrhaft großen Lehrer der Möglichkeiten und Realitäten menschlicher Weisheit und menschlichen Mitgefühls erwarten kann.

Am Beginn der *Großen Abhandlung* geht Tsong Khapa selbst auf die Größe dieser Lehre ein, die sein illustrer Vorgänger Atisha in den wegbereitenden und für die Kadam-Schule des tibetischen Buddhismus so grundlegenden Werken *Leuchte auf dem Weg des Erwachsens* und *Stufen des Erleuchtungsweges* hinterlassen hatte. Gewähr für die Größe einer Lehre ist unter anderem die Größe des Lehrers, und Atishas Größe geht aus seiner Biografie hervor, sie ist an seinem gewaltigen Einfluss auf Indien und Tibet zu erkennen, vor allem aber an seiner Hinterlassenschaft in Form des »Viereck-Pfades« zur authentischen Rezeption der Lehren des Buddha. Diese vier Eckpunkte sind:

1. Alle Lehren sind als widerspruchsfrei zu erkennen.
2. Alle Darlegungen werden als praktische Anleitung wirksam.
3. Die Intention des Besiegers (Buddha) ist folglich leicht zu erkennen.
4. Dadurch wird der Abgrund der Abkehr vom Dharma umgangen.

Tausend Jahre später ist dieser Pfad der vier Eckpunkte nach wie vor das beste Mittel gegen sektiererische Tendenzen im Buddhismus, und wie dieses kostbare Buch mehr als hinreichend deutlich macht, lebt seine Heiligkeit der Dalai Lama die unerschütterliche Treue zu diesem Weg wie wohl kaum ein anderer. Seine eigene Praxis, seine nie behauptete, aber klar erkennbare Verwirklichung und seine ebenso sorgfältige wie eloquente Art der Kommunikation scheinen wider aus diesem Buch und sind für den Schüler eine weit geöffnete Tür zum großen Weg.

Gleich zu Beginn teilt Seine Heiligkeit die drei Dinge mit, um die es ihm vor allem zu tun ist: Als Mensch möchte er die essenziellen Werte der klar blickenden Intelligenz und des Mitfühlens gewahrt wissen; als buddhistischer Mönch möchte er, und das von ganzem Herzen, alle großen religiösen Traditionen außerhalb des Buddhismus in den Weg der vier Eckpunkte einbezogen wissen, wobei er insbesondere Judentum, Christentum und Islam anspricht, aber auch die spirituellen Traditionen des säkularen Humanismus meint; und als Tibeter, der Frieden und Aussöhnung mit allen Völkern anstrebt, wendet er sich liebevoll und verständnisvoll den Chinesen zu, die unter normalen menschlichen Gesichtspunkten wohl zu den schlimmsten Feinden Tibets zu zählen wären.

Auch innerhalb des Buddhismus bekundet er seine Hochachtung gegenüber dem, was er Pali-Tradition nennt, also dem Theravada, der »Schule der Alten«, und ihren Lehren, aber auch gegenüber dem von ihm als Sanskrit-Tradition bezeichneten Mahayana, zu dem er auch den chinesischen Buddhismus als ehrwürdigen Vorfahren zählt. Danach jedoch lässt er keinen Zweifel daran, dass Tsong Khapa und er selbst in der Tradition der buddhistischen Nalanda-Universität Indiens stehen, die auf Nagarjuna, Arya Asanga und andere zurückgeht. Er lässt uns teilhaben an der tiefen Freude, die er empfindet, wenn er Gelegenheit hat, indische

Schüler zu unterweisen und sie mit Geist und Herz wieder an ihre lange verschollenen intellektuellen und spirituellen Schätze heranzuführen:

> *Besonders tief bewegt und berührt es mich, wenn ich Gelegenheit habe, indischen Buddhisten buddhistische Unterweisungen zu geben. Überall in der Welt, wo ich lehre, besteht meine Botschaft eigentlich in altindischem Denken. Wirklich nichts weiter. Nehmen Sie die Lehre der Gewaltlosigkeit, Ahimsa – eine indische Tradition. Und bei allem, was ich hier über den Weg zur Erleuchtung sage, handelt es sich um die Schätze der Nalanda-Tradition. Wenn ich also zu meinen indischen Freunden spreche, steht mir dabei vor Augen, wie wir in Tibet die Kostbarkeiten lebendig erhalten haben, die ihnen im Laufe der Jahrhunderte weitgehend abhandenkamen. Es macht mich so unglaublich froh, sie ihnen zurückzugeben. (S. 42)*

Beim intensiven Lesen dieses Abschnitts fiel mir wieder ein, welch ein dringendes Anliegen es Seiner Heiligkeit ist (und dem verstorbenen Geshe Wangyal war), die in der Bibliothek der Nalanda-Universität aufbewahrten und im Tengyur, dem tibetischen Schriftenkanon, gesammelten Werke der großen Pandita oder Gelehrten und Weisen ins Englische und Chinesische sowie in die modernen indischen und europäischen Sprachen übersetzt zu sehen. Und schließlich macht er erkennbar, wie Tsong Khapas *Große Abhandlung* Atishas Darstellung des Pfades beleuchtet, aufbauend auf dem, was der Kagyu-Meister Gampopa (1079–1153), der Sakya-Meister Sapan (1182–1251) und der Nyingma-Meister Longchenpa (1308 bis 1364) bereits so wunderbar entfaltet hatten. Darin zeigt sich der

Einklang, in dem Tsong Khapas *Große Abhandlung* mit den Kernlehren der übrigen Haupttraditionen des tibetischen Buddhismus steht.

Wenn Seine Heiligkeit schließlich zu den eigentlichen Lehren vom Pfad kommt, geht er alle von Atisha und Tsong Khapa aus den Sutras isolierten Lehren durch, die für die Entwicklung des Einzelnen von zentraler Bedeutung sind: die Kostbarkeit des menschlichen Lebens und sein Zweck; grobe und subtile Vergänglichkeit und das Bevorstehen des Todes; das Wirken der karmischen Kausalität; die Unvermeidbarkeit des Leidens in einem auf das eigene Ich ausgerichteten Leben; die Herrlichkeit und Glückseligkeit des nichts ausschließenden Mitgefühls und der Übergang zum Erleuchtungsgeist eines Bodhisattwas; und die höchste transzendente Weisheitslehre der Ichlosigkeit, Leerheit und universalen Relativität (das abhängige Entstehen und das abhängige Benennen). Kapitel für Kapitel kredenzt er uns die Quintessenz jeder Stufe so freigiebig und so auf den Punkt gebracht – die Präzision und Reichweite sind buchstäblich atemberaubend. Hin und wieder und wie beim Vortrag selbst legt er eine Pause ein, um große und repräsentative Fragen von Studenten und Praktizierenden zu beantworten, und auch das trägt wesentlich dazu bei, die vermittelten Ideen leichter zugänglich zu machen.

In den letzten Kapiteln führt uns Seine Heiligkeit behutsam durch die Vielschichtigkeit der Lehren des Mittleren Weges, wie sie von Madhyamika-Philosophen wie Nagarjuna, Aryadeva, Chandrakirti, Shantarakshita und Tsong Khapa vertreten werden, sowie durch die Feinheiten der dialektischen (Prasangika) und dogmatischen (Svatantrika) Auffassung der Leerheit und der beiden Realitäten (der relativen und der absoluten). Es gelingt ihm tatsächlich, diese Themen klar und nachvollziehbar zu behandeln oder zumindest so viel Orientierung zu geben, dass man Lust bekommt, sich näher damit zu befassen. Am Schluss steht die herzliche Aufforderung an uns alle, uns auf den Weg zu unserer eigenen Buddhaschaft zu machen und es nicht einfach dabei zu belassen, dass andere sie haben, dass große Meister sie erringen. Nein, wir sind alle aufgerufen, die in uns allen, Buddhisten und Nichtbuddhisten, angelegte glückselige Weisheit des klaren Lichts zu entfalten und so nach diesem unvorstellbar freien und glücklichen, aber erreichbaren Leben zu streben.

Wenn die Größe einer Lehrer ein wichtiger Anreiz für die Auseinandersetzung mit ihr ist und die Größe eines Lehrers auf die Größe der Lehre schließen lässt, muss wohl die Größe dieses Weltlehrers, des buddhistischen Mönchs Tenzin Gyatso, seiner Heiligkeit des Großen Vierzehnten Dalai Lama, die sich in diesem prägnanten und klaren Buch so überaus deutlich zeigt, ein klarer Hinweis auf die ungebrochene Vitalität dieses Werks über die Stufen des Weges zur vollen Erleuchtung sein. Möge es sich in der pluralistischen spirituellen Kultur dieses Weltzeitalters für aufgeschlossene Menschen aller Glaubens- und Nichtglaubensrichtungen als hilfreich erweisen.

ROBERT A. F. THURMAN
Jey Tsong Khapa Professor of Indo-Tibetan Buddhist
Studies, Columbia University
President, Tibet House US

GANDEN DEKYI LING,
Woodstock, New York
31. Mai 2012, im Saga Dawa, dem tibetischen Jahr
des königlichen Wasserdrachens 2139

1
TIEFE VERBINDUNGEN

Guten Tag Ihnen allen. Es ist mir eine große Freude, hier zu sein, um Vorträge über *Die große Abhandlung über die Stufen auf dem Pfad zu Erleuchtung* (tib. *lam rim chen mo*)[1] zu halten. Ich habe das Zentrum des verstorbenen Geshe Wangyal auch während meines ersten Aufenthalts in Amerika 1979 besucht, denn zwischen den Tibetern und Mongolen besteht schon sehr lange und insbesondere seit der Zeit des Dritten Dalai Lama eine sehr enge Verbindung.[2] Wir Tibeter haben eine ganz besondere und tiefe Beziehung zu den Mongolen einschließlich der Kalmücken und Burjäten. Einer meiner besten Studienfreunde war Ngodrup Tsokyi, ein Mongole. Von ihm habe ich so viel Hilfe erfahren – da ist es ganz natürlich, dass man sich verbunden fühlt. Bei einem meiner Besuche im Zentrum des verstorbenen Geshe Wangyal erinnerten wir uns an die vielen Geschichten von unserem starken Miteinander in der Vergangenheit. Wir waren alle sehr bewegt davon und hatten Tränen in den Augen.

Joshua Cutler, der Direktor des Tibetan Buddhist Learning Center, ist weder Tibeter noch Mongole, sondern ein Amerikaner europäischer Abstammung. Aber er und Diana, glaube ich, haben die Arbeit getreulich im Geist Geshe Wangyals fortgeführt. Sie haben mich gebeten, *Die große Abhandlung über die Stufen des Pfades zur*

Erleuchtung zu lehren, und sie haben das Werk ins Englische übertragen. Ich habe zugesagt, irgendwann in der Zukunft über diesen Text zu sprechen, und heute ist es so weit.

Nun ist das Buch natürlich sehr umfangreich. Wir können unmöglich alles in ein paar Tagen durchgehen. Ich werde also in erster Linie seine wesentlichen Aussagen zusammenfassend darstellen und sie erläutern, wo es nötig erscheint.

Die *Große Abhandlung* wurde von Lama Tsong-kha-pa verfasst, einem großen Gelehrten und wahren Angehörigen der Nalanda-Tradition.[3] Ich sehe ihn als einen der größten tibetischen Gelehrten überhaupt. Man kann das Buch heute ohne Weiteres auf Tibetisch oder Englisch erwerben, aber wie Sie sehen, habe ich mein eigenes Exemplar mitgebracht. Am 17. März 1959, als ich am Abend den Sommerpalast Norbulingka verließ, nahm ich dieses Buch mit.[4] Seitdem habe ich es zehn- bis fünfzehnmal bei Unterweisungen benutzt, immer dieses Exemplar. Es liegt mir wirklich sehr am Herzen.

Globale Verantwortung

Die meisten von Ihnen werden wissen, wofür ich mich engagiere, Sie kennen meine Anschauungen und Gedanken. Einige werden aber auch neu sein, und deshalb möchte ich kurz auf die wesentlichen Dinge eingehen, die mir besonders am Herzen liegen. Zunächst einmal bin ich einfach ein Mensch unter sechs bis sieben Milliarden anderen, die sich alle diesen einen Planeten teilen. Wir alle leben unter der einen Sonne. Heute mehr denn je stehen wir als ein einziges Gemeinwesen vor Phänomenen wie dem Bevölkerungswachstum, der weltweiten Kommunikation ohne Zeitverzögerung, der globalen Wirtschaft und den uns alle betreffenden Umweltproblemen. Tatsächlich sind wir ein Ganzes, und in Wirklichkeit gibt es keine gesonderten, für sich bestehenden Einzelinteressen. Für jeden von uns gilt, dass unsere Zukunft gänzlich von den übrigen Menschen, vom Rest der Welt, abhängig ist. Unsere Anschauungen sind jedoch nach wie vor von einer Art, die aus früheren Zeiten auf uns überkommen ist, in der die Menschen in weitgehend voneinander unabhängigen Gemeinschaften lebten. Zwischen unserer Wahrnehmung und der Realität besteht eine Kluft, und diese Kluft wird größer. Überholte Denkgewohnheiten lassen uns irrtümlich annehmen, wir und unsere engere Lebensgemeinschaft seien von der übrigen Welt unabhängig. Unser Handeln, von diesem Denken geleitet, erweist sich ebenfalls als realitätsfern.

Niemand wünscht sich wachsende Probleme. Aber es gibt nun einmal viele Probleme, und oft schaffen wir sie uns selbst, weil uns der Blick fürs Ganze fehlt, der Blick für die Realität. Wenn wir ein Gefühl für globale Verantwortung bekommen sollen, müssen wir die ganze Erde in den Blick fassen. Sie ist einfach ein kleiner Planet, und unsere individuelle Zukunft ist sehr eng mit der ihren verknüpft. Kümmern wir uns also um unsere Erde. Unsere eigene individuelle Zukunft ist nur dadurch zu sichern, dass wir uns für das Wohl aller Menschen und überhaupt aller Lebewesen dieser Welt engagieren.

Das also ist mein Hauptanliegen: klarzumachen, dass wir ein globales Verantwortungsgefühl brauchen. In diesem Zusammenhang betrachte ich die buddhistische Lehre nicht als Religion, sondern als einen Fundus von Ideen, die uns weiterhelfen könnten. So ist es doch sicher sinnvoll, *alle* Lebewesen zu berücksichtigen. Es mag unrealistisch wirken, an andere Wesen in anderen Welten zu denken. Ob Sie das so sehen oder nicht, in emotionaler Hinsicht ist es jedenfalls sehr hilfreich. Wenn wir darin geübt sind, uns innerlich unzähligen Lebewesen in unzähligen Welten zuzuwenden, steht doch sicher außer Frage, dass wir uns auch für die weit über sechs

Milliarden Menschen auf unserem eigenen Planeten engagieren werden. Und die Abermilliarden Tiere – sie leiden immens unter uns Menschen, ist es nicht so? Da ist die buddhistische Lehre des grenzenlosen Altruismus, der Selbstlosigkeit, sicher höchst relevant. Dabei geht es nicht um künftige Leben oder Erleuchtung, sondern grenzenloser Altruismus erweist sich einfach als praktisch, wenn man ein glücklicher Mensch werden möchte, ein einsichtiger, Nutzen stiftender Mensch auf dieser Erde.[5]

In den Schwierigkeiten des Alltags können buddhistische Ideen eine große Hilfe sein. Sie rüsten uns mental und vor allem seelisch so aus, dass wir auch in Schwierigkeiten unseren inneren Frieden wahren können. Das dient unserer Gesundheit. Zu viele Sorgen und zu viel Ehrgeiz schüren Argwohn und Neid, und die ziehen psychische Störungen nach sich. Da können sich manche buddhistische Ideen als hilfreich für das geistige und seelische Wohlergehen des Einzelnen erweisen, und in der Folge können sich auch Nutzeffekte für den Körper zeigen. Wenn Sie also nicht gläubig und nicht an Religion interessiert sind, muss das kein Mangel sein. Hören Sie sich einfach diese Ideen an, und wenn Sie etwas finden, das Ihnen brauchbar erscheint, greifen Sie zu. Und was Ihnen unsinnig erscheint, das vergessen Sie einfach.

Einklang der Religionen

Mein zweites Anliegen ist die Einmütigkeit unter den Religionen. Ich bin ein Buddhist, manche sehen mich sogar als strammen Buddhisten. Die buddhistischen Meister des alten Indien, namentlich die Gelehrten der Nalanda-Universität, waren sehr, sehr kritische Geister.[6] Sie zergliederten alles, sowohl die Worte des Buddha selbst als auch die Anschauungen der nicht buddhistischen Überlieferungen. Buddhistische Meister wie Nagarjuna, Aryadeva, Dignaga, Dharmakirti und Shantarakshita waren Logiker von höchsten Gnaden, die jeden noch so kleinen Bruch, jede noch so kleine Schwäche in nicht buddhistischen philosophischen Positionen aufspürten. Ich bin auch so, bis zu einem gewissen Grade zumindest. Ich möchte ausloten und analysieren, und in diesem Sinne darf man mich als sehr entschiedenen Buddhisten sehen.

Aber ich habe eben auch Sinn für den Wert und das Potenzial aller anderen großen Traditionen. Ist es nicht furchtbar, ist es nicht traurig, dass es Konflikte im Namen der Religion gibt? In der Folge haben unschuldige, aufrichtige Gläubige zu leiden. Es ist also wichtig, sich für Harmonie zwischen den Religionen einzusetzen, und das in einem Geist der Achtung und des gegenseitigen Verstehens. Für Nichtbuddhisten ist es gut, etwas über die Grundzüge des Buddhismus zu wissen, und Buddhisten sollten etwas von den anderen Religionen verstehen.

Deshalb bin ich gestern zum Ajmer-Sharif-Schrein, einem berühmten muslimischen Heiligtum im indischen Rajasthan, gepilgert.[7] Es ist vielleicht die heiligste Stätte des Sufismus, der mystischen Tradition des Islam. Jedes Jahr finden hier sechs Tage lang Gebete zum Gedenken an einen großen Heiligen statt. Ich war dazu eingeladen. Es wurde die Nacht hindurch gebetet, aber ich nahm daran nur in den frühen Morgenstunden teil. Da habe ich also gestern früh von halb drei bis halb fünf in der Kleidung eines buddhistischen Mönchs und mit einer muslimischen Kopfbedeckung gebetet.[8] Es müssen Hunderttausende Menschen da gewesen sein, und es war unglaublich heiß und schwül. Bei so vielen Menschen auf so engem Raum wurde natürlich geschwitzt, und es roch entsprechend. Nennen wir es den Duft der ethischen Disziplin – gewürzt mit Schweiß. Mein Gewand ist jetzt noch feucht, aber es hat richtig Spaß gemacht, es war wunderbar.

Vor ein paar Wochen gab es in Delhi eine internationale muslimische Konferenz, zu der ich ebenfalls eingeladen war. Ich muss wohl der einzige nicht muslimische Teilnehmer gewesen sein. Am Nachmittag habe ich die Jama-Masjid-Moschee in Delhi besucht und zusammen mit Tausenden Muslimen gebetet.[9] Es war das erste Mal, dass ich die weiße Kappe trug. Ich persönlich freute mich riesig darüber, aber es gab auch Bedenken, dass gewisse konservative Elemente die Sache ganz anders sehen könnten. Aber es gab alles in allem sehr positive Reaktionen. Es scheint, die Leute schätzen meine Bemühungen um Einklang und echten Respekt zwischen allen Religionen.

Wenn Sie auch finden, dass Verständnis und Einklang unter den Religionen der Welt eine wichtige Sache sind, dann bitte, werden Sie aktiv. Suchen Sie Kontakt zu den Gläubigen anderer Religionen. Seit dem 11. September ist es ganz besonders wichtig, den Kontakt zu den Brüdern und Schwestern muslimischen Glaubens zu suchen. Viele Menschen haben ein negatives Bild vom Islam und seinen Anhängern, und dieses Bild ist vollkommen falsch.

Sicher, es trifft zu, dass indische Buddhisten in der Vergangenheit vielfach unter den Muslimen zu leiden hatten, doch das ist wie gesagt Vergangenheit.[10] Es ist müßig, dabei zu verweilen und alten Hass zu pflegen. Es ist ausgesprochen töricht. Heute leben Muslime zum Beispiel auch in der Gegend von Bodhgaya. Möglicherweise kamen ihre Vorfahren nach Bodhgaya, um den dortigen buddhistischen Tempel zu zerstören.[11] Aber heute sind sie den buddhistischen Pilgern wirklich gute Freunde. Immer wenn ich Bodhgaya besuche, heißen sie mich mit Tee und diesen köstlichen Nüssen willkommen. Wie ich das genieße! So sieht die heutige Realität aus. Tausende Muslime leben dort, und sie praktizieren nicht nur ernsthaft ihre Religion, sondern sind wunderbare Menschen.

China und Tibet

Mein drittes Anliegen ist Tibet mit seinen Menschen und seiner Kultur. Solange es zwischen Tibetern und Chinesen keine echte Verständigung zum beiderseitigen Wohl gibt, ist es meine Pflicht, für die Tibeter zu sprechen. Leider hat die Propaganda der chinesischen Regierung seit der Krise vom 10. März 2008 vielen Chinesen den Eindruck vermittelt, die Tibeter seien gegen die Chinesen.[12] Die Wogen der Gefühle schlugen hoch. Bei meinem letzten Amerikabesuch demonstrierten einige Chinesen vor dem Gebäude, in dem ich meinen Vortrag hielt. Ich hatte den Wunsch, mit ihnen zu sprechen, und tatsächlich kam ich mit sieben von ihnen zusammen. Zwei hörten sich meine Erklärungen ruhig an, aber die übrigen waren so verärgert, dass sie gar kein Interesse hatten zu hören, was ich sagte. Die Gefühle waren einfach zu stark.

Ich finde, dass jetzt die beste Zeit ist, Freundschaftsgruppen von Tibetern und Han-Chinesen überall da einzurichten, wo sie in derselben Kommune zusammenleben. Da lernen sie sich kennen, und wenn dann Probleme entstehen, können sie darüber sprechen, sich gegenseitig informieren und ihre Ansichten austauschen. Bisher gibt es im Normalfall keine Kommunikation zwischen beiden Seiten. Sie bleiben beide für sich, und wenn dann etwas passiert, werden sie von ihren Gefühlen mitgerissen.

Sie können dabei helfen. Wenn irgendwo Tibeter und Han-Chinesen in der gleichen Gegend leben, können Sie ihnen beim Aufbau einer Freundschaftsgruppe helfen. Sie selbst können natürlich auch dabei sein, sofern Sie ehrliche Absichten haben. Letztlich müssen die Han-Chinesen und Tibeter das Problem jedoch selbst und gemeinsam lösen. Niemand kann ihnen das abnehmen.

Wir Tibeter strecken unseren chinesischen Freunden die rechte und unseren Förderern im Westen die linke Hand hin. Die rechte wird als wichtiger gesehen, und die bieten wir der chinesischen Regierung. Solange diese rechte Hand jedoch leer bleibt, wird unsere linke Hand die Hilfen all derer annehmen, die sich wirklich für uns einsetzen. Das ist nur folgerichtig, nur natürlich. In dem Maße, in dem die rechte Hand etwas Konkretes geboten bekommt, kann sich die linke lösen und zum Abschied winken.

Unsere chinesischen Brüder und Schwestern müssen das Tibet-Problem wirklich voll und ganz zur Kenntnis nehmen, das ist entscheidend wichtig. Da ist es gut, ihnen bei jeder Gelegenheit von tibetischer Kultur, tibetischer Sprache oder tibetischer Spiritualität zu erzählen. Erst dann ist es sinnvoll, etwas zur Geschichte zu sagen und dabei die Anschauungen beider Seiten zu berücksichtigen. Auch bei den Chinesen selbst gehen die Meinungen zur Geschichte auseinander, nicht jeder schließt sich der offiziellen Darstellung an. Was wir also brauchen, ist ein die Realität abbildender Ansatz, und dazu ist erst einmal eine umfassende Kenntnisnahme der Realität erforderlich. Selbst unter Ihnen hier ist vielleicht mancher, der dazu etwas leisten könnte.

Ältere und jüngere Dharma-Schüler

Nach herkömmlicher Geschichtsauffassung lebte der Buddha vor etwa 2600 Jahren. Seine Lehre verbreitete sich von Indien aus in die umliegenden Regionen, vor allem nach Südostasien und Ostasien. Heute herrscht in Birma, Sri Lanka, Thailand, Kambodscha und anderen Ländern die Pali-Tradition vor. In China, Korea, Japan, Vietnam und eben Tibet und der Mongolei ist die Pali-Tradition ebenfalls vertreten, aber hier finden wir auch die Sanskrit-Tradition.[13] Die chinesische Sprache – und erst danach die tibetische – ist eine wichtige Bedingung für das Verständnis des Buddhismus der

Sanskrit-Tradition. In China fasste der Buddhismus mindestens drei bis vier Jahrhunderte früher Fuß als in Tibet.

Die Pali-Tradition ist die älteste, sozusagen das Fundament des Buddha-Dharma. Wer in dieser Tradition steht, gehört gleichsam zur Oberstufe der Buddha-Schüler. Innerhalb der Sanskrit-Tradition sind die chinesischen Buddhisten die ältesten Buddha-Schüler, gefolgt von uns, den Tibetern und Mongolen. Deshalb bezeige ich immer als Erstes der älteren Tradition meinen Respekt, wenn ich vor chinesischen Zuhörern spreche.

Aber ich darf vielleicht auch erwähnen, dass die jüngeren Schüler des Buddha manchmal die Nase vorn haben, was den Erkenntnisstand angeht. Der Buddhismus wurde in Tibet durch Shantarakshita eingeführt, einen der führenden Logiker und Philosophen der Nalanda-Tradition. Er kam selbst nach Tibet. Er und sein Schüler Kamalashila waren große Gelehrte, deren Schriften auf uns überkommen sind. Sie waren Logiker, Madhyamika-Philosophen und Mönche, und in diesem Geist unterwiesen sie ihre Schüler in Tibet. Noch heute, im 21. Jahrhundert, studieren wir wichtige Texte in der strengen und gründlichen Weise, die damals eingeführt wurde. Zuerst lernen wir sie auswendig, dann bekommen wir eine Wort für Wort vorgehende Erläuterung. Danach diskutieren wir ihre Bedeutung ebenso gründlich wie präzise. Unsere Kenntnis des Buddha-Dharma geht im Wesentlichen auf diese großen Lehrer zurück, durch sie finden wir uns in die Nalanda-Tradition eingebunden. Ich glaube also, dass die tibetische Tradition führend ist, was die tiefere und ausführlichere Form der Lehre angeht.

Die von indischen Meistern und tibetischen Meistern verfassten Texte unterschieden sich aufgrund der äußeren Umstände. Indien war ja nicht rein buddhistisch, sondern es gab auch viele Nichtbuddhisten, und es kam zu regen Diskussionen zwischen den führenden Gelehrten der verschiedenen Traditionen. Folglich verfassten indische Meister wie Nagarjuna und Aryadeva Texte, die eher auf Vergleich und tiefere Analyse angelegt waren, während tibetische Meister davon ausgehen konnten, dass ihre Zuhörerschaft durchweg buddhistisch war, weshalb sie wenig Vergleichendes schrieben.

Ist die Realität buddhistisch oder christlich?

Wir haben auf dieser Erde so viele religiöse Traditionen, die alle zu verschiedenen Zeiten ihren Anfang nahmen und den Menschen in ihrem Entstehungs- und Verbreitungsgebiet gute Dienste leisten. Seit mehr als tausend Jahren, in etlichen Fällen seit über zweitausend Jahren, stiften diese Traditionen der Menschheit großen Nutzen. Auch heute sind Abermillionen Menschen von ihnen inspiriert. Das ist einfach eine Tatsache. Auch in der Zukunft werden diese Traditionen bestand haben und den Menschen dienen.

In der Vergangenheit hat das Nebeneinander vieler verschiedener Traditionen manchmal zu Auseinandersetzungen geführt. Von jetzt an, hoffe ich, wird es seltener zu solchen Problemen kommen, weil wir uns einander näher fühlen werden. Wir bekommen mehr Sinn für den Wert anderer Traditionen. Wir wissen, dass Menschen von unterschiedlicher Art sind und keine Religion allen gerecht werden kann. Im Westen herrscht das Christentum vor, es ist eine jüdisch-christlich geprägte Kultur. Nach meiner Erfahrung ist es oft sicherer und besser, bei der Religion zu bleiben, in der man aufgewachsen ist.

Lassen Sie mich zur Verdeutlichung ein paar persönliche Beobachtungen anführen. Vor langer Zeit habe ich bei der Theosophischen Gesellschaft in Madras eine polnische Theosophin kennengelernt.[14] Als ab 1959 immer mehr Tibeter nach Indien strömten, freundete sie sich mit ihnen an und unterstützte viele junge Tibeter bei ihrer Ausbildung. Das führte schließlich dazu, dass sie den Buddhismus zu ihrer Religion machte. Später jedoch, als sie über 80 war und den Tod näher kommen spürte, wurde der Schöpfergott wieder lebendig in ihr und beschäftigte sie zunehmend. Das brachte für sie einiges an Verwirrung mit sich.

Und noch eine Geschichte, diesmal von einer Tibeterin, die mit einem tibetischen Regierungsbeamten verheiratet war. Als er starb, blieb sie mit etlichen kleinen Kindern allein. Sie wurde von christlichen Missionaren unterstützt, die auch dafür sorgten, dass die Kinder eine ordentliche Schulbildung bekamen. Zu mir kam sie irgendwann in den Sechzigerjahren, und sie war sehr traurig. Weil die christlichen Missionare so gut zu ihr gewesen waren, hatte sie beschlossen, in diesem Leben eine Christin zu sein. Aber sie war fest entschlossen, im nächsten Leben wieder Buddhistin zu sein. Hier sehen Sie wieder, wie weit die Verwirrung gehen kann.

Heute interessieren sich viele im Westen für den Buddhismus, und manche sind ernsthaft praktizierende Buddhisten geworden. Aber im Allgemeinen, muss ich sagen, ist es viel sinnvoller, in seiner ursprünglichen Religion zu bleiben. Wir können auch die andere Seite betrachten: Es gibt Millionen Tibeter, und so gut wie alle sind Buddhisten, aber in der Gegend von Lhasa leben seit Jahrhunderten auch muslimische Tibeter. Meist ist es so, dass die Muslime aus Ladakh kamen, sich in Tibet niederließen und Ehen mit Tibetern schlossen. Das war und ist unproblematisch. Seit Beginn des 20. Jahrhunderts gibt es außerdem fromme christliche Tibeter, wenn auch sehr wenige. Ein paar Tausend von sechs Millionen Tibetern fühlen sich also zu anderen Religionen hingezogen. Im Westen gibt es Millionen von christlich geprägten Menschen, die ein sehr waches Interesse am Buddhismus zeigen. Manche dieser Menschen sehnen sich nach einer Spiritualität, die sie in ihrer angestammten Religion nicht finden. Wenn also der Buddhismus Sie wirklich fördert, dann gut; aber es bleibt immer wichtig, auch die Religion, in der Sie aufgewachsen sind, in Ehren zu halten.

Die Realität kann kaum einfach buddhistisch oder christlich sein. Das betone ich immer, wenn ich im Westen lehre, einfach weil ich ein gewisses Zögern in mir spüre.[15] Wenn ich dagegen vor Chinesen, Tibetern, Mongolen, Japanern oder Vietnamesen buddhistische Unterweisungen gebe, kann ich davon ausgehen, dass die allermeisten ohnehin schon in der buddhistischen Tradition stehen. Das ist dann unproblematisch. Ich habe sogar das Gefühl, dass ich sie wieder an ihre ureigenen überlieferten Lehren heranführe, an ihren Dharma, ihre Religion.

Besonders tief bewegt und berührt es mich, wenn ich Gelegenheit habe, indischen Buddhisten buddhistische Unterweisungen zu geben. Überall auf der Welt, wo ich lehre, besteht meine Botschaft eigentlich in altindischem Denken. Wirklich nichts weiter. Nehmen Sie die Lehre der Gewaltlosigkeit, *Ahimsa* – eine indische Tradition. Und bei allem, was ich hier über den Weg zur Erleuchtung sage, handelt es sich um die Schätze der Nalanda-Tradition. Wenn ich also zu meinen indischen Freunden spreche, steht mir dabei vor Augen, wie wir in Tibet die Kostbarkeiten lebendig erhalten haben, die ihnen im Laufe der Jahrhunderte weitgehend abhandenkamen. Es macht mich so unglaublich froh, sie ihnen zurückzugeben.

Es ist sehr wertvoll, die eigene Tradition beizubehalten. Natürlich können Sie jederzeit Praktiken anderer Religionen, also etwa des Buddhismus, einbeziehen. Manche meiner christlichen Freunde bemühen sich um Mitgefühl, Toleranz und Zufriedenheit und bedienen sich dazu buddhistischer Übungsweisen, ohne gleich die Religion zu wechseln. Das erscheint mir vernünftig und gut.

Dann gibt es aber auch christliche Freunde, die etwas über den buddhistischen Begriff der »Leere« oder »Leerheit« erfahren möchten, und da lache ich meistens und sage: »Das geht Sie nichts an.«

Das sage ich zwar im Scherz, aber ich möchte durchaus auch zur Vorsicht mahnen, dieses Interesse kann nämlich ihren Glauben an einen Schöpfergott, an etwas Absolutes, an einen mächtigen Gott untergraben. Es ist für einen Buddhisten nicht ganz einfach, über dergleichen zu sprechen.

Vor vielen Jahren bin ich in England einmal gebeten worden, vor einer christlichen Zuhörerschaft über die Evangelien zu sprechen. Das war eine Herausforderung, schließlich glauben Buddhisten ja eigentlich nicht an einen göttlichen Schöpfer. Letztlich sollte ich also den Glauben an einen Schöpfer stärken, an den ich selbst nicht glaube. Nun, ich tat mein Bestes. Ich bediente mich einiger Argumente für diesen Glauben, wie wir sie aus alten indischen Überlieferungen kennen, die auch einen Schöpfergott bejahen. Die Zuhörer waren von meiner Auslegungen einiger Textstellen aus den Evangelien sehr angetan. Ich glaube sogar, dass sie wirklich zu einem tieferen Gottesverständnis kamen.

Natürlich gibt es sehr bedeutsame Unterschiede der Philosophie zwischen verschiedenen Religionen, aber in praktischer Hinsicht sind sie eigentlich gleich. Sie lehren Liebe und Güte, sie lehren Vergebung, Toleranz, Selbstdisziplin und Zufriedenheit. Sie lehren Glauben, all das ist überall gleich. Einer meiner christlichen Freunde in Australien, ein Seelsorger, der sich sehr engagiert für die Armen einsetzt, stellte mich dem Publikum als »guten Christen« vor. Das gefiel mir sehr. Ich griff den Scherz auf und gab zurück, ich sehe ihn als guten Buddhisten. Es kommt darauf an zu sehen, dass die verschiedenen Traditionen vieles miteinander gemein haben, und alle werden ja in dem Bewusstsein praktiziert, sich für das Wohlergehen anderer einsetzen zu wollen. Darum geht es.

Wenn Sie Ihre Religion mit diesem Engagement für das Wohlergehen anderer praktizieren, finden Sie darin selbst Erfüllung. Darin liegt der Sinn unseres Lebens. Welchen Sinn hätte ein lediglich luxuriöses Leben, in dem man viel Geld ausgibt, wenn andere auf derselben Erde mit furchtbaren Schwierigkeiten zu kämpfen haben oder gar hungern müssen? Anderen helfen, anderen dienen – darin liegt eigentlich der Sinn des Lebens. Und wenn Sie glauben, dass Gott uns als soziale Wesen erschaffen hat, muss darin wohl doch ein tieferer Sinn liegen. Unter sozialen Wesen kann die Basis des Lebens nur darin bestehen, dass wir uns einer um den anderen kümmern, dass wir füreinander da sind.

Wahre Praxis

In Gungthang Rinpoches Gesängen[16] finden wir die folgenden Zeilen:

Da ich nun dieses kostbare menschliche Leben der Muße und der Möglichkeiten erlangt habe, besteht die Gefahr, dass ich es verliere, ohne ihm Sinn verliehen zu haben. So wird es also jetzt Zeit für mich, nach Befreiung zu streben.

Und er richtet an sich selbst die Mahnung:

So muss ich denn jetzt vom Bewusstsein der Vergänglichkeit gepackt werden wie von einem Eisenhaken.

Machen wir uns alle klar, welch ungeheure Chance sich uns bietet. Als Menschen besitzen wir diese einzigartige Intelligenz, aber es besteht die reale Gefahr, sie nicht richtig zu nutzen. Der Tod ist uns sicher, aber wann er kommt, können wir nicht wissen. Unser kostbares menschliches Dasein könnte uns jeden Moment verloren gehen. Vor diesem Hintergrund sollten wir uns dazu anhalten, *jetzt* etwas Sinnvolles zu tun. Und es gibt, um unserem menschlichen Dasein Sinn zu verleihen, nichts Besseres als die entschlossene Praxis des Dharma. Seien Sie bei der Meditation im Sitzen, aber auch in den Zeiten zwischen den Meditationen achtsam, schauen Sie mit wachem Blick nach innen. Behalten Sie Ihren Geist immer im Auge.

Sie wissen ja, Praktiken dieser Art gibt es in allen Religionen. Es bleibt ganz der Entscheidung des Einzelnen überlassen, ob er sich diesen Praktiken widmet, unabhängig von seiner Haltung zur Religion überhaupt. Sie brauchen nicht religiös zu sein, um ein guter, ein sensibler Mensch zu sein – auch unter Nichtgläubigen gibt es wunderbare Menschen. Aber wenn Sie sich einer Religion zugehörig fühlen, sollten Sie darin ernsthaft und aufrichtig sein. Machen Sie die Lehren Ihrer Religion zum Bestandteil Ihres Lebens. Sie können jeden Tag vom Moment des Aufwachsens an eine kleine Ecke Ihres Geistes dafür reservieren, immer ein Auge auf Ihren Geist und Ihr Verhalten zu haben.

Ich war einmal in Jerusalem bei einer Zusammenkunft von einigen Juden und Palästinensern. Ein jüdischer Lehrer erzählte uns, wie er seine Schüler anleitet, mit Situationen umzugehen, in denen sich die Begegnung mit Menschen, die sich nicht mögen, nicht vermeiden lässt. Seine palästinensischen Schüler, sagte er, seien an israelischen Checkpoints immer sehr aufgewühlt. Ihnen gab er den Rat, sich bei solchen das innere Gleichgewicht störenden Begegnungen zu sagen, dass auch dieser Mensch ein Ebenbild Gottes sein müsse. Seine Schüler meldeten zurück, dieses Vorgehen sei ihnen eine große Hilfe. Sofern sie an seinen Rat dachten, blieben sie innerlich wesentlich ruhiger, und es fiel ihnen leichter, mit den Wachen an den Checkpoints umzugehen, ohne sich allzu sehr zu erregen. Das ist mit Praxis gemeint. Wir müssen diese Dinge wirklich tun. Religiöse

Lehren wollen praktisch umgesetzt werden, und das kann ganz wunderbar sein.

Wer solch eine Praxis aufnehmen möchte – zum Beispiel den Geist im Auge zu behalten –, sollte sich immer gleich beim Aufwachen darauf verpflichten und sich sagen: »Heute werde ich den ganzen Tag nach bestem Vermögen praktizieren, was ich glaube.« Es ist ganz wichtig, dass wir gleich am Tagesanfang eine Gestalt für das festlegen, was weiterhin passieren wird. Und am Ende des Tages führen Sie sich vor Augen, wie es gelaufen ist. Lassen Sie den Tag Revue passieren. Und wenn Sie den am Morgen gefassten Entschluss den Tag über wahren konnten, dürfen Sie sich freuen. Bestärken Sie sich in dem Vorsatz, genauso weiterzumachen. Natürlich kann es auch sein, dass Sie beim Tagesrückblick auf etwas in Ihrem Verhalten stoßen, was Ihren religiösen Werten und Überzeugungen nicht entspricht. Nehmen Sie das bewusst zur Kenntnis, und erlauben Sie sich ein Gefühl tiefen Bedauerns. Und dann sagen Sie sich, dass Sie sich dieses Handeln in Zukunft nicht mehr erlauben werden.

Üben Sie sich darin, und es wird ganz sicher im Laufe der Zeit zu Veränderungen kommen, zu echter und tief greifender geistiger Wandlung. So erzielt man Verbesserungen. Einmaliges Beten kann unmöglich echte Verbesserung herbeiführen. Aber ganz bestimmt können die Dinge besser werden, wenn wir unseren Geist im Auge behalten und das praktizieren, woran wir glauben, Tag für Tag, Jahr für Jahr und Jahrzehnt für Jahrzehnt. Diese Sicht der Dinge ist den Gläubigen aller religiösen Traditionen geläufig.

2

DER GROSSE WERT DIESER LEHRE

Übertragung

Dieses Buch, *Die Große Abhandlung über die Stufen auf dem Pfad zur Erleuchtung*, ist natürlich von Atisha Dipamkara verfasst worden, einem Bengali des 11. Jahrhunderts, der nach Tibet kam.[1] Shantarakshita war bereits im 8. Jahrhundert gekommen, sodass man sagen kann, die Nalanda-Tradition sei im 11. Jahrhundert in Tibet etabliert gewesen. Atisha verfasste den kurzen Text *Leuchte für den Weg zur Erleuchtung* mit dem Ziel einer Zusammenfassung der für Schüler der verschiedenen Befähigungsgrade geeigneten buddhistischen Lehren.[2] Atishas *Leuchte* wurde zum Ursprung aller weiteren Texte über die Stufen des Pfades *(lam rim)*. In diesem Sinne können wir Tsong-kha-pas *Große Abhandlung über die Stufen auf dem Pfad zur Erleuchtung* als ausführliche kommentierende Darlegung des von Atisha verfassten kurzen Texts betrachten.

Ich erhielt die Übertragung der Lehren der *Großen Abhandlung* von meinen beiden Lehrern Trijang Rinpoche und Ling Rinpoche. Trijang Rinpoche hatte sie wiederum von seinem Lehrer Pabongka Rinpoche erhalten. Auch Ling Rinpoche stand in Pabongka Rinpoches Linie, aber zusätzlich hatte er die Lehren, als er noch sehr jung war, von Dreizehnten Dalai Lama erhalten.

Der Buddha

Die *Große Abhandlung* (1, 33) wird mit einem auf Sanskrit abgefassten Gruß an Manjushri eröffnet.[3] Damit wird darauf hingewiesen, dass die tibetische Tradition aus der Sanskrit-Tradition hervorgeht. Das Sanskrit war in der Nalanda-Tradition die Sprache, in der die Lehren des Buddha bewahrt wurden. Der tibetische Brauch, einem tibetischen Text Grußworte auf Sanskrit voranzustellen, entstand aus dem Wunsch, auf den indischen Ursprung der Lehren hinzuweisen.

Es folgt eine Huldigung des Buddha auf Tibetisch. Darin betrachtet Tsong-kha-pa Körper, Rede und Geist des Buddha. In der ersten Zeile geht es um die Qualitäten seines Körpers; Tsong-kha-pa weist darauf hin, dass der physische Leib des Buddha aufgrund seiner Ursachen entstand. Da haben wir gleich einen sehr wichtigen Gedanken. Die Verkörperung des Buddha erfolgte aufgrund bestimmter Ursachen, die Tsong-kha-pa als gute Eigenschaften benennt – gemeint ist verdienstvolles Handeln. Sogar das Erlangen der Buddhaschaft ist das Ergebnis von etwas Vorausgehendem, hat also ebenfalls seine Ursachen und Bedingungen. Buddhaschaft fällt nicht vom Himmel und ist auch kein ewiger, dauerhafter Zustand ohne Ursachen. In gewisser Weise lehnt Tsong-kha-pa seine Darstellung an Dignagas Worte im Eröffnungsvers seines *Kompendiums der gültigen Erkenntnis* an, wo dieser den Buddha als einen »Zuverlässigen« bezeichnet und sagt, der Buddha sei solch ein Mensch *geworden*.[4] Dharmakirti fügt erläuternd hinzu, Dignaga habe sehr bewusst »werden« gesagt, um den Gedanken abzuweisen, der Buddha sei ohne Ursachen.[5] Es war ein Weg, auf dem der Buddha zu einem Zuverlässigen *wurde*.

Nach Tsong-kha-pas Worten entstand der Körper des Buddha aus vielfältigen Ursachen. Diese Ursachen sind in verschiedenen

Texten aufgeführt, besonders in solchen über die Tradition der *Prajna-paramita* oder vollkommenen Weisheit, aber wir finden sie auch in Nagarjunas *Kostbarem Blumenschmuck* ausdrücklich erwähnt.[6] Tsong-kha-pa hebt eigens hervor, dass selbst der Buddha, den wir alle verehren, Buddha der Selige, einst ein ganz gewöhnlicher Mensch auf dem Weg zur Buddhaschaft war. Es gab eine Zeit, da war der Buddha einfach einer wie wir. Mit der Zeit kamen dann alle Bedingungen zusammen, durch die er sich zu einem voll Erleuchteten entwickeln konnte.

Um die Bedeutung dieser ersten Zeile ganz erfassen zu können, dass der Körper des Buddha aus einer großen Fülle vor Ursachen hervorging, muss man die Beziehung zwischen den vier edlen Wahrheiten verstanden haben.[7] Dazu ist jedoch wiederum ein Verständnis der Lehre von den zwei Wahrheiten erforderlich, der herkömmlichen oder relativen und der höchsten oder absoluten.[8] Insbesondere müssen Sie erfasst haben, inwiefern die beiden Wahrheiten von gleichem Wesen und doch von ganz eigener Art sind. Wir werden darauf zurückkommen, wenn wir die für einen Menschen von mittlerer Begabung geeignete Praxis erörtern.[9] Implizit begegnet uns in dieser Zeile über den aus vielen Ursachen hervorgegangenen Körper des Buddha auch bereits die Lehre vom bedingten Entstehen unter dem Gesichtspunkt von Ursache und Wirkung.

Zur *Rede* des Buddha sagt Tsong-kha-pa, sie erfülle die Hoffnungen und Sehnsüchte unübersehbar vieler, ja unzähliger Lebewesen. Mit den »Hoffnungen« der Lebewesen ist ihr Wohl angesprochen, ihr unmittelbares zeitliches Wohl ebenso wie das langfristige Wohl, ihr Wohl im höchsten Sinne. Um für dieses Wohl sorgen zu können, muss der Buddha zutiefst erkannt haben, worin es besteht und wie es am besten zu erwirken ist. Und da ist in erster Linie die Rede des Buddha zu erwähnen, sein Sprechen. Der Schwerpunkt seines Handelns zum Wohl anderer liegt auf seiner Rede. Die Erleuchtungsqualität seiner Rede besteht darin, dass sie die Sehnsüchte der Lebewesen erfüllt.

Manche Texte sprechen vom übernatürlichen Charakter der Buddha-Qualitäten. Seinem Körper, seiner Rede und seinem Geist werden wunderbare Eigenschaften zugesprochen. So werden wunderbare Eigenschaften des Körpers genannt, und die Wunderkraft seines Geistes liege darin, dass er alles, was ist, zu erkennen vermag. Das Wunderbare an Buddhas Rede besteht darin, dass er durch sie Anleitungen gibt, die allen Lebewesen nützen. Immer ist es so, dass die Rede des Buddha als die wichtigste der drei Qualitäten angesehen wird.

In seinem *Lobpreis des Buddha für die Lehre vom abhängigen Entstehen* schreibt Tsong-kha-pa, die wichtigste Form des erleuchteten Wirkens sei die Rede, und die wichtigste Form der Rede sei die Rede vom abhängigen Entstehen.[10] Auch in Nagarjunas Werken finden wir das häufig, dass in den eröffnenden Grußworten an den Buddha eigens seine Darlegung des abhängigen Entstehens hervorgehoben wird.[11]

Hier fällt auf, dass Tsong-kha-pa die Eigenschaften des Buddha-Körpers vor allem unter dem Gesichtspunkt seiner Ursachen betrachtet. Bei den Eigenschaften der Rede dagegen blickt er vorwiegend auf die Wirkungen oder Ergebnisse, nämlich das Wohlergehen der Lebewesen. Bei den Eigenschaften von Buddhas Geist schließlich benennt er als dessen Erleuchtungsqualität das Vermögen, gänzlich in der Erkenntnis der höchsten Wahrheit zu weilen, dabei jedoch gleichzeitig auch die Welt der Vielfalt zu erfassen. Dieser erleuchtete Geist des Buddha ist eigentlich das, was die Buddhaschaft ausmacht. Sein Loblied auf den Geist des Buddha hebt also darauf ab, dass dieser Geist das Wesen der Buddhaschaft ist.

Nach der Huldigung des Buddha als des großen Weisen aus dem Geschlecht der Shakya wendet sich Tsong-kha-pa in weiteren Grußworten des Bodhisattwas Manjushri und Maitreya zu,[12] danach Nagarjuna und Asanga als den beiden großen Wegbereitern des Mahayana. Des Weiteren grüßt er Atisha Dipamkara als den Anfangspunkt dieser Lehrtradition über die Stufen des Pfades sowie weitere große Meister dieser Linie.

Studium und Praxis

Anschließend (1,33) erläutert Tsong-kha-pa, was ihn vor allem bewogen hat, die *Große Abhandlung* zu verfassen. Und was er da schreibt, ist wichtig. Viele, sagt er, widmen sich zwar hingebungsvoll der Meditation, sind jedoch nicht ausreichend in der Lehre bewandert. Aufgrund dieses Mangels beschränken sie sich auf einen oder zwei Anteile einer bestimmten Praxis. Ohne ein Grundverständnis des buddhistischen Wegs in seiner Ganzheit sind sie nicht in der Lage, alle Kernelemente der wesentlichen Lehren in die Praxis einzubeziehen.

Die in der Lehre Bewanderten verstehen es oft recht gut, alle Schlüsselelemente der Lehre bei ihrer persönlichen Praxis zu berücksichtigen, aber es gibt auch andere, die sich zwar mit den Lehren gut auskennen, aber nicht viel echte Erfahrung vorweisen können. Dann kann es sein, dass ihre ganze Dharma-Gelehrsamkeit ihnen nicht viel nützt. Heute sehen wir manchmal auch den Fall, dass umfassende Kenntnisse offenbar nur das Ego ihres Trägers weiter aufbauen, und dann entstehen Selbstgefälligkeit, Missgunst und andere ungute Dinge. Und selbst wo diese Erscheinungen nicht so schlimm sind, wirken manche Lehrer doch ein wenig verloren, wenn es um die praktische Anwendung ihrer Kenntnisse geht. Angesichts des ganzen Umfangs der Lehren erscheint ihr Vorgehen ein wenig bruchstückhaft. Sie bringen die

Lehren nicht so auf den Punkt, dass sie in Praxis umgemünzt werden können.

Hinzu kommt nach Tsong-kha-pas Worten, dass viele bei Studium und Praxis eine deutliche Voreingenommenheit erkennen lassen. Wenn zum Beispiel jemand ganz versessen auf die Praxis des Sutra-Pfads ist, besteht zugleich die Neigung, die Lehren des Vajrayana zu vernachlässigen.[13] Und wer das Vajrayana praktiziert, neigt vielleicht zur Vernachlässigung der Sutra-Lehren. Wem erkenntnistheoretische Studien liegen, verlegt sich womöglich ausschließlich darauf. Für andere kann es der Abhidharma oder das Vinaya (das Regelwerk für Mönche) sein.

Es gibt demnach Meditierende ohne ausreichende Kenntnis der Lehre, Gelehrte, die ihre Kenntnisse nicht in die Praxis umsetzen, und viele andere, die ein einseitiges Verhältnis zu Studium und Praxis haben. Sie alle, sagt Tsong-kha-pa, vermögen den Dharma nicht so zu praktizieren, dass die wahrhaft Wissenden ihre Freude daran hätten. Damit meint er: Ihre Praxis kann nicht von einem alle wesentlichen Elemente des buddhistischen Pfades einbeziehenden Ansatz getragen sein.

In Atishas *Leuchte für den Weg zur Erleuchtung* finden wir ebendiese Integration aller Schlüsselelemente des Dharma für den Einzelnen, der auf seinem Kissen sitzt. Deshalb spricht Tsong-kha-pa von seinem großen Entzücken über die Gelegenheit, eine ausführliche Erläuterung zu Atishas *Leuchte* zu schreiben, denn hier wird die Anleitung zu einer Praxis geboten, an der die wahrhaft Wissenden wirklich ihre Freude haben. Alle Kernelemente der Lehre sind hier so in einen Rahmen eingebunden, dass man sie Schritt für Schritt oder eben in *Stufen* üben kann.

Wie das aussehen kann, lässt sich am Vergleich mit Aryadevas Werk *Vierhundert Strophen über den Mittleren Weg* verdeutlichen, das ebenfalls bestimmte Stufen benennt. Die erste besteht darin, dass man alles untugendhafte Handeln unterlässt. Auf der zweiten löst man sich vom Festhalten am Ich. Auf der dritten schließlich muss man von allen Anschauungen lassen. Wer das wahrhaft durchdringt, der ist ein Weiser.[14]

Gut zuhören

Im letzten dieser Grußverse (1,34) spricht Tsong-kha-pa die Leser an und fordert sie auf, gut zuzuhören. Er meint insbesondere Leser, deren Geist nicht von voreingenommenem Denken umnebelt ist, die zwischen Recht und Unrecht zu unterscheiden wissen und daran interessiert sind, wahren Sinn in diesem menschlichen Dasein der Muße und der Chancen zu finden. Wer sich in dieser glücklichen Lage findet, dem ruft er zu: »Lauscht dem, was ich zu sagen habe, mit vollkommen gesammeltem Geist.«

Auch das stimmt wieder erstaunlich genau mit Aryadevas *Vierhundert Strophen* überein, in denen es heißt, dass ein Dharma-Praktizierender, der den Lehren lauscht, drei Eigenschaften haben muss: Objektivität, kritische Intelligenz und echtes Interesse an dem, was gelehrt wird.[15]

Atisha und die Tradition der Pfad-Stufen

Anschließend (1,35–43) spricht Tsong-kha-pa über die Größe des Autors dieses Texts, und damit meint er den indischen Meister Atisha. Atishas Lehre speist sich aus zwei Hauptströmen. Der eine geht von Nagarjuna aus und hat vor allem die Lehren des Buddha zur philosophischen Sicht der Leerheit mit besonderer Betonung des abhängigen Entstehens und seiner Beziehung zur höchsten Wirklichkeit zum Gegenstand. Die andere ist die Linie Maitreyas (Maitreyanathas), die über Asanga zu den nachfolgenden Meistern führt. Hier dreht es sich vor allem um den methodischen Aspekt des Mahayana-Pfades, insbesondere um Praktiken, die der Entwicklung der Herzensgüte, des Mitgefühls und des Erleuchtungsgeists *(Bodhichitta)* dienen. Diese beiden Linien laufen eigentlich in der Person Atishas zusammen.

In Tibet haben Atishas Lehren drei Hauptlinien ausgebildet. Eine ist Potowas Linie der »großen Texte«,[16] die sich Atishas Anleitungen auf der Grundlage von Studium und Praxis sechs indischer Haupttexte annähert. Die ersten beiden dieser Texte sind die *Jataka*, die Erzählungen von den früheren Leben des Buddha, und die *Sammlung der Aphorismen*.[17] Diese beiden Texte gelten vor allem als wichtig für die Ausbildung und Stärkung unserer Ergebenheit gegenüber dem Buddha. Es folgen Asangas *Bodhisattwa-Stufen* und Maitreyas *Schmuck für die Mahayana-Sutras*, deren Bedeutung vor allem in ihren Aussagen über meditative Zustände gesehen wird. Sie befassen sich ausführlich mit den verschiedenen Pfaden und Stadien der Mahayana-Praxis.[18] Die letzten beiden Texte sind Shantidevas *Sammlung der Anleitungen* und *Eintritt ins Bodhisattwa-Handeln,* in denen es in erster Linie um die Praxis des Bodhisattwas geht.[19]

Eine zweite Linie der »Stufen des Pfades« entstand unter den Schülern Atishas, die die Praxis an Texten zu den Stufen des Pfades *(lam rim)* oder den Stufen der Lehre *(den rim)* orientierten. Und schließlich bildete sich eine dritte Linie der »persönlichen Unterweisung«, in der kurze Texte der persönlichen Unterweisung im Mittelpunkt standen, die auf bestimmte Situationen zugeschnitten waren.

Wenn Sie sich mit Schriften zu den Stufen des Pfades befassen, und das gilt auch für Tsong-kha-pas *Große Abhandlung*, werden Sie allen drei Linien begegnen. Tsong-kha-pa selbst hat die Lehren aller drei erhalten. Und wenn Sie genau hinschauen, werden Sie sehen, dass die meisten Quellentexte der *Großen Abhandlung* zur Klasse der Texte der vollkommenen Weisheit gehören. Tsong-kha-pas Schüler Gyel-tsap verfasste sogar ein Buch über die Texte der vollkommenen Weisheit, in dem er hin und wieder die *Große Abhandlung* zitiert und damit die enge Verbindung andeutet.[20]

Beim Studium der *Großen Abhandlung* können Sie nach der Methode der »großen Lam-rim-Texte« vorgehen und die »sieben unterstützenden Texte« zugrunde legen: Tsong-kha-pas *Ozean der Vernunfterkenntnis*, *Erleuchtung des Denkens* und *Essenz der gewandten Rede* sowie die Abschnitte über Einsicht in seiner *Großen Abhandlung* und der *Kurzen Abhandlung* und schließlich den *Goldschmuck der gewandten Rede*. Oder Sie folgen dem Stufen-des-Pfades-Ansatz und konzentrieren sich auf die *Große Abhandlung* und die *Kurze Abhandlung*. Tsong-kha-pa selbst fand jedoch, es gebe nur sehr wenige Menschen, die in der Lage seien, alle diese Anleitung in die Praxis umzusetzen, weshalb man für die Praxis Zusammenfassungen erstellen solle. So verfassten seine Nachfolger zahlreiche, zum Teil abrisshafte, zum Teil ausführliche Anleitungstexte zu den Stufen des Pfades. In der berühmten Sammlung der acht großen Führer zu den Stufen des Pfades finden wir die sechs kurzen Texte, aber es existieren noch zahlreiche andere Schriften dieser Art.[21] Wenn Sie sich an diesen Texten orientieren, folgen Sie der Linie der »persönlichen Lam-rim-Unterweisung«. Insgesamt also können sie bei Studium und Praxis der Stufen des Pfades drei verschiedenen, von Atisha und seinen Nachfolgern ausgehenden Linien folgen.

Atisha und die vier Schulen des tibetischen Buddhismus

Als Atisha in Tibet die *Leuchte für den Pfad zur Erleuchtung* verfasst hatte, übernahmen die vier Hauptschulen des tibetischen Buddhismus jede auf ihre Weise den Aufbau und die Anlage der Lehren zu den Stufen des Pfades. Für die Nyingma-Tradition beispielsweise bildet Long-chen-pas Werk *Vom Finden der Erquickung und Gemütsruhe* in seiner Anlage den von Atisha vorgegebenen Aufbau ab.[22] Ähnliches gilt für Sakya Panditas *Klare Darlegung der Absicht des Buddha*, die sich als eine Verschmelzung der Lehren zu den Stufen des Pfades mit denen der Geist-Schulung *(Lojong)* auffassen lässt.[23] Für die Kagyü-Tradition legt Gampopa die Lehren in seinem *Juwelenschmuck der Befreiung* ebenfalls in der von Atisha vorgegebenen Anordnung dar.[24] Mitunter wird die Abfolge leicht abgewandelt, aber letztlich werden die Stufen des Pfades in allen Traditionen ziemlich ähnlich dargestellt. So ist beispielsweise in Gampopas *Juwelenschmuck* von der Abkehr des Geistes von den vier Dingen die Rede. Sieht man sich diese vierfache Abkehr des Geistes genauer an, so entspricht sie den Lehren zu den Stufen des Pfades.[25]

Zwei Bestrebungen

Man könnte sagen, Atishas Lehre gehe von einer Aussage aus, die Nagarjuna in seinem *Kostbaren Blumenschmuck* macht.[26] Dort sagt er: Wenn man alle Lehren des Buddha in den Blick fasst, lassen sie sich zwei Hauptkategorien zuordnen, die zwei Arten des Bestrebens entsprechen, nämlich dem Wunsch nach Wiedergeburt in einem höheren Bereich und dem Wunsch nach endgültiger Befreiung oder, wie Nagarjuna sagt, nach »endgültiger Gutheit«. Alle Lehren des Buddha beziehen sich auf diese oder jene Art auf diese beiden Bestrebungen.

Wie erfüllen wir uns den Wunsch nach einer besseren Wiedergeburt? Kurz gesagt, durch ein gewaltfreies Leben, in dem wir niemandem Schaden zufügen. Letztlich ist das ein vom Glauben an das Karma-Gesetz geprägtes Leben, in dem man Zutrauen zur Lehre des abhängigen Entstehens fasst, also die Überzeugung gewinnt, dass unser Handeln karmische Wirkungen hat. Für unser Streben nach einer glücklichen Wiedergeburt ist ein Leben nach dieser Überzeugung das wichtigste Mittel.

Für das andere Bestreben, nämlich endgültige Erleuchtung oder Befreiung zu finden, kommt es in erster Linie darauf an, das wahre Wesen der Realität zu erfassen. Das wahre Wesen der Realität erfassen wir aufgrund der vom Buddha dargelegten Lehre vom bedingten Entstehen, die das voraussetzt, was wir Leerheit nennen. Hier geht es darum, Weisheit zu gewinnen. Die beiden für die buddhistische Praxis entscheidenden Faktoren – der Glaube an das Karma-Gesetz und die Weisheit, die die Leere erkennt – leiten sich also beide vom Verständnis des bedingten Entstehens ab.

Befreiung kann auf zweierlei Weise geschehen, nämlich einerseits als individuelle Erleuchtung, als Befreiung vom unerleuchteten Dasein, und andererseits als das Erlangen der Buddhaschaft zum Wohl aller Lebewesen. Wie wir bereits gesehen haben, liegt das eigentlich Wichtige an Buddhas Rede darin, dass sie erfüllen kann, was sich die Lebewesen am meisten wünschen. Das ist die Motivation eines Mahayana-Anhängers: für das Wohlergehen aller Wesen zu sorgen. Das Wohl aller Wesen ist das, was einen Mahayana-Anhänger bewegt, nach Buddhaschaft zu streben. Diese Motivation verlangt, dass man auf dem Weg der Weisheit Bodhichitta ausbildet, den Geist der Erleuchtung. Erst beides zusammen, Motivation und Erleuchtungsgeist, erlauben uns, das große Ziel zu erreichen.

Wenn wir uns die sechs Texte noch einmal ansehen, nach denen Atishas Nachfolger die Stufen des Pfades gemäß Potowas Linie der großen Kadam-Texte praktizierten, lässt sich sagen, dass die *Jataka-Erzählungen* und die *Sammlung der Aphorismen* in erster Linie der Entwicklung des Glaubens an das Karma-Gesetz dienen; Asangas *Bodhisattwa-Stufen* und Maitreyas *Schmuck für die Mahayana-Sutras* sind nach dieser Betrachtungsweise für die Ausbildung der Motivation eines Mahayana-Praktizierenden zuständig; und Shantidevas *Kompendium der Unterweisungen* in seinem *Eintritt ins Bodhisattwa-Handeln* lässt sich dem Verständnis der Leerheit zuordnen. Ich finde diese Sicht der sechs Texte besonders aufschlussreich.

Es gibt keine Widersprüche in den Lehren des Buddha

Mit dem, was wir bisher besprochen haben, bekommen wir ein Gefühl für die Größe dieser Lehren zu den Stufen des Pfades, weil wir uns ein Bild von der Authentizität ihrer Ursprünge und Quellen machen können. Wir können aber auch die Größe der Lehren selbst betrachten und so Zutrauen zu ihnen fassen. Und Atishas Lehren über die Stufen des Pfades sind unter anderem deshalb groß, weil sie uns erlauben zu erkennen, dass die Lehren des Buddha widerspruchsfrei sind (1,46–49).

Die Rede des Buddha vermag den sehr unterschiedlichen Sehnsüchten der unzähligen Lebewesen gerecht zu werden. Die Rede des Buddha hilft grenzenlos, und das betrifft nicht nur die Zahl der Lebewesen, sondern auch die unendliche Vielfalt ihrer geistigen Anlagen. Der Buddha gab Unterweisungen ganz unterschiedlicher Art, um der Vielfalt der geistigen Anlagen unter seinen Zuhörern gerecht zu werden. Man kann die Lehren des Mahayana von denen des Grundfahrzeugs nach dem jeweils angestrebten Ziel unterscheiden. Und die vier klassischen Schulen des indischen Buddhismus lassen sich nach der Tiefe des Verständnisses der Weisheitslehren einteilen.[27] Wenn man sich diesen Lehren anhand einzelner Texte nähert, kann man den Eindruck gewinnen, sie widersprächen einander. Atishas Stufen-Ansatz jedoch macht uns diese Verschiedenartigkeit verständlich: Auf diese Weise werden nicht nur unterschiedliche individuelle Anlagen berücksichtigt, sondern auch die Stadien der Erkenntnis und Verwirklichung, die ein Praktizierender durchläuft.

»Ichlosigkeit« beispielsweise ist ein Begriff, für den verschiedene Erklärungen gegeben werden, die sich jedoch nicht widersprechen, sondern nur immer subtiler werden. Wenn wir unsere eigene geistige Verfassung – wie wir die Welt sehen – unter diesen Gesichtspunkten betrachten, wird uns klar, dass jede dieser Lehren in entsprechenden Situationen hilfreich sein kann. Wir betrachten unseren eigenen Geist, wir sehen uns unser Identitätsgefühl an, und dabei zeigt sich, dass wir meist so etwas wie eine einheitliche, zeitunabhängige, autonome Realität gegeben sehen, etwas in uns, das wir »ich« oder »Seele« nennen. Daran halten wir uns. Da lassen sich dann gleich die Lehren des Buddha anwenden, in denen er die Existenz eines solchen Ichs verneint, und mit ihrer Hilfe können wir das Festhalten am Ich lösen.

Und wenn wir unsere Beziehung zur Außenwelt betrachten, erkennen wir, dass wir dieser stofflichen Welt da draußen eine unabhängige eigene Realität zuschreiben. Sie scheint für sich selbst und unabhängig von unserer Wahrnehmung zu bestehen. Gegen dieses Festhalten an einer objektiv existierenden Außenwelt hilft dann die Chittamatra-Lehre des Buddha.

Kurzum, viele Lehren wirken bei oberflächlicher Betrachtung widersprüchlich, sind aber in Wirklichkeit auf die Bedürfnisse eines

Praktizierenden abgestimmt, der auf seinem Weg Fortschritte macht und es dementsprechend mit unterschiedlichen Fehlwahrnehmungen und Trugschlüssen zu tun bekommt. Atishas Lehren über die Stufen des Pfades führen uns vor Augen, dass alle Lehren des Buddha für bestimmte Gemütslagen, aber auch für die Entwicklungsstadien des Einzelnen nützlich und deshalb widerspruchsfrei sind.

Alle Lehren als persönliche Unterweisung nehmen

Ein weiterer Vorteil der Stufen-Betrachtung des Pfades, so Tsong-kha-pa, liegt darin, dass sie uns die Lehren des Buddha als persönliche Unterweisung aufzufassen erlaubt (1, 50–53). Manche Leute nehmen eine Einteilung der buddhistischen Lehren in zwei grundverschiedene Hauptkategorien vor: zum einen die »scholastischen« Texte, die eigentlich nur zur Vertiefung der Kenntnisse taugen; und zum anderen die Lehren, die für unsere persönliche Praxis wichtig sind. Für Tsong-kha-pa ist diese Zweiteilung ein Irrtum und keine Hilfe.

Folgen wir Atishas Ansatz, zeigt sich gleich, dass sämtliche Lehren des Buddha für unsere persönliche Praxis wichtig sind. Sie alle stellen persönliche Unterweisungen dar, denn in den Lehren des Buddha gibt es nichts, was nicht auf diese oder jene Art mit der Schulung und Bändigung von Herz und Geist zu tun hätte.

Worum es in den Lehren des Buddha letztlich geht

Tsong-kha-pas Stufen-Betrachtung (1,53) macht es uns leicht, zu erkennen, worum es in den Lehren des Buddha letztlich geht: Sie möchten uns die Mittel an die Hand geben, mit denen wir unseren Wunsch nach günstiger Wiedergeburt und endgültiger Befreiung erfüllen können. Durch die Stufen-Lehre erkennen wir, dass alle buddhistischen Lehren auf diese oder jene Art zur Erfüllung dieser beiden Bestrebungen beitragen.

Wie man es vermeidet, die buddhistischen Lehren abzulehnen

Der große Vorzug der Lehre von den Stufen des Pfades liegt nach Tsong-kha-pas Worten (1,53–54) darin, dass sie einen schweren Fehler verhindert: die Ablehnung des Dharma, der Lehren des Buddha. Hier führt Tsong-kha-pa etliche Texte an, auch die Sutras der Vollkommenen Weisheit, in denen der Buddha sagt, ein Praktizierender müsse alle Aspekte des Pfades studieren, durchdringen und tatsächlich praktizieren. Wenn Sie den unzähligen Lebewesen mit ihren so unterschiedlichen Veranlagungen wirklich helfen möchten, müssen Sie die verschiedenen Lehren und Ansätze geübt und verstanden haben. Darin liegt die Vorbereitung.

Historisch ist es bei den tibetischen Meistern immer üblich gewesen, die Lehren aller Linien – Sakya, Kagyü, Geluk, Nyingma und sogar Jonang[28] – zu studieren und zu praktizieren. Das finde ich sehr gut. Wir sollten hier einen alle Schulen übergreifenden Standpunkt einnehmen und sie nicht nur alle studieren, sondern ihre Lehren auch praktizieren.

Eine Frage zur Shugden-Bewegung

FRAGE: Eure Heiligkeit, es bedrückt mich sehr, draußen vor dem Gebäude die Shugden-Proteste zu sehen und zu hören.[29] Wie kann ich mir da helfen? Bitte sprechen Sie diese Sache an, über die vielleicht viele falsch informiert sind.

ANTWORT: Dieses Problem besteht schon 370 Jahre, seit der Zeit des Fünften Dalai Lama. Von 1951 bis in die Siebzigerjahre habe ich selbst Dorje Shugden gehuldigt. Ich war einer von denen, die sich in seiner Praxis geübt haben!

Ich habe die Shugden-Verehrung unter anderem deshalb aufgegeben, weil es mir sehr um die Überwindung sektiererischer Tendenzen zu tun ist, vor allem *innerhalb* des tibetischen Buddhismus. Ich rate den Leuten immer, sich um Unterweisung durch Lehrer verschiedener Traditionen zu bemühen. So war es schon beim Fünften Dalai Lama und anderen großen Lamas, die sich in vielen Traditionen unterweisen ließen. Seit dem Ende der Sechzigerjahre habe ich das zu meiner eigenen Praxis gemacht.

Von Kunu Lama Rinpoche, einem Nyingma-Lehrer, bekam ich erste Unterweisungen zu Shantidevas Schriften. Er war ein wirklich aufgeschlossener und überhaupt nicht »konfessionell« denkender Lama, der in vielen verschiedenen Traditionen Unterweisungen erhalten hatte. Danach hätte ich von ihm gern noch etwas über Lehren gehört, die für die Nyingma-Schule typisch sind. Ich sprach meinen persönlichen Lehrer Ling Rinpoche an und sagte ihm, dass ich von diesem Lama schon einige Belehrungen erhalten hatte, jetzt aber noch zu einem wichtigen tantrischen Nyingma-Text von ihm unterrichtet werden wolle.

Ling Rinpoche hatte Bedenken, und zwar wegen Shugden. (Mein anderer persönlicher Lehrer, Trijang Rinpoche, stand der Shugden-Verehrung sehr nahe.) Es ging das Gerücht, Shugden werde jeden

Geluk-Lama, der sich in der Nyingma-Tradition unterweisen ließ, vernichten. Ling Rinpoche fürchtete ein wenig um mich und mahnte mich zu großer Vorsicht. Unter Shugden-Anhängern gilt, dass man sich ganz streng an seine Geluk-Tradition halten muss.

Ich glaube, diese Haltung beraubt die Menschen ihrer religiösen Freiheit und verleidet ihnen die Beschäftigung mit anderen Traditionen. Wenn man eine Haltung verwirft, die den Menschen die Freiheit der Wahl nehmen möchte, setzt man sich letztlich für Religionsfreiheit ein. Doppelte Verneinung ist Bejahung.

Um 1970 habe ich mich mit den Lebensgeschichten großer Lamas überwiegend der Geluk-Tradition beschäftigt. Ich dachte mir: Wenn Shugden wirklich vertrauenswürdig ist, waren doch sicher viele der großen Lamas, die als persönliche Lehrer der Dalai Lamas fungierten, Shugden-Anhänger. Das war, wie sich herausstellte, nicht der Fall. Mir kamen Zweifel, und je weiter ich forschte, desto stärker wurden sie.

Der Fünfte Dalai Lama beispielsweise äußert sich sehr klar zur Shugden-Verehrung.[30] Er erklärt, was sie ist und aufgrund welcher Ursachen und Bedingungen sie zustande kam. Er beschreibt auch die zerstörerische Wirkung dieses Geists. Er sei aus fehlgeleiteten Motiven entstanden und manifestiere sich als Bruch eines Gelöbnisses. Nach den Worten des Fünften Dalai Lama schadet er sowohl der buddhistischen Lehre als auch den Lebewesen.

Als ich das so weit erkannt hatte, sah ich es als meine Pflicht, darüber aufzuklären. Jeder muss für sich selbst entscheiden, ob er mir darin folgen möchte oder nicht. Ich habe sowohl mit Tibetern als auch mit einigen unserer übrigen Freunde über die Dinge gesprochen, die mir aufgegangen waren. Sie konnten meinen Rat befolgen oder eben nicht. Es ist das Recht jedes Einzelnen, selbst über religiöse Dinge zu entscheiden. Nur er bestimmt, ob er diese Religion oder jene annimmt.

Aus meiner Sicht ist Shugden-Verehrung keine echte Dharma-Praxis, sondern einfach Anbetung eines weltlichen Geistes. Und ein weiterer Aspekt: Dem, was ich bisher gesagt habe, können Sie sicher entnehmen, dass der tibetischen Buddhismus eine Fortsetzung der reinen Nalanda-Tradition ist, und die setzt auf klares Erkennen, nicht auf blinden Glauben. Traurig, dass gewisse tibetische Praktiken diese tiefe und reiche Tradition zu so etwas wie Geisterverehrung machen können.

Der Fünfte Dalai Lama und nach ihm der Dreizehnte haben gewichtige Worte der Kritik über diesen Geist geäußert. Da ich als Reinkarnation dieser Dalai Lamas angesehen werde, ist es nur folgerichtig, dass ich mich ihnen anschließe. Man könnte sogar sagen, dass ich mit meiner Haltung die Echtheit dieser Reinkarnation beweise!

Die Leute da draußen finden anscheinend tatsächlich etwas an der Verehrung dieses Geistes. Nun, es ist ihr Leben, und wenn sie es wirklich so wollen, kann ich nur sagen, meinetwegen. In Deutschland hat einmal eine Gruppe von Shugden-Anhängern drei oder vier Stunden lang geschrien – irgendwann habe ich mir ernsthaft Sorgen um ihre Stimmbänder gemacht.

3

DAS HERZ DES BUDDHISMUS

Geistiger Wandel durch Weisheit

Manche Kenner sagen, der Buddhismus sei keine Religion, sondern eine Wissenschaft des Geistes.[1] Das trifft in gewisser Weise zu, denn der Kerngedanke des Buddhismus und anderer nicht theistischer Religionen ist die Kausalität. Wirkungen ergeben sich aus Ursachen, immer und immer wieder. Unsere Gedanken kreisen ständig um Leid und Schmerz und andererseits um alles, was erfreulich und angenehm ist, um das große Glück. Schmerz und Lust sind Gefühle, und Gefühle gehören zu unserem Geist. Es gibt zwar auch äußere Ursachen, doch die Hauptursache unserer Gefühle liegt gleich hier in unserem Geist. Daraus folgt, dass wir Leid, Schmerz, Kummer und Traurigkeit nur selbst verringern können, und zwar durch unsere innere Haltung.

Alle buddhistischen Lehren basieren auf den vier edlen Wahrheiten. In dieser Lehre von den vier edlen Wahrheiten lassen sich zwei Arten von Ursachen und Wirkungen ausmachen. Zum einen geht es um das Wesen unserer – von Natur aus unerwünschten – Leiden und um ihren Ursprung, und hier liegen Ursache und Wirkung im Bereich dessen, was wir im Buddhismus als »geistige Plagen« bezeichnen, im Bereich dessen, was das unerleuchtete Dasein ausmacht. Die zweite Art von Ursachen und Wirkungen bezieht sich auf das Glück und seine Ursachen, auf das, wonach wir streben und was wir erreichen möchten. Sie gehören zur Klasse der erleuchteten Phänomene.

Unser Bestreben ist wichtig, kann aber für sich allein nicht den tiefen Wandel bewirken, auf den wir aus sind. Wenn wir uns geistig verändern möchten, wird der bloße Wunsch nach Veränderung allein nicht viel ausrichten. Für tief greifenden Wandel benötigen wir eine feste Überzeugung. Tiefe und feste Überzeugung kann aber nur aus analytischer Meditation kommen, in der wir für uns selbst erkennen, wie die Dinge wirklich liegen. Der Buddhismus bedient sich also im denkbar umfassendsten Sinne der menschlichen Intelligenz und bewirkt damit geistigen Wandel.

Am Beginn des *Herz-Sutra* sitzt der Buddha Shakyamuni in Meditation, während Shariputra und Avalokiteshvara miteinander sprechen.[2] Shariputra fragt: »Wie soll ein Bodhisattwa vorgehen, wenn er die Praxis der vollkommenen Weisheit aufnehmen möchte?« Avalokiteshvara antwortet, ein Bodhisattwa, der die Praxis der vollkommenen Weisheit aufnehmen wolle, müsse erkennen, dass alle fünf »Gruppen« oder »Anhäufungen« – die fünf körperlichen und geistigen Anhäufungen – kein in ihnen selbst liegendes Sein besitzen. Von Anfang an betont also das *Herz-Sutra* die Notwendigkeit der die Leerheit erkennenden Weisheit. Der Entschluss, uns geistig zu ändern, lässt uns die Praxis aufnehmen, doch diese Entschlossenheit kann erst wirklich etwas ausrichten, wenn Weisheit hinzukommt. Wir haben demnach zwei Zugänge zum Pfad, Wunsch und Entschlossenheit einerseits und Weisheit andererseits – und der zweite Aspekt ist der wichtigere.

Was ist Weisheit? Dieser Begriff wird ebenso auf die konventionelle Realität wie auf die höchste Wahrheit angewendet. Erkenntnis der höchsten Wahrheit ist natürlich die primäre Bedeutung des Begriffs. Wenn wir also hier von der vollkommenen Weisheit sprechen, wie sie uns in den Sutras der Vollkommenen Weisheit begegnet, dann ist nicht irgendeine Form der Weisheit oder Erkenntnis gemeint. Wir meinen vielmehr die Weisheit, die erkennt, dass alle Dinge ohne in ihnen selbst liegendes Sein sind – und diese Weisheit muss zur Vollkommenheit entwickelt werden. Um *vollkommene* Weisheit werden zu können, muss der Leerheit erkennenden Weisheit etwas anderes zur Seite stehen, nämlich der Erleuchtungsgeist, *Bodhichitta*.[3]

Leerheit erkennende Weisheit, verstärkt durch den Geist der Erleuchtung, das ist es, was wir vollkommene Weisheit nennen, auf Sanskrit *Prajna-paramita*. *Prajna* bedeutet »Weisheit«, und *paramita* wird mit »darüber hinausgehen« übersetzt. Diese Wortbedeutung deutet an, dass wir über unseren gegenwärtigen Stand »hinausgehen«. Es muss also etwas viel Höheres als unseren jetzigen Stand geben, wohin wir gehen können. Unmittelbar die Leerheit erkennende Weisheit, im Geist eines Bodhisattwas oder »Erleuchtungswesens« gegenwärtig – das ist die vollkommene Weisheit. Besonders wichtig ist sie in der Sanskrit-Tradition des Buddhismus.

Die Bedingungen des Lernens

Nach seinen Worten über die Größe des Autors (Atisha) und die Lehre von den Stufen des Pfades wendet sich Tsong-kha-pa der Frage zu, wie der Dharma zu lehren und zu hören ist (1,55–67). Welche innere Haltung, welcher Geisteszustand ist da erforderlich?

Beim Lehren wie beim Hören geht es darum, für unser unmittelbares und langfristiges Wohlergehen zu sorgen. Der Hörende und der Lehrende müssen bestimmte Bedingungen erfüllen, damit das Lehren und das Hören so nützlich und wirksam wie nur eben möglich sein können. Für den Zuhörer besteht die Bedingung für größtmöglichen Nutzen der Lehren darin, dass sein Geist, seine Haltung und sein Motiv beim Zuhören rein sein müssen.

Auch der Lehrer braucht natürlich zum Lehren reine Motive ohne Nebenabsichten. Es muss ihm darum gehen, für die zuhörenden Schüler Nutzen zu stiften. Es werden viele Eigenschaften eines guten Lehrers benannt (1, 70–75), unter anderem die vier Eigenschaften, mit denen man Schüler anzieht (2, 225).[4] Die letzten beiden dieser vier sind besonders wichtig: Man muss angemessen lehren, und man muss das, was man lehrt, selbst leben, das eigene Leben muss ein Vorbild sein. Der Lehrer muss in der Lage sein, die Darlegung der Lehre auf das Auffassungsvermögen, die Bedürfnisse und die besonderen Lebensumstände des Zuhörers abzustimmen, damit es zu den angestrebten Veränderungen kommen kann. Wo diese Bedingungen gegeben sind, ist es von größtem Nutzen, den Dharma zu lehren beziehungsweise zu hören.

Wie man Schüler anleitet

Es gibt viele unterschiedliche Anschauungen darüber, wie man Schüler in die Unterweisungen des Buddha Shakyamuni einführt (1, 69). Schon bei Nagarjuna finden wir dazu mehrere Ansätze. In seinem *Kostbaren Blumenschmuck* stellt er zunächst die Lehren für das Erlangen einer günstigen Wiedergeburt vor. Er erläutert die Sittlichkeitslehren der Entscheidung für die Tugend und gegen die zehn untugendhaften Handlungen.[5] Er zeigt auf, wie man leben kann, ohne in die verschiedenen Formen des unrechten Lebenserwerbs zu geraten. Im zweiten Teil dieses Werks spricht Nagarjuna über Praktiken zur Verwirklichung der endgültigen Befreiung, des Nirwana, das er selbst als »das endgültige Gute« bezeichnet. In diesem Zusammenhang ist auch von der richtigen Anschauung der Leerheit die Rede. Diese Unterweisungen sind auf eine bestimmte Person zugeschnitten, und tatsächlich ist der *Kostbare Blumenschmuck* ein ratgebender Brief an einen König.

In seiner *Erläuterung des Erleuchtungsgeistes* geht Nagarjuna ganz anders vor.[6] Das gesamte Werk ist die Auslegung einer Strophe des *Guhyasamaja-Tantra*, in der dargelegt wird, dass alle Phänomene ohne ein in ihnen selbst liegendes Sein und ohne Subjekt-Objekt-Dualität sind. Gleichmut wird hier auf das Fehlen von in den Dingen selbst liegendem Sein zurückgeführt. Da das Ganze als Kommentar zum *Guhyasamaja* angelegt ist, richtet sich dieses Werk eindeutig an Fortgeschrittene, die bereits das höchste Yoga-Tantra praktizieren. Natürlich ist die Darstellungsweise hier eine andere. Nagarjuna beginnt gleich mit der Darlegung der Leerheit und erklärt, wie man zur richtigen Anschauung der höchsten Wirklichkeit kommt. Zuerst studiert man Lehren über die Leerheit, bis man ein tiefes Verständnis gewonnen hat. Durch analytische Betrachtung der so gewonnenen Erkenntnis findet man tiefe Sicherheit, was die Bedeutung der Leerheit angeht. Das wird dann durch Meditation weiter verinnerlicht, bis man den Punkt erreicht, an dem es zunehmend Erfahrungscharakter bekommt. So wird die Leerheit zu etwas Persönlichem, und jetzt versteht man, weshalb sie das Ende der Leiden sein kann. Man weiß, das Leid aus Unwissenheit und Verblendung entsteht, und jetzt kennt man ein machtvolles Mittel gegen diese Verfassung. Es gibt eine Weisheit, die unmittelbar gegen die verblendete Sicht des unwissenden Geistes wirkt. Und wenn man weiß, dass man die Wurzel der Leiden unwirksam machen kann, ist auch klar, dass Leiden wirklich beendet werden können.

In dieser Gewissheit kann starkes Mitgefühl mit allen Lebewesen entstehen. Nach den Aussagen über die Leerheit in seiner *Erläuterung des Erleuchtungsgeistes* schließt Nagarjuna deshalb an: »Wenn sich in einem Menschen die Erkenntnis der Leerheit bildet, wird er zweifellos an allen Lebewesen hängen.«[7] Damit ist hier nicht Anhaftung gemeint, sondern Migefühl.[8] Dieses Werk zeigt uns also ein Vorgehen auf: Zunächst verschafft man sich ein Verständnis der Leerheit, also des höchsten Erleuchtungsgeistes, und von dort aus entwickelt man Bodhichitta, den gewöhnlichen Erleuchtungsgeist.

Es sind also ganz unterschiedliche Vorgehensweisen, die im *Kostbaren Blumenschmuck* und in der *Erläuterung des Erleuchtungsgeistes* dargestellt werden. Nyen-tsung Sung-rab, ein moderner tibetischer Meister, unterscheidet Ansätze, die auf Einzelne zugeschnitten sind, von solchen, die die gesamte Anlage des Pfades berücksichtigen.[9] Sie erkennen sicher die Parallele zu den verschiedenen Ansätzen, denen Nagarjuna in seinen Werken folgt.

Wenn Tsong-kha-pa fragt, wie man Schüler auf der Basis der Unterweisungen anleitet, meint er die Unterweisungen des Buddha. Buddhas Unterweisungen sind dazu da, uns zum endgültigen Guten zu führen, zur Befreiung, zur Buddhaschaft. Und da kommt es auf Weisheit mehr an als auf alles andere.

Nichts ist so wichtig wie das Verständnis der Leerheit

Man kann die Lehre auf die besonderen Bedürfnisse und Umstände eines Einzelnen hin oder unter dem Gesichtspunkt der Gesamtheit des Dharma darstellen. In seinen *Vierhundert* spricht Aryadeva von den zwei Hauptzielen der Lehren des Buddha.[10] Eines ist das eher kurzfristige Ziel einer günstigen Wiedergeburt, das andere ist die endgültige Befreiung. Beim Streben nach günstiger Wiedergeburt geht es vor allem darum, das Gesetz der Kausalität und die Lehre vom abhängigen Entstehen unter karmischen Gesichtspunkten zu erfassen. Bei der Darstellung des Karmas zeigt sich jedoch, dass karmisches Wirken undurchschaubar vielschichtig ist. Zu Beginn fassen wir ein gewisses Zutrauen zum karmischen Ursache-Wirkung-Zusammenhang einfach deshalb, weil wir unseren Lehrer und den Buddha bewundern – das schafft ein erstes Vertrauen. Wie geht das vor sich?

Am besten ist es, zunächst ein Verständnis der Lehre über die Leerheit und Ichlosigkeit zu gewinnen. Dharmakirti sagt in seinem *Kommentar zum Kompendium gültiger Erkenntnis*: Da sich der Buddha bei so wichtigen Lehren wie den vier edlen Wahrheiten, der Ichlosigkeit und der Leerheit als frei von Irrtümern und deshalb als zuverlässig erwiesen habe, könnten wir ihm auch in anderen von ihm gegebenen Unterweisungen vertrauen.[11]

Wenn wir also den Dharma in seiner Gesamtheit betrachten, benötigen wir ein tiefes Verständnis der Kernlehren des Buddha – die vier edlen Wahrheiten, Ichlosigkeit, Leerheit. Bei den vier edlen Wahrheiten ist es sehr wichtig, die dritte Wahrheit, die Wahrheit vom Aufhören des Leidens, tief zu erfassen. Es gilt, diese Möglichkeit des Aufhörens wirklich zu verstehen und ihren Wert zu erkennen. Wenn wir einfach bei der Wahrheit des Leidens und seiner Ursachen bleiben, ohne auch sein Aufhören in Betracht zu ziehen, hat das wenig Sinn. Tiefe Betrachtung des Leidens und seiner Ursprünge kann uns nur deprimieren. Sicher hatte der Buddha nicht im Sinn, seine Anhänger zu immer tieferer Betrachtung der Allgegenwärtigkeit des Leidens anzuhalten und dadurch in die Depression zu treiben.

Leid ist nicht nur das, was wir ohne Weiteres sofort als leidvoll erkennen, also etwa körperliche und seelische Schmerzen. Auch Veränderung – also etwas, das wir eigentlich als erstrebenswert sehen – kann leidvoll sein, weil Augenblick für Augenblick etwas aufgegeben werden muss. Und wir haben noch eine dritte Ebene des

Leidens, nämlich das Leiden der Bedingtheit. Wenn wir uns die Natur aller Formen des Leidens vergegenwärtigen – insbesondere seine tiefste Form, das Leiden der Bedingtheit –, erkennen wir schließlich, dass alles Leid auf Karma und die geistigen Plagen zurückgeht, die wiederum durch unsere Grund-Unwissenheit bedingt sind, durch einen Geist, der an der Vorstellung eines dauerhaften Ichs festhält.

Wer dieses Festhalten einmal als Irrtum erkannt hat, wird sich der Möglichkeit zuwenden, eine diesem Irrtum direkt entgegengesetzte Sicht der Dinge zu gewinnen. Das erlaubt einem zu sehen, dass zumindest die Möglichkeit der Beendigung unserer Leiden besteht. Wenn Sie das erkannt haben, dann erst ist es sinnvoll und fruchtbar, die erste edle Wahrheit zu betrachten. Zutrauen zu dem, was der Buddha über das Leiden und seine Ursachen lehrte, entsteht eigentlich aus dem Verständnis dessen, was er selbst als die Wahrheit von der Beendigung des Leidens realisierte. Wenn wir den Dharma wirklich verstehen, wird uns klar, dass alle Lehren mit der zentralen Lehre der Leerheit zusammenhängen.

Die Lehre der Leerheit zielt auf Befreiung.[12] Wenn sich unser Verständnis des Dharma nur auf einzelne Praxisaspekte wie Guru-Yoga, das Lehrer-Schüler-Verhältnis, Betrachtung von Tod und Vergänglichkeit, Zufluchtnahme zu den drei Kostbarkeiten oder das Halten der Gebote bezieht, erkennen wir nicht ihre tiefere Bedeutung, die im Buddhismus eine ganz besondere ist.

Zufluchtnahme, das Halten der Gebote und viele andere Praxisformen findet man auch in nicht buddhistischen Lehren. Sie sehen das in dieser oder jener Form sowohl in klassischen nicht buddhistischen Lehren als auch in der heutigen Ausprägung dieser Traditionen. Überall gibt es so etwas wie Zufluchtnahme, überall gibt es Gebote, nach denen wir unser Leben ausrichten sollen, und überall gilt, dass es wichtig ist, sich die Realität des Todes vor Augen zu halten. Das Gebot, nicht zu töten, beispielsweise, ist nicht einfach als buddhistisch zu bezeichnen. Für Angehörige einer anderen Religion könnte gelten, dass man mit dem Töten gegen Gottes Wunsch verstößt. Und ein areligiöser Mensch wird vielleicht einfach wegen der juristischen Folgen davon absehen zu töten. Dann freilich wird man das Nichttöten kaum als religiöse Praxis bezeichnen wollen.

Einzelne Praxisformen, die nicht direkt mit dem letzten Ziel des buddhistischen Pfades zu tun haben, sind nicht ohne Weiteres als typisch buddhistisch anzusehen. Dergleichen haben wir mit anderen Religionen gemeinsam. Betrachten wir als Beispiel das Gebot, sich der zehn untugendhaften Handlungen (1, 216–27) zu enthalten. Drei dieser zehn sind geistiger Art, und wenn wir sie unter dem Gesichtspunkt der für einen weniger befähigten Menschen geeigneten Praxis betrachten, handelt es sich um: nicht zu begehren, nicht übelzuwollen und keine falschen Ansichten zu hegen. Die drei Gifte – Anhaftung, Übelwollen und Unwissenheit – werden in diesem Zusammenhang also nicht so genannt, sondern in eine auf den besonderen Fall zugeschnittene Form gebracht. Statt Anhaftung haben wir dann eine spezifische Form der Anhaftung, nämlich Begehrlichkeit, und statt des Widerwillens haben wir eine besondere Form des Widerwillens, nämlich Übelwollen. Und was die falschen Anschauungen angeht, müssen sich die falschen Anschauungen eines weniger befähigten Menschen nicht unbedingt auf gewichtige Dinge beziehen. Vielleicht verwirft ein solcher Mensch einfach die Gebote der Moral und meint, er könnte töten, ohne die Folgen seiner Tat tragen zu müssen. Anschauungen dieser Art sind falsch.

Sittlichkeit ist nichts spezifisch Buddhistisches. Spezifisch buddhistisch wird eine Praxis erst in Verbindung mit dem Motiv, Befreiung zu erlangen. Diese Zielsetzung ergibt sich aus einem Verständnis der dritten Wahrheit vom Aufhören des Leidens, also aus der Erkenntnis, dass Leiden und die Ursachen der Leiden überwunden werden können. Befreiung *(Moksha)* oder Nirwana bedeutet nicht, dass wir uns über diese Welt erheben, um dann auf einer anderen Ebene in einer Art Himmel zu landen. Freiheit ist vielmehr der Geisteszustand eines Menschen, der jeden letzten Rest von Festhalten an einem in den Dingen selbst liegenden wahren Sein überwunden hat.

Kurzum, wenn eine religiöse Praxis mit der vom Buddha gelehrten Ichlosigkeit und Leerheit verknüpft ist, dann erst handelt es sich um eine buddhistische Praxis im eigentlichen Sinne. Darauf möchte ich hinaus: Erst das Studium der Lehre der Ichlosigkeit und die Verinnerlichung der Ichlosigkeit, bis sie eigene Erfahrung wird, macht aus einer spirituellen Praxis *buddhistische* Praxis.

Fragen an den Dalai Lama

FRAGE: Wie definieren Sie wahres Glück?
ANTWORT: Im Buddhismus ist Glück nicht lediglich ein gutes Gefühl, sondern darüber hinaus Freiheit vom Leid und seinen Ursachen. Das ist dauerhaftes, tiefes Glück.

Im allgemeinen Sprachgebrauch meinen wir mit Glück so etwas wie tiefe Befriedigung. Sogar körperliche Strapazen, unter denen der Körper leidet, können als Befriedigung empfunden werden. Wenn wir körperliche Befriedigung und geistige Befriedigung nebeneinander betrachten, ist mit »Glück« im Allgemeinen die geistige Befriedigung gemeint.

Mitunter wird Unwissenheit eine Zeit lang als geistige Zufriedenheit erlebt, aber sie ist kurzatmig. Sagen wir also, um eine zugespitzte Definition zu geben: Glück ist aus Bewusstheit, aus Weisheit geborene tiefe geistige Befriedigung.

FRAGE: Wenn die Ursachen des Leids im Geist liegen, was ist dann unter schwierigen Bedingungen zu tun, wenn an den äußeren Umständen schwer etwas zu ändern ist? Angenommen, der Ehepartner oder Vater ist Alkoholiker – soll man dann als Ehepartner oder Kind trotzdem bleiben und trotz der Trunksucht Glück zu finden versuchen? Oder soll man die Kinder nehmen und sich ein Leben ohne den Trinker suchen?

ANTWORT: Wenn wir einfach sagen, alles Leid sei vom Geist verursacht, ist das zu allgemein – schließlich besaß auch der Buddha einen Geist. Nicht der Geist als solcher verursacht unsere Leiden. Wir sprechen vielmehr vom undisziplinierten, ungebändigten Geist.

Ja, es gibt in allen Fällen äußere und innere Umstände und Bedingungen. Man muss sich also in jedem Einzelfall fragen: Wie gehe ich am besten vor, wenn ich alle Umstände bedenke?

FRAGE: Eure Heiligkeit, wie kann man ein normales Leben mit Arbeit, Rechnungen, Versorgung der Familie und so weiter führen, ohne dem Haben und Halten zu verfallen?

ANTWORT: Was verstehen Sie unter »Haben und Halten«? Wenn in Ihrem Umgang mit anderen starkes Haften und Verlangen, starker Widerwille und Zorn eine Rolle spielen, ist das sicher eine ungünstige Form des Habens und Haltens. Wenn Sie jedoch bei Ihrem Umgang mit anderen auf deren Bedürfnisse, Leiden und Schmerzen aufmerksam werden, dann lassen Sie sich darauf ganz ein und bringen Ihr Mitgefühl ins Spiel. In diesem Sinne des aktiven Engagements kann es also auch ein positives Haften geben.

Buddhistische Meister verwenden den Ausdruck »Haften« schon lange für dieses Mitgefühl anderen gegenüber. So spricht Haribhadra in seinem *Kommentar der klaren Bedeutung* von einem Mitgefühl, das an anderen Lebewesen »hängt«.[13] Und von Nagarjuna haben wir bereits gehört, dass es bei jemandem, der die Leerheit realisiert hat, spontan zum Haften an anderen kommt.

FRAGE: Eure Heiligkeit, in Amerika gilt es bei vielen als beschämend und unannehmbar, Schwäche, Schmerz oder Bedürftigkeit zu zeigen. Wie kann man jemanden mitfühlend unterstützen, der nicht bereit ist, um Hilfe zu bitten, weil er damit seinen Schmerz und seine Ratlosigkeit preisgeben würde?
ANTWORT: Das weiß ich nicht. Da fragt man am besten jemanden, der über entsprechende Kompetenz verfügt.

FRAGE: Wie kann man bei der Praxis des Nichthaftens und Nichthaltens bleiben, wenn man den Tod eines geliebten Menschen zu betrauern hat, insbesondere wenn es ein plötzlicher Tod war und man unter Schock steht?
ANTWORT: So ist es ja häufig. Da hängt vieles von Ihrer grundsätzlichen Sicht der Dinge ab. Wenn man den illusorischen Charakter der Realität sieht, hat das sicher seine Wirkung.

Ich halte es für wichtig, zwischen zwei Formen des Haftens und Haltens zu unterscheiden. Wenn jemand starkes Mitgefühl mit einem leidenden Wesen aufbringt, dann geht es ihm wirklich um dieses Wesen, für das er sich engagiert und an dem er in diesem guten Sinne »haftet«. Diese Form des Haftens, des Engagements und der Zuwendung ist kein Haften im schlechten Sinne. Sie ist nicht das Haltenwollen, das wir ablegen müssen.

Ablegen möchten wir dagegen alles Haften und Halten an falsch gesehenen Dingen, und zu dieser Fehlwahrnehmung kommt es, wenn wir ein Objekt aufgrund von geistigen Plagen als etwas in sich selbst Existierendes sehen. In manchen Texten heißt es, Regungen wie Mitgefühl und Vertrauen seien ihrer Natur nach positiv und fördernd und könnten folglich nicht gleichzeitig auch noch geistige

Plagen sein. Demgegenüber haben wir jedoch Texte, die von »mit Plagen behaftetem« Mitgefühl oder Vertrauen sprechen. Solange wir die Leerheit noch nicht realisiert haben, kann selbst in unserer starken Ergebenheit gegenüber dem Buddha, in unserem Vertrauen zu ihm, etwas von Festhalten am Buddha als einer substanziellen Realität liegen. Dann handelt es sich um das, was »mit Plagen behaftete Ergebenheit« genannt wird.

Es bleibt wichtig, dieses durch Fehlwahrnehmung und Verfälschung bedingte Haften von dem zugewandten Haften und Halten zu unterscheiden, das wir mit dem Ausdruck »Mitgefühl« verbinden. In unserer unmittelbaren Erfahrung können diese beiden Formen des Haftens schwer zu unterscheiden sein, aber für den geistigen Gesamtzusammenhang sind sie deutlich verschieden. Mitgefühl hat eine reale Grundlage, fehlgeleitetes Festhalten nicht.

Wenn wir intellektuell verstanden haben, dass die Dinge ohne eigenständiges und in ihnen selbst liegendes Sein sind, muss sich das nicht direkt auf unsere plagenden geistigen Verwirrungen auswirken. Ganz allmählich jedoch verändert unsere Erkenntnis der Leerheit unsere Grundhaltung gegenüber äußeren Objekten und noch mehr gegenüber inneren Objekten. Dadurch verschwinden nach und nach unsere Plagen oder verlieren zumindest an Intensität, und das Fördernde und Gute in uns wird stärker. Der Verlauf hängt von den körperlichen und geistigen Voraussetzungen ab, die der Einzelne mitbringt.

4
BUDDHISTISCHE ANTWORTEN
AUF GROSSE FRAGEN

Bei einem interreligiösen Treffen in Indien fand ich mich in der Gesellschaft eines Juden und eines Muslims, genauer gesagt eines Sufi. Drei Fragen wurden uns gestellt: Was ist das Ich? Hat das Ich einen Anfang? Hört das Ich jemals auf? Die verschiedenen Traditionen geben unterschiedliche Antworten auf diese Fragen.

Bei der Beantwortung der ersten Frage stoßen wir auf das, was buddhistisches Denken von nicht buddhistischem Denken unterscheidet. In allen nicht buddhistischen Traditionen Indiens, seien sie theistisch oder nicht theistisch, gibt es eine Seelenlehre, irgendeine Vorstellung von einem eigenständigen Ich, dem Körper und Geist gehören. Nach den Lehren des Buddha gibt es ganz entschieden keine für sich bestehende Seele, kein gesondertes Ich. Genauer gesagt: Der Buddhismus verneint die Existenz eines von den körperlichen und geistigen Elementen der Person unabhängigen Ichs. Wir akzeptieren ein Ich im landläufigen Sinne, das heißt als Bezeichnung des Ganzen von Körper und Geist. Fragt man allerdings, was denn nun dieses Ich eigentlich ist, so finden wir auch im Buddhismus eine ganze Reihe unterschiedlicher Positionen.

Alles hat Ursachen

Bei der zweiten Frage, ob das Ich einen Anfang hat, stoßen wir auf die Frage nach der Existenz Gottes. Im Christentum gibt es einen Anfang: Gott erschuf alles, auch dieses bestimmte Leben. Für mich ist das eine ganz wunderbare Sicht der Dinge und eine großartige Lehre, denn sie führt uns vor Augen, dass es im Christentum letztlich um Liebe und Zuneigung geht. Mit diesem Gedanken, dass Gott dieses Leben erschaffen hat, verbindet sich ein starkes Gefühl der Nähe zu Gott – er ist eigentlich unsere Mutter. Unseren Körper haben wir bekanntlich von unserer Mutter, eigentlich von beiden Eltern, aber überwiegend von unserer Mutter. Auch junge Tiere fühlen sich ihrer Mutter besonders nah. Wenn wir also in dem Eindruck leben, dieses Leben sei ein Geschenk Gottes, fühlen wir uns Gott sehr, sehr nah. Und aufgrund dieser innigen Nähe sind wir bereit, auf Gottes Rat zu hören. Wir wollen wirklich wissen, was er möchte.

In nicht theistischen Religionen gibt es keinen Gott, und im Buddhismus haben wir stattdessen das Gesetz der Kausalität. Alles entsteht in Abhängigkeit von Ursachen und Bedingungen. Eine Ursache bringt Wirkungen hervor und ist selbst die Wirkung früherer Ursachen. Aus buddhistischer Sicht ist es unsinnig, sich einen Anfang ohne Ursache zu denken. Alles geschieht aufgrund von Ursachen.

Was Tsong-kha-pa über den Ursprung der Dinge sagt, orientiert sich natürlich an den Lehren des Buddha über das abhängige Entstehen. Die grundsätzliche Aussage des Buddha lautet nach Tsong-kha-pas Worten: Weil dies existiert, existiert jenes, und weil dies entstanden ist, entsteht jenes.[1] Im ersten Teil dieser Aussage wird festgehalten, dass Dinge aufgrund von Ursachen und Bedingungen ins Sein treten. »Bedingtheit« besagt, dass kein Schöpfungsplan vorausging, dass die Dinge nicht von einer göttlichen Intelligenz geplant und hervorgebracht wurden. Alles tritt vielmehr aufgrund seiner eigenen Ursachen ins Sein.

Der zweite Teil, »weil dies entstanden ist, entsteht jenes«, besagt, dass die Dinge nicht nur aus ihren Ursachen hervorgehen, sondern diese Ursachen selbst wiederum nichts Dauerhaftes sind. Die Ursachen der Dinge sind selbst wieder Produkte ihrer eigenen Ursachen, und so kommen wir zu einer Verkettung von Ursachen und Wirkungen: Ereignisse gehen aus vergänglichen Ursachen hervor, die wieder aus *ihren* Ursachen entstehen, und so weiter.

Wenn man diese Kausalkette zurückverfolgt, wird es aus buddhistischer Sicht problematisch, sobald man einen Anfang postuliert. Ein Anfang dürfte definitionsgemäß nichts vor sich haben, müsste also ohne Ursache sein, und da stellt sich natürlich die Frage, weshalb alles zu einem bestimmten Zeitpunkt und nicht zu irgendeinem anderen einsetzen sollte, weshalb also die Kausalitätskette an einem bestimmten Punkt *beginnen* sollte. Was macht diesen Zeitpunkt so besonders gegenüber beliebigen anderen? Wir sind dann gezwungen, zumindest dafür einen Grund anzunehmen, eine Ursache oder Bedingung für diesen bestimmten Anfangszeitpunkt.

Wenn Sie also einen absoluten Anfang annehmen, ein erstes Ereignis, werden Sie wohl einräumen müssen, dass dieser Anfang eine Ursache haben muss, eine permanente Ursache, einen ewigen, unwandelbaren Schöpfer. Aus buddhistischer Sicht ist auch solch eine unwandelbare, ewige Ursache problematisch, denn sie dürfte entweder überhaupt keine Wirkungen hervorbringen oder müsste unaufhörlich dieselbe Wirkung hervorbringen. Etwas kann schlecht eine dauerhafte, ewige und unwandelbare Ursache sein, wenn es einmal Wirkungen hervorbringt und ein andermal nicht. Wenn eine Ursache einmal Wirkungen hat und dann wieder nicht, kann es keine dauerhafte Ursache sein. Sie ist dann nicht unveränderlich. Sie ändert sich je nach dem Vorhandensein oder Nichtvorhandensein einer anderen Bedingung.

Aufgrund solcher Betrachtungen verneint der Buddhismus jegliche Vorstellung von einem Anfang der Kausalkette. Ein absoluter Anfang kann nur gänzlich ohne Ursache sein oder müsste eine unwandelbare Ursache haben – und beides gilt als logisch nicht haltbar.

Nach den Worten des Buddha kommt das karmische Geschehen durch Unwissenheit in Gang.[2] Die Dinge entstehen, wie wir gesehen haben, aus ihren Ursachen und Bedingungen, und diese Ursachen und Bedingungen sind nicht dauerhaft und unveränderlich. Andererseits ist es aber auch nicht so, dass irgendein beliebiges Ding irgendein anderes verursacht oder dass irgendein Ding von jedem beliebigen anderen verursacht sein kann. Vielmehr muss zwischen Ursache und Wirkung eine Entsprechungsbeziehung bestehen, und zwar in der Weise, dass die besonderen Merkmale der Wirkung von den besonderen Merkmalen und Eigenschaften der Ursache geprägt sind.

Wenn wir die zwölf Glieder des abhängigen Entstehens betrachten, finden wir als erstes Glied in dieser Kausalitätskette die Unwissenheit. Niemand leidet gern, niemand wünscht sich Leiden, aber wir stellen die Bedingungen für unsere Leiden selbst her, so ist es nun einmal. Die Grundursache unserer Leiden ist die Unwissenheit. Sie ist das erste Glied im Zyklus der Bedingtheit.

Wir haben keinen absoluten Anfang

Buddhisten akzeptieren ein Ich im landläufigen Sinne als Bezeichnung für die Verbindung von Körper und Geist. Um sagen zu können, ob das Ich einen Anfang hat, müssen wir deshalb prüfen, ob für den Strom der fünf körperlichen und geistigen Anhäufungen oder Gruppen *(Skandhas)* ein Anfang postuliert werden kann. Dieser Strom oder dieses Kontinuum ist das, worauf sich die Bezeichnung »Ich« bezieht. Im Hinblick auf den Menschen sind diese Anhäufungen die Form, das heißt der Körper mit seinen materiellen Eigenschaften, und vier geistige Anhäufungen, die sich auf die subjektive Erfahrung beziehen und nicht körperlicher Art sind.

Im Buddhismus kennen wir zwar auch eine sehr subtile Bedeutung von »Form«, doch meist ist damit einfach der stoffliche Körper gemeint. Der Körper einer Person ändert sich von Leben zu Leben. Es gibt viele Arten von stofflichen Objekten, aber wenn wir an den Strom der Elemente denken, aus denen sie bestehen, wird es sehr schwierig, einen definitiven Anfang festzustellen. Nach gegenwärtiger naturwissenschaftlicher Auffassung haben alle materiellen Phänomene einschließlich der Materie unseres Körpers denselben Ursprung, nämlich den Beginn des Universums. Als dieser Beginn wird das angesehen, was wir Urknall nennen.

Aber müssen wir da nicht gleich fragen: Wo kommt der Urknall her? Da es sich um ein Ereignis handelt, was leitete dieses Ereignis ein? Wenn es zu einer derart gewaltigen Explosion kommt, müssen ja ungeheure Mengen Energie vorhanden gewesen sein. Ist diese Energie an irgendeine Substanz gebunden? Welche Ursachen und Bedingungen führten all das herbei? Ich finde es sehr schwierig, für das materielle Universum einen absoluten Anfang anzunehmen. Dinge entstehen aus Ursachen, die im Kontinuum, im Strom des Wandels, an einer früheren Stelle stehen.

Wir können uns auch fragen, ob das Bewusstsein einen Anfang hat. Unser Körper ist von Leben zu Leben ein anderer, weshalb der Geist mit seinen geistigen Anhäufungen das beständigere Kontinuum unserer individuellen Existenz sein muss. Wenn wir sagen, die Bezeichnung »Person« oder »Ich« beziehe sich auf das Kontinuum der Anhäufungen oder Daseinsgruppen, meinen wir in erster Linie, dass der Strom der subjektiven Erfahrung mit der Person identifiziert wird. Das Kontinuum des Bewusstseins besitzt keine Form, keine Gestalt, keine Farbe. Aber es übt eindeutig Wirkungen aus: Unsere Entscheidungen ziehen Erfahrungen von Glück oder Leid nach sich.

Unser Bewusstsein lässt sich jederzeit auf vorausgehende Momente desselben Erfahrungsstroms zurückführen. Wir können unseren Körper auf die Keimzellen unserer Eltern zurückführen, aber der Ursprung unseres Bewusstseins liegt nicht im Bewusstsein unserer Eltern. Hauptursache oder substanzielle Ursache unseres Bewusstseins muss vielmehr ein vorausgehender Augenblick im selben Kontinuum sein. Wollten wir einen absoluten Beginn unseres Bewusstseins postulieren, müssten wir uns zu einer von zwei möglichen Annahmen bekennen. Wir könnten sagen, der erste Augenblick unseres Bewusstseins sei als vollkommen ursachenloses Phänomen von nirgendwoher gekommen. Oder wir müssten annehmen, unser Bewusstsein sei irgendwann aus Ursachen von gänzlich anderer Art hervorgegangen, die nichts mit dem Bewusstsein gemein haben. Wie wir es auch drehen, ich wüsste nicht, mit welcher Begründung sich ein absoluter Beginn des Bewusstseins postulieren ließe.

Nicht nur Buddhisten glauben an frühere Leben, an Wiedergeburt, auch in vielen anderen Denksystemen existiert diese Vorstellung. Für diese Anschauung spricht vor allem die empirische Beweislage, nämlich die Stimmen vieler Menschen, die sich an ihre früheren Leben erinnern. Ich selbst habe ein indisches Mädchen kennengelernt, dessen Erinnerungen an ein früheres Leben äußerst überzeugend klangen. Sie hatte eigentlich vier Eltern, nämlich die Eltern ihres gegenwärtigen Lebens und die ihres jüngst vergangenen Lebens. Auch diese Letzteren erkannten das Mädchen als ihre Tochter. Solche Fälle deuten zumindest stark auf die Existenz früherer Leben hin. Gehört habe ich außerdem vom Fall eines tibetischen Jungen, der schreiben konnte, ohne je darin unterrichtet worden zu sein. Und wir kennen den Fall eines Jungen, der sich deutlich an sein früheres Leben erinnerte, der Freunde erkannte, sich an seinen eigenen Namen erinnerte, ja sogar an bestimmte Dinge in seinem Elternhaus, darunter Bücher – nur lesen konnte er selbst noch nicht. Solche Fälle sollten weiterhin genau untersucht werden. Gibt es eine Möglichkeit, solche Dinge genetisch zu erklären? Ich weiß es nicht. Aber aus buddhistischer Sich lautet die Antwort, dass die Kontinuität des Bewusstseins keinen Anfang hat.

Gibt es ein Ende?

Unsere dritte Frage lautet: Gibt es ein Ende? Dazu finden wir in der buddhistischen Überlieferung zwei Standpunkte. Eine Schule des Denkens vertritt die Auffassung, dass beim Erlangen des endgültigen Nirwana nichts bleibt, es ist ein »Erlöschen ohne Rest«. Damit ist gemeint, dass die Person, das Ich-Kontinuum, vollständig aufhört zu existieren. Das Bild dazu ist die erlöschende Flamme einer Butterlampe. Das ist jedoch nicht Tsong-kha-pas Sicht der Dinge.

Ein Buddhist sucht Zuflucht bei den drei Kostbarkeiten Buddha, Dharma und Sangha. In den Texten zur Zufluchtnahme wird der Buddha als »erhaben unter den Zweibeinern«, also den Menschen, bezeichnet. Den Dharma finden wir als erhabene Lehre oder höchste Wahrheit beschrieben. Das ist eine von allem Anhaften freie Wahrheit, eine stille Wahrheit, Frieden. Der Sangha schließlich begegnet uns hier als die erhabene Versammlung. Aber wenn wir die drei Kostbarkeiten nur auf dieser Ebene betrachten, haben sie eigentlich nichts spezifisch Buddhistisches. Auch in anderen spirituellen Traditionen gibt es etwas der buddhistischen Zufluchtnahme Vergleichbares, und auch die Zufluchten finden sich dort ähnlich beschrieben. Und natürlich sehen die meisten, wenn nicht alle spirituellen Traditionen ihre Stifter als erhaben unter den Menschen an. Deren Lehren wird man allenthalben als Verkündigung der Wahrheit ansehen, einer Wahrheit des abgeklärten Friedens. Schließlich wird man überall auch etwas über die Glaubensgemeinschaft hören.

Solange wir also die drei Kostbarkeiten nur aus diesem Blickwinkel betrachten, haben wir noch kein sehr tiefes Verständnis gewonnen. Wie könnten wir auch nur sagen, die Zufluchtnahme zu den drei Kostbarkeiten weise jemanden als praktizierenden Buddhisten aus? Diese Ansicht gibt es ja, aber durch was ist sie gedeckt? Wir müssen einfach ein tieferes Verständnis vom Wesen des Buddha und vom Wesen des Dharma gewinnen. Wer ist eigentlich der Buddha, bei dem wir Zuflucht suchen? Und was ist das Besondere am Sangha, in dem wir Buddhisten die »erhabene Gemeinschaft« sehen?

Zum Buddha gibt es innerhalb der buddhistischen Tradition unterschiedliche Ansichten. Wie erwähnt, behaupten manche, der Eintritt des Buddha ins endgültige Nirwana sei auch das Ende seines Daseins-Kontinuums gewesen. Der zweite Ansatz, zu dem sich auch Tsong-kha-pa bekennt, betrachtet die Buddhaschaft unter dem Gesichtspunkt der vier Körper.[3] Hier wird verneint, dass der gesamte Daseinsstrom des Buddha beim Eintritt ins Nirwana versiegt.

Nagarjuna wendet sich insbesondere in seinen *Sechzig Strophen der Beweisführung* gegen die Auffassung, mit dem Eintritt ins endgültige Nirwana habe der Buddha das absolute Ende seiner Existenz erreicht.[4] Wenn es so wäre, argumentiert Nagarjuna, würde die gesamte Lehre vom Nirwana ohne Rest an inneren Widersprüchen leiden. Solange der Mensch lebt, ist das Nirwana ohne Rest noch nicht da; wird jedoch das Nirwana ohne Rest erreicht, ist der Mensch nicht mehr vorhanden. Deshalb ist die Vorstellung, dass jemand das Nirwana ohne Rest erlangt, logisch nicht folgerichtig, wenn damit das absolute Ende seiner Kontinuität verbunden ist.

Zwischen Arhats[5] und Buddhas besteht ein so gewaltiger Unterschied, dass man unmöglich behaupten kann, der gesamte Pfad zur Buddhaschaft sei in den siebenunddreißig Aspekten des Pfades zur Erleuchtung enthalten.[6] Ein Buddha wird man nicht einfach dadurch, dass man die gleiche Praxis lediglich länger übt. Das Ergebnis ist bei Arhats und Buddhas so grundverschieden, dass zum Weg eines Buddha mehr gehören muss als die siebenunddreißig Aspekte, nämlich zum Beispiel die sechs Vollkommenheiten.[7]

Viele Züge unseres Geistes sind aufgrund falscher Anschauungen und einer fehlerhaften Wahrnehmung der Welt entstellt. Solche Fehler lassen sich aber beenden und aufheben, und zwar durch die Anwendung wirksamer Gegenmittel. In seinem Wesen jedoch ist der Geist klar und von klarer Erkenntnis. Und anders als bei Unwissenheit und Verblendung, die wie gesagt bereinigt werden können, lässt sich nichts denken, was diesen klaren Geist daran hindern könnte, weiterhin zu bestehen. Es gibt nichts, was die Essenz des Geistes selbst an ihrem Fortbestand hindern könnte.

Wenn wir aus der Sicht des höchsten Yoga-Tantras[8] die subtile Seite des Bewusstseins betrachten, stoßen wir auf zweierlei: den Erkenntnisaspekt und eine bewegte, dynamische Seite, die wir als den energetischen Aspekt bezeichnen können. Diese beiden Seiten sind nicht zu trennen, eine kann nicht ohne die andere sein. Auf der ganz subtilen Ebene bleibt das Bewusstsein also zusammen mit der Energie bestehen.

Was geschieht, wenn jemand volle Erleuchtung findet? Das Bewusstsein als solches ist in Abhängigkeit von Bedingungen entstanden und in sich selbst leer. Leerheit ist letztlich das Wesen des Geistes. Wenn Buddhaschaft erlangt wird, ist Leerheit der natürliche Körper eines Buddha, und somit ist der Buddha-Körper das, was das Wesen der Realität ausmacht. Auch der Geist eines gewöhnlichen Menschen ist seiner Natur nach rein und makellos, hat aber doch hinzukommende oder überlagernde Flecken und Unreinheiten. Beim Erlangen der Buddhaschaft fallen diese überlagernden Verunreinigungen weg, und dann gesellt sich zur natürlichen Reinheit des Geistes die durch Praxis des Weges gewonnene Reinheit. Dadurch wir die Leerheit des Geistes – das wahre Wesen des Geistes eines Menschen, der Buddhaschaft erlangt – zum natürlichen Buddha-Körper.

Das Bewusstsein des Betreffenden wird an dieser Stelle zum Buddha-Körper der Wahrheit als Weisheit (*yeshe chögu*), und die mit dem Weisheitsgeist einhergehende Energie wird der Form-Körper (*zug-gu*) eines Buddha. Zum Form-Körper eines Buddha gehören seine Rede und seine körperlichen Eigenschaften. Dadurch ist Buddhaschaft ein Zustand, in dem Körper, Rede und Geist nicht mehr zu unterscheiden sind und als unmittelbarer Ausdruck der Einheit des subtilsten Geistes und der subtilsten Energie ein einziges Wesen bilden.

Hinter dem Bemühen um Buddhaschaft steht letztlich die altruistische Intention, sich für das Wohl der unzähligen Lebewesen einzusetzen, solange der Raum besteht und bis in die letzten Winkel des Raums. Ist die Buddhaschaft erlangt, hört der Buddha nicht auf zu existieren. Die Praxis auf dem Pfad des Bodhisattwas bringt letztlich einen Erleuchteten hervor, der weiterhin und solange der Raum besteht, dem Wohl aller Lebewesen dient.

Wenn wir ein solches Verständnis von Buddhaschaft gewonnen haben, sehen wir auch den Buddha als Zuflucht neu. Maitreya sagt uns in seinem Werk *Das erhabene Kontinuum*, das Wesentliche am

Dharma sei nicht einfach Freiheit von Anhaftungen, vielmehr gehe er über alle Begriffe, Vorstellungen und Worte hinaus.[9] Der Sangha ist die Gemeinschaft derer, die diesen unausdenklichen und nicht beschreibbaren Dharma verkörpern. Wenn Sie die drei Kostbarkeiten so auffassen, muss sich ihr Bild von den drei Orten der Zuflucht vollkommen wandeln. Zuflucht zu den drei Kostbarkeiten ist demnach implizit zugleich eine Bekräftigung dessen, was wir als die vier Siegel der Lehre des Buddha bezeichnen.[10] Und in diesem Sinne ist die Zuflucht die Zuflucht, mit dem man ein Buddhist wird.

5
DIE VIER EDLEN WAHRHEITEN

Anleitung zur Freiheit

Wie, fragt Tsong-kha-pa (1, 34 und 69), leitet man Schüler mit »echten Unterweisungen« an? Damit sind die Unterweisungen des Buddha gemeint. Wie ich schon sagte, ist der Bezug zur *Freiheit* das, was eine Lehre zur buddhistischen Lehre macht. Auf Befreiung geht Tsong-kha-pa im Zusammenhang mit der für einen Menschen von mittlerer Befähigung geeigneten Praxis ein (1, 267):

> *Befreiung bedeutet Freiheit von Fesseln. Karma und die Plagen des Geistes fesseln dich an das zyklische Dasein ... Da dies die Natur der Unfreiheit ist, liegt Freiheit in der Entbindung von karmisch und durch geistige Plagen herbeigeführter Wiedergeburt, und das Verlangen nach dieser Entbindung ist der auf Befreiung sinnende Geist.*

Der Gedanke der Befreiung begegnet uns in den klassischen Traditionen Indiens vielfach. Im Buddhismus ist mit Freiheit im Allgemeinen eine geistige Verfassung gemeint, die frei von Verunreinigungen und Makeln ist. Darüber hinaus ist der Gedanke der Freiheit für Buddhisten natürlich mit dem der Ichlosigkeit verbunden. Von Nagarjuna bekommen wir in seiner *Grundlegenden Weisheit des Mittleren Weges* eine genaue Erläuterung. Frieden, sagt er dort, gewinnt man dadurch, dass Karma und die geistigen Plagen zum Stillstand kommen. Sie entstehen beide aus falschen Anschauungen, die durch Leerheit zur Ruhe gebracht werden können.[1] Nach dieser Lesart sieht Nagarjuna die Leerheit als das *Mittel*, das gegen Karma und die Plagen hilft.

Nach einer anderen Deutung des Sanskrit-Texts werden falsche Vorstellungen nicht *durch* die Leerheit, sondern *in* der Leerheit zur Ruhe gebracht. Das zyklische Dasein, *Samsara*, beginnt mit der falschen Einschätzung der Natur unseres Geistes. Durch Einsicht in die Natur des Geistes werden alle den Geist selbst überlagernden Verunreinigungen und Entstellungen zur Ruhe gebracht und aufgelöst. Für Nagarjuna ist Freiheit ebendiese Grundnatur des Geistes, nachdem alle falschen Vorstellungen aufgelöst wurden.

Für Tsong-kha-pa sind Karma und die Plagen das, was uns bindet, und das zyklische Dasein ist ebendieser Zustand der Gebundenheit. Zyklisches Dasein ist ein bedingtes Dasein mit den körperlichen und geistigen Anhäufungen, die wir uns unter dem Einfluss von Karma und Plagen zu eigen gemacht haben. Zyklisches Dasein ist nicht allein schon dadurch gegeben, dass irgendein Körper und Geist vorhanden sind; es ist nämlich auch ein Dasein mit nicht verunreinigten Anhäufungen möglich, ein befreites Dasein. Zyklisches Dasein heißt vielmehr, dass wir mit karmisch bedingten Anhäufungen geboren werden.

Und zyklisch ist es dadurch, dass wir es fortsetzen und immer wieder zu neuen Zusammenstellungen von Anhäufungen übergehen. Karma und die geistigen Plagen bannen uns in diese Daseinsform, und dort sind wir beengt, wir haben keine Freiheit. Dharmakirti setzt die karmisch bedingten Anhäufungen in seinem

Kommentar zum Kompendium der gültigen Erkenntnis mit dem zyklischen Dasein gleich, in dem wir leiden.[2]

Die Reihenfolge der vier edlen Wahrheiten

Wenn Tsong-kha-pa die Wahrheit des Leidens anspricht (1,269), die erste der vom Buddha gelehrten vier edlen Wahrheiten, stellt er gleich eine naheliegende Frage: »Die Wahrheit vom Ursprung ist die Ursache, die Wahrheit des Leidens ist die Wirkung. Weshalb hat der Erhabene diese Reihenfolge umgekehrt?« Tatsächlich geht ja der Ursprung des Leidens dem Leiden eindeutig voraus. Maitreya stellt das Leiden und seinen Ursprung in seiner Schrift *Schmuck der klaren Erkenntnis* in ihrer natürlichen Reihenfolge dar, den Ursprung zuerst, das Leiden danach.[3] Tsong-kha-pa beharrt aber an der gleichen Stelle darauf, dass der Buddha bei seiner ursprünglichen Darlegung der vier edlen Wahrheiten die Reihenfolge der ersten beiden mit gutem Grund umkehrte. Erst wenn man das Wesen des Leidens ganz verstanden hat, entsteht ein echter Drang nach Freiheit vom Leiden. Deshalb muss die Wahrheit des Leidens zuerst gelehrt werden. Dem Buddha ist es wichtig, dass wir zuerst unsere Leiden als Leiden erkennen.

Im Zusammenhang der Lehre von den vier edlen Wahrheiten ist natürlich nicht von Leiden im landläufigen Sinne die Rede. Wir sehen lustvolle Erfahrung und weltlichen Erfolg als wünschenswert an; normalerweise erkennen wir ihren leidvollen Charakter nicht. Mit Glück meinen wir meist etwas im weltlichen Sinne Schönes oder von Erfolg Gekröntes. Wenn wir unsere Einstellung zu im weltlichen Sinne erfolgreichen Menschen genauer betrachten, stellen wir fest, dass wir sie bewundern, vielleicht auch beneiden. Sie haben, was wir gern hätten. Wir erkennen weltlichen

Erfolg also nicht als im Grunde leidvoll, sondern sehen ihn als Glück. Hier fehlt uns ein tieferes Verständnis dessen, was Leid eigentlich ist.

Der Penchen-Lama-Lobsang Chögyen gibt uns dazu eine sehr schöne zusammenfassende Darstellung.[4] Nach seinen Worten können wir uns auf verschiedenerlei Art vor Augen führen, was Leid eigentlich ist. Zunächst gibt es Leiden einer äußerlich erkennbaren Art, die auch Tiere scheuen und denen sie zu entkommen versuchen. Eine subtilere Form ist das Leid der Veränderung, dem sich viele Anhänger nicht buddhistischer Traditionen durch Abkehr zu entziehen versuchen, indem sie die Glückseligkeit hoher meditativer Zustände der Konzentration und der formlosen Versenkung suchen.[5] Wenn jedoch der Buddha vom wahren Verständnis des Leidens spricht, meint er eine dritte und noch subtilere Form des Leidens, nämlich das Leiden der Bedingtheit. Die bedingenden und treibenden Kräfte unseres Lebens sind Karma und die geistigen Plagen. Tsong-kha-pa und der Penchen Lama führen uns vor Augen, dass unsere Anhäufungen oder Daseinsgruppen, die Skandhas, sowohl die Bedingungen für unsere künftigen Leiden als auch der Rahmen sind, in dem unser früheres Karma zu gegenwärtigen Leiden ausreift. Wenn Sie Leid in diesem Sinne erfassen können, wird sich ein echter Wunsch in Ihnen regen, dieses bedingte Dasein hinter sich zu lassen. Sie wenden sich davon ab.

Tsong-kha-pa schreibt an der genannten Stelle (1,269):

Hast du das Leid erkannt, siehst du dich in einem Meer der Leiden, und dir geht auf, dass du etwas dagegen tun musst, wenn du frei davon sein möchtest. Darüber hinaus begreifst du, dass Leid nur zu beenden ist, wenn du seiner Ursache entgegenwirkst. Du erforschst die

Ursache des Leidens, und so erkennst du seinen wahren
Ursprung. Deshalb spricht der Buddha als Nächstes
über die Wahrheit vom Ursprung.

Und er fährt fort:

Sodann näherst du dich dem Verständnis der Wahrheit
vom Ursprung und erkennst, dass verunreinigtes Kar-
ma die Leiden des zyklischen Daseins hervorbringt und
die Wurzel der geistigen Plagen in der Ich-Vorstellung
liegt. Du siehst, dass es möglich ist, die Ich-Vorstellung
auszuräumen, und wirst geloben, ihr Ende und damit
das Ende des Leidens zu erwirken.

Später wird Tsong-kha-pa noch näher auf die Ich-Vorstellung eingehen und die Verbindung zur Lehre der Leerheit ziehen. Hier
spricht er zunächst nur die allen buddhistischen Schulen gemeinsame Auffassung an, dass der Ursprung des zyklischen Daseins im
Festhalten an dieser Ich-Vorstellung liegt. Leid entsteht aus seinem
Ursprung, der Ursprung liegt vor allem im Karma und den geistigen
Plagen, und die Plagen wiederum wurzeln im Festhalten am Ich.

Umdenken

Im zyklischen Dasein unterliegen wir alle der Ich-Vorstellung und
klammern uns an sie. Das ist etwas, das wir mitbringen und zu dem
wir nicht erst durch Überlegungen gelangen. Es ist der natürliche
Zustand unseres Geistes, aber trifft diese Vorstellung auch zu?
Stimmt sie mit der Wirklichkeit überein? Wenn eine Wahrnehmung
oder Geistesverfassung natürlich ist, muss das nicht heißen, dass die

Dinge wirklich so liegen. Die Frage muss gestellt und ausgelotet werden. Und dabei erkennen wir, dass unser Festhalten an einem Ich eigentlich eine Form der Unwissenheit ist, ein verzerrtes Bild der tatsächlichen Verhältnisse.

Die Dinge erscheinen uns so oder so, aber in Wahrheit sind sie ganz anders. Wenn etwas plagende Gefühlsregungen bei uns auslöst, bewegen wir uns auf der Ebene der Erscheinungen und reagieren entsprechend. Die Dinge scheinen von eigenständiger Realität zu sein, und wir bekräftigen diesen Eindruck augenblicklich und nehmen die scheinbare Eigenständigkeit und Gegebenheit der Dinge als real. Wir nehmen unsere Wahrnehmung für bare Münze und reagieren dann auch so. Wir versteifen uns darauf, dass die von uns wahrgenommenen Dinge wirklich gegenständlich vorhanden sind – wir reagieren auf die Dinge nicht so, wie sie wirklich sind.

Fragen wir uns also, inwiefern unsere Wahrnehmungen nicht mit der Realität übereinstimmen. Wir können lernen, zwischen unserer gewohnten Wirklichkeitswahrnehmung und der Wirklichkeit selbst zu unterscheiden. Dazu müssen wir etwas über die wahre Seinsweise der Dinge wissen, wir müssen verstehen, wie sie tatsächlich existieren. Was in den buddhistischen Texten über Leerheit gesagt wird, läuft im Grunde darauf hinaus, dass es wichtig ist, das wahre Wesen der Wirklichkeit richtig zu verstehen. Wenn wir wissen, was mit Leerheit gemeint ist, stellt sich heraus, dass unsere unbedarfte Wahrnehmung, die den Dingen eigenständige Existenz zuschreibt, uns ein falsches Bild liefert. Aber eben weil diese Wahrnehmung falsch ist, stehen die aus ihr entstehenden Plagen des Geistes nicht gar so fest. Wir können sie entwurzeln und damit gleichsam unseren Geist jäten.

Dabei gilt es, im Blick zu behalten, dass unser Geist in seinem wahren Wesen ohne Verunreinigungen ist. Jemand mag von seinem Temperament her zu Hass neigen, aber er wird trotzdem nicht *im-*

mer hasserfüllt sein. Es gibt für ihn auch Augenblicke der Herzensgüte und des Mitfühlens. Herzensgüte und Hass sind direkte Gegensätze, sie können nicht gleichzeitig in ein und demselben Menschen vorhanden sein. Wenn ein zu Hass neigender Mensch nicht immer voll Hass ist, sondern auch mitfühlend sein kann, wird daran deutlich, dass das wahre Wesen des Geistes von Plagen wie Hass unterschieden werden kann. Das wahre Wesen des Geistes lässt Plagen ebenso zu wie ihr Gegenteil.

Unser Festhalten an der Eigenexistenz der Dinge mag uns naheliegend, normal und natürlich erscheinen, doch damit ist noch nicht seine Zugehörigkeit zum wahren Wesen des Geistes bewiesen. Wenn wir das Wissen um die Ichlosigkeit in uns wachsen lassen, können wir dieses Festhalten nach und nach lockern, und irgendwann erkennen wir dann, dass es eine Eigenexistenz wirklich überhaupt nicht gibt. Und wieder zeigt sich: Wie stark eine geistige Plage auch sein mag, sie ist trotzdem kein Wesensbestandteil des Geistes.

Diese beiden Gesichtspunkte sind sehr wichtig: erstens, dass die Plagen – insbesondere die Unwissenheit, von der sie alle abstammen – nicht der Realität entsprechen und deshalb instabil sind; und zweitens, dass sich die Plagen vom wahren Wesen des Geistes unterscheiden lassen. Dies vorausgesetzt, können wir uns sagen, dass unsere mitgebrachte Ich-Vorstellung und unser Festhalten an ihr einfach Geisteszustände sind, die wir ändern können. Wenn Sie dann vom Aufhören der Leiden hören, wird das echte Gefühle einer deutlich erkennbaren Art auslösen. Sie werden sich nach dieser Freiheit sehnen und sich daranmachen, sie zu erlangen. Tsong-kha-pa sagt dazu (1, 270): »Wenn du also denkst: ›Ich werde dieses Aufhören verwirklichen, das Befreiung ist‹, dann regt sich in dir das Interesse an der Wahrheit des Pfades.«

Das Entstehen in Abhängigkeit

Unser Wirklichkeitsbild bestimmt, was wir als die Grund-Unwissenheit ansehen, die das zyklische Dasein nach sich zieht. Nagarjunas Position finden wir in seinen *Siebzig Strophen über die Leerheit*. Dort schreibt er, Unwissenheit halte am eigenständigen Sein der Phänomene fest, während sie in Wahrheit aus Ursachen und Bedingungen gefügt sind.[6] Unwissend ist ein Geist, der den in Abhängigkeit von Bedingungen entstandenen Phänomenen eine letztgültige eigene Realität zuschreibt. Um das noch weiter zu klären, sagt Aryadeva in seinen *Vierhundert*, alle Plagen seien so mit Verblendung (Unwissenheit) getränkt, wie der Berührungssinn im gesamten Körper gegenwärtig ist. Dann betrachtet er Unwissenheit oder Verblendung unter dem Gesichtspunkt ihres Gegenmittels und führt aus, dass sich Unwissenheit nicht mehr in einem Menschen regt, der das abhängige Entstehen erkennt.[7] Wir müssen uns also ernsthaft mit den Lehren des abhängigen Entstehens befassen und ihnen auf den Grund gehen.

Dass die Dinge aufgrund von Ursachen und Bedingungen ins Sein treten, nimmt Nagarjuna in seinen *Siebzig Strophen über die Leerheit* als Beweis dafür, dass sie letztlich kein eigenes Sein besitzen.[8] Auf diesem Wege gelangt man vom kausalen oder bedingten Entstehen zur Leerheit. Es ist ja zunächst ganz natürlich, dass wir allerlei Kausalbeziehungen wahrnehmen. Sogar Tiere sind bis zu einem gewissen Grade imstande, Kausalzusammenhänge zu erkennen: Vom Essen verschwindet der Hunger, und wenn die Sonne zu sehr brennt, legt man sich in den Schatten. Wenn es um unser künftiges Wohl geht, leistet der menschliche Verstand mehr als der tierische. Wir legen Geldmittel für die Zukunft zurück. Wir streben eine bessere Ausbildung an, damit wir dann bei bekannteren Firmen besser bezahlte Jobs bekommen. Wir stellen Kausalbeziehungen her: zwischen dem, was wir uns für die Zukunft wünschen, und den dafür zu schaffenden Voraussetzungen. Und wir richten unsere Anstrengungen nach den so hergestellten Zusammenhängen.

Nagarjuna leitet uns an, über solche Ursache-Wirkung-Zusammenhänge noch tiefer nachzudenken. In welcher Weise folgen Wirkungen aus Ursachen? Aufgrund der Tatsache, dass die gesamte Wirklichkeit ein Geflecht von Abhängigkeitsbeziehungen ist. Ursache und Wirkung bilden eine Beziehung, weil sie keine getrennten, in sich abgeschlossenen Realitäten sind. Alle Dinge besitzen eine gewisse Offenheit, die es erlaubt, Beziehungen zu knüpfen. Und weil Beziehungen möglich sind, können die Dinge als Ursachen und Wirkungen zueinander stehen.

Wenn wir also Ursache und Wirkung genau betrachten, kommen wir nach Nagarjunas Worten zur Erkenntnis der wechselseitigen Verbundenheit der Dinge. Und sobald wir erkennen, dass alle Dinge ihrer Natur nach auf Beziehung angelegt und abhängig sind, wird uns klar, dass sie alle keine eigenständige, in ihnen selbst beschlossene Realität besitzen. Sie werden aufgrund von Übereinkünften und Benennungen als existent angesehen. Als der Buddha das abhängige Entstehen als Wechselspiel von Ursachen und Wirkungen zwischen seinen zwölf Gliedern lehrte, erwähnte er die Leerheit nicht ausdrücklich, bereitete aber alles für unser Verständnis der Leerheit vor.[9]

Wir können Buddhas Lehre vom abhängigen Entstehen unter dem Gesichtspunkt der Kausalität oder unter dem der Leerheit betrachten. Im ersten Fall geht es dann darum, die Bedingungen für eine günstige Wiedergeburt in einem höheren Daseinsbereich herzustellen. Im zweiten Fall geht es darum, die Ursachen und Bedingungen für die vollkommene Befreiung zu schaffen. Diese Lehre ist demnach sowohl für unser unmittelbares Ziel der günstigen Wiedergeburt als auch für das langfristige Ziel der Befreiung wichtig.

Daran, denke ich, liegt es, dass Tsong-kha-pa das abhängige Entstehen als die größte Kostbarkeit im Schatzhaus des Buddha-Dharma bezeichnet.[10]

Wenn wir uns auf den Weg zu diesen beiden Zielen machen, muss die günstige Wiedergeburt den Anfang bilden, und auf dieser Grundlage können wir dann das höhere Ziel verwirklichen, Befreiung. Es liegt daran, dass der Weg zur Befreiung ein Höchstmaß an menschlicher Intelligenz verlangt. Das menschliche Dasein verfügt über die am höchsten entwickelte Form der Intelligenz. Deshalb entwickelt Nagarjunas *Kostbarer Blumenschmuck* zuerst die Praxis für eine günstige Wiedergeburt und kommt erst dann zu anderen Lehren. Einen ähnlichen Aufbau zeigen Aryadevas *Vierhundert* mit ihren drei Stufen: Zuerst muss das untugendhafte Handeln überwunden werden, dann löst man das Haften am Ich, und schließlich geht es darum, von allen falschen Anschauungen zu lassen.[11] Wie allenthalben in der Literatur zu den Stufen des Pfades setzt man also bei den ganz diesseitigen Dingen an und befasst sich dann mit allem für das nächste Leben Erforderlichen, um schließlich die Motivation für das Streben nach Befreiung in sich heranzubilden.

Tsong-kha-pa schreibt (1, 279):

> *Die vier Wahrheiten werden in den Schriften des Mahayana und des kleineren Fahrzeugs immer wieder dargelegt. Da der Sugata[12] in den vier Wahrheiten auch die Kernpunkte des zyklischen Daseins und seines Aufhörens angesprochen hat, ist diese Lehre für den Weg in die Freiheit von entscheidender Bedeutung. Dieser zusammenfassende Überblick über die Praxis ist wichtig und muss Schülern in ebendieser Abfolge vermittelt werden.*

Das ist eine wichtige Anmerkung, die Tsong-kha-pa hier macht: Man muss Schüler genau nach der Abfolge der vier edlen Wahrheiten unterweisen, denn so hat der Buddha sie dargelegt.

Wahre Leiden

Wenn du nicht ernsthaft über die wahren Leiden nachdenkst, sagt Tsong-kha-pa in seinem Werk *Gesänge von spiritueller Erfahrung*, wird kein echtes Verlangen nach Freiheit in dir entstehen.[13] Wenn du glaubst, dein Leben im zyklischen Dasein sei kein gar so großes Problem oder sogar recht erfreulich, wird einfach kein echter Wunsch nach Befreiung entstehen.

Zum anderen wirst du nicht wissen, wie die Wurzel des Leidens zu durchtrennen ist, solange du dir nicht Klarheit über die Bedingungen des zyklischen Daseins, also über den Ursprung des Leidens verschaffst. Selbst wenn du also erkennst, dass das zyklische Dasein seiner Natur nach leidvoll ist, wird dir das bloße Wünschen oder Beten nicht zur Flucht und damit zu Freiheit verhelfen. Denk darüber nach, wodurch Leid überhaupt entsteht. Nach Tsong-kha-pas Worten brauchen wir eine gewisse Ernüchterung über das zyklische Dasein und müssen dann fragen, was uns darin festhält.

In der *Großen Abhandlung* (1, 265–95) stellt uns Tsong-kha-pa in drei großen Abschnitten vor, wie die leidvolle Natur des zyklischen Daseins zu betrachten ist. Im ersten Abschnitt geht es um die acht Arten des Leidens, im zweiten um die sechs Arten des Leidens und im dritten um weitere Meditationen über das Leiden. Über die achte der acht Arten von Leiden sagt Tsong-kha-pa (1, 279):

Der Buddha sagte: »Kurzum, die fünf angenommenen Anhäufungen sind Leid.« Die Betrachtung der Bedeu-

tung dieser Lehre gliedert sich in fünf Punkte. Die auf-
grund des Karmas und der geistigen Plagen erworbe-
nen fünf Anhäufungen sind ihrer Natur nach:
Gefäße für künftige Leiden,
Gefäße von Leiden aufgrund des gegenwärtig
Gegebenen,
Gefäße für das Leid des Schmerzes,
Gefäße für das Leid des Wandels und
Gefäße für das Leid der Bedingtheit.
Denk immer wieder über diese nach.
Die erstgenannte Form des Leidens bedeutet, dass du
dir die erworbenen Anhäufungen zu eigen machst und
dadurch Leiden in zukünftigen Leben auf dich ziehst.

Die Bedingtheit durch Karma und die Plagen führt zur Entstehung der geistigen und körperlichen Anhäufungen, die folglich nach Art und Charakter eng mit Karma und den Plagen verwandt sind. Es liegt in ihrem Wesen, dass sie durch Karma und die Plagen noch weiter verschlimmert werden können und sehr empfänglich für leidvolle Erfahrung sind. In diesem Sinne sind sie »Gefäße für künftige Leiden«.

Zur Zeit des Zwölften Dalai Lama war ein mongolischer Gelehrter in eine Sache verwickelt, die ihm eine Rüge eintrug. Es war ein wenig beschämend und tat ihm wirklich leid. Er legte seine Hände auf den eigenen Körper und sagte: »Ja, dieser ganze Schmerz und all das Leid sind nur möglich, weil ich nun einmal diesen karmisch bedingten, angenommenen Körper habe.« Nach buddhistischer Anschauung werden alle kollektiven und individuellen Probleme in der Welt dadurch hervorgerufen, dass unser Dasein durch Karma und die geistigen Plagen bedingt ist. Durch sie erwerben wir einen Geist und einen Körper, von denen alle diese Leiden ausgehen.

Weiter lesen wir bei Tsong-kha-pa (1, 279):

> *Was die zweite Form angeht, so bilden die erworbenen*
> *Anhäufungen die Grundlage für Verfassungen wie*
> *Alter und Krankheit, die ihre Ursache in bereits vor-*
> *handenen Anhäufungen haben. Die dritte und vierte*
> *Form bestehen darin, dass die erworbenen Anhäufun-*
> *gen mit unguten Neigungen zu diesen beiden Formen*
> *des Leidens zusammentreffen.*

Mit »diesen beiden Formen des Leidens« sind direkt erkennbare
Leiden und das Leiden des Wandels gemeint. Tsong-kha-pa fährt
fort:

> *Was nun den fünften Punkt angeht, so besteht das*
> *Leid der Bedingtheit seiner Natur nach im bloßen Vor-*
> *handensein der erworbenen Anhäufungen, weil alle*
> *beitragenden Faktoren, die auf früherem Karma und*
> *früheren Geistesplagen beruhen, das Leid der Bedingt-*
> *heit sind.*

Wir wollen hier auf Tsong-kha-pas Erläuterungen zu den sechs Arten von Leiden (1, 281–87) nicht eingehen und gleich zu seinen drei
Arten des Leidens kommen. Über die zweite, das Leid des Wandels,
schreibt Tsong-kha-pa (1, 289):

> *Angenehme Empfindungen der Wesen im zyklischen*
> *Dasein sind wie die Erleichterung, die man fühlt, wenn*
> *eine Eiterbeule oder ein Geschwür mit kühlem Wasser*
> *benetzt wird: Kaum verfliegt die vorübergehende Er-*
> *leichterung, schon setzt der Schmerz wieder ein.*

Damit ist letztlich gesagt, dass auch angenehme oder lustvolle Erfahrungen letztlich ihrem Wesen nach leidvoll sind.

Vergänglichkeit, sagt Dharmakirti in seinem *Kommentar zum Kompendium der gültigen Erkenntnis,* muss uns zur Erkenntnis der leidvollen Natur unseres Daseins führen.[14] Ebendie Ursachen und Bedingungen, die alle Dinge hervorbringen, machen auch ihre Vergänglichkeit aus; sie unterliegen nicht nur grundsätzlich dem Wandel, sondern ändern sich tatsächlich von Augenblick zu Augenblick.

Eine buddhistische Schule, die Vaibhashika, deutet Vergänglichkeit als das Ende der Existenz von etwas. Hier spricht man von den vier Kennzeichen aller bedingten Phänomene: sie entstehen, dauern an, verfallen und enden. Alle anderen Schulen des Buddhismus betrachten die Vergänglichkeit unter dem Gesichtspunkt dessen, was Augenblick für Augenblick geschieht. Der Augenblickscharakter eines Phänomens hängt nicht in erster Linie mit dem Eintreten neuer Umstände zusammen. Vielmehr sorgen ebendie Ursachen, die es hervorbringen, dafür, dass es als seiner Natur nach Vergängliches ins Sein tritt.

Vergängliche Phänomene stehen unter der Herrschaft ihrer Ursachen und Bedingungen. Wenn wir das auf unsere gegenwärtige Lage anwenden, welche Ursachen und Bedingungen beherrschen uns dann gerade? Karma und die Geistesplagen. Die Lehre von den zwölf Gliedern des bedingten Entstehens benennt als erstes Glied in der Kette unsere Grund-Unwissenheit. Schon der Ausdruck Unwissenheit *(ma rig pa)* bezeichnet ja etwas Negatives.[15] Bei solch einer negativen Ursache muss auch die Wirkung negativ sein. Wenn wir uns das genau überlegen, kommen wir zu dem Schluss, dass es im zyklischen Dasein wirklich nichts Zufriedenstellendes geben kann.

Am selben Beispiel wie zuvor erläutert Tsong-kha-pa (1, 290) das Leiden der Bedingtheit:

Verunreinigte neutrale Empfindungen sind wie eine
Eiterbeule, die weder lindernde noch reizende Einflüsse
erfährt. Da diese Gefühle mit unheilsamen Neigungen
verbunden sind, bilden sie das Leiden der Bedingtheit,
und damit sind, wie oben dargelegt, nicht nur die Ge-
fühle angesprochen.

Zuvor (1, 289) hatte er erklärt, dass nicht nur die Gefühle selbst
leidvoll sind, sondern alle mit ihnen einhergehenden geistigen Zustände und Faktoren:

Dies ist das Leiden des Wandels, und das schließt nicht
nur das Gefühl selbst ein, sondern alle geistigen Vor-
gänge ähnlicher Art sowie die verunreinigten Dinge,
die das Gefühl auslösen, wenn sie wahrgenommen
werden.

Lust, Schmerz und neutrale Empfindungen sind leidvoll, sie sind
alle unbefriedigend. Alle mit ihnen verbundenen Geisteszustände
sind ebenfalls leidvoll. Die Sinnesvermögen und ihre Gegenstände,
die zu solchen Gefühlen Anlass geben, sind leidvoll. Da sie allesamt
Leiden mit sich bringen, werden sie unter diesem Gesichtspunkt
zusammengefasst.

Die vier Siegel des Dharma

Die Lehre des Buddha hat vier sogenannte Siegel.[16] Das erste lautet:
Alle bedingten Phänomene sind vergänglich. Das zweite: Alle verunreinigten Phänomene sind ihrer Natur nach leidvoll. So viel haben wir bereits von Tsong-kha-pa gehört, doch der Buddha lässt es

nicht bei den ersten beiden Siegeln bewenden. Hätte er nur das gesagt, wäre es vielleicht eher von deprimierender und entmutigender Wirkung gewesen. Ist Leid endlos? Gibt es nicht etwas, womit es sich beenden lässt?

Deshalb ist das dritte Siegel so wichtig. Der Buddha lehrt weiterhin: Alle Dinge sind leer von Selbst-Wesen, sie sind ohne ein Ich. Auch wenn die Ichlosigkeit in den verschiedenen Schulen buddhistischer Philosophie unterschiedlich dargestellt wird, alles in allem gilt doch, dass die Wurzel aller Leiden im Festhalten an der Vorstellung einer Eigenexistenz liegt. Hier nehmen nämlich alle übrigen Plagen des Geistes ihren Ausgang. Es lässt sich aufzeigen, dass dieses Festhalten an der Vorstellung der Eigenexistenz eine verzerrte Form der Welterfahrung und Weltwahrnehmung ist. Sie stimmt nicht mit der Realität überein. Es gibt aber ein sehr wirksames Mittel dagegen, dessen wir uns bedienen können. Dieses »Gegengift« kann das Festhalten an der Ich-Vorstellung aufheben und löschen. Und das ist das vierte vom Buddha gelehrte Siegel: Nirwana ist wahrer Frieden. Durch Anwendung dieses Mittels gegen den Ursprung aller Leiden, das Festhalten am Ich, bekommen wir Einblick in das wahre Wesen der Wirklichkeit. Und so erlangen wir schließlich Nirwana, den wahren Frieden. Die gemeinsame Betrachtung der vier Siegel und der vier edlen Wahrheiten ergibt ein wirklich schönes Gesamtbild.

Weiterhin hören wir von Tsong-kha-pa (1,290):

> *Da das Leiden der Bedingtheit sowohl von früherem Karma und den Plagen geprägt ist als auch mit Keimen einhergeht, die künftige Plagen und Leiden hervorbringen, ist es stets mit unheilsamen Neigungen verbunden.*

Um zu erklären, weshalb Leid und Bedingtheit so allgegenwärtig sind, zitiert er (1, 291) das *Sutra vom Abstieg in den Schoß*:

> *Nanda, alle Tätigkeiten und Haltungen des Körpers, nämlich Gehen, Sitzen, Stehen und Liegen, sind als leidvoll zu erkennen. Ein Meditierender, der sich die Natur dieser vier Haltungen und Tätigkeiten genau vergegenwärtigt, wird sehen: Wenn man den ganzen Tag geht und weder stehen bleibt noch sich setzt, noch sich hinlegt, so wird man das ausschließliche Gehen als leidvoll erfahren, man wird heftige, scharfe, unerträgliche, unangenehme Empfindungen haben. Man wird nicht meinen, das Gehen sei etwas Angenehmes.*

Nanda war der Bruder des Buddha. Tsong-kha-pa zitiert weiter aus dem Sutra:

> *Nanda, wenn sich dieses verunreinigte Gefühl der Lust einstellt, ist es in Wirklichkeit nur Leid; und wenn es endet, so endet eigentlich nur das Leid. Wo es aufkommt, entsteht eigentlich nur ein bedingtes Phänomen; wenn es endet, so endet eigentlich nur ein bedingtes Phänomen.*

Kurz, das Leid der Bedingtheit manifestiert sich in allen Facetten unseres Daseins. Wenn wir uns an den Rat des Buddha halten wollen, die Wahrheit des Leidens zu erkennen, müssen wir uns diese Erläuterungen sorgfältig vergegenwärtigen.

Woher kommt Leid?

Es gilt, auch den Ursprung des Leidens zu überwinden. Um zu erklären, um was es sich bei den »geistigen Plagen« handelt, zitiert Tsong-kha-pa (1, 298) aus Asangas *Kompendium der Erkenntnis*:

Eine Plage ist ein Phänomen, welches, wenn es eintritt,
von verstörender Wirkung ist. Durch sein Aufkommen
stört es den Geist-Strom.[17]

Der Geist besitzt sein eigenes natürliches Gleichgewicht. Bestimmte Geistesverfassungen, Gedanken und Gefühle können dieses Gleichgewicht stören. Die Plagen haben diese Eigenschaft. Ihre Wirkung kann von grober, aber auch von ganz subtiler Art sein.

Manche Schulen des buddhistischen Denkens akzeptieren ein in den Dingen selbst liegendes Sein, und dann gibt es die Prasangika-Madhyamaka-Schule, die das entschieden verneint. In der erstgenannten Gruppe buddhistischer Schulen besteht ein breiter Konsens über die Natur der Plagen, aber in der Prasangika-Madhyamaka gibt es eine viel subtilere Auffassung dessen, was das Festhalten an der Vorstellung eines wahren, innewohnenden Seins eigentlich ist. Und dieses Bild von einem sehr subtilen Festhalten formt auch ihr Verständnis der Plagen wie zum Beispiel Anhaftung, Widerwille und Verblendung.

Asangas Definition von »Plage« lässt sich vielleicht akzeptieren, wenn wir sie sehr weit fassen. Was meint er mit »verstörend«, was ist unter »gestörtem Gleichgewicht« zu verstehen? Wir können hier Vermutungen anstellen, aber lassen Sie mich einen Vorschlag machen. Tsong-kha-pa schließt seine Erklärung des Aufkommens von Plagen mit diesen Worten ab (1, 300):

*Ich habe die zehn Plagen in Übereinstimmung mit
Asangas* Kompendium der Erkenntnis *und* Stufen
yogischer Taten *sowie mit Vasubandhus* Darlegung
der fünf Anhäufungen *erläutert.*[18]

Das lässt sich so lesen, als wollte Tsong-kha-pa sagen, es gebe noch eine andere und subtilere Betrachtungsweise. Vielleicht müssen wir Asangas Aussage erweitern und sagen, dass die »Verstörung« nur eintritt, wenn wir keine bewusste Kontrolle ausüben. Wenn wir Mitgefühl in uns heranbilden, ist es ja so, dass wir die Schmerzen eines anderen durchaus stark empfinden – da ist tatsächlich dieses verstörende Element. Aber diese Störung bricht eben nicht völlig unkontrolliert über uns herein. Das Ganze hat eine freiwillige Seite, indem wir uns willentlich auf das Leid eines anderen einlassen und uns gezielt in diesem Mitgefühl üben. Spontan aufkommende verstörende Gefühle sind eher von negativer Auswirkung. Aber Gefühle, die in eine gezielte Schulung eingebunden sind, in der wir die Dinge genau betrachten und durchdenken – die sind eher positiv.

6

DIE PRAXIS

Schüler des Weges sollen sich nach Tsong-kha-pas Worten an einen spirituellen Lehrer wenden, und der Lehrer soll seine Schüler in das einführen, was der Buddha wirklich gelehrt hat. Alle Lehren des Buddha drehen sich um das Erreichen eines unmittelbaren Ziels und eines langfristigen Ziels: der günstigen Wiedergeburt und der endgültigen Befreiung. Der Lehrer muss bestimmte Voraussetzungen erfüllen, um seine Schüler darin anleiten zu können. Die Unterweisung kann nur so gut sein wie der Lehrer. Wenn wir beispielsweise ein Hochschulstudium aufnehmen, wissen wir, dass die Qualität einer Hochschule von der Befähigung ihrer Professoren und Dozenten abhängt.

Der Buddha hat in verschiedenen Texten umrissen, welche Eigenschaften ein Lehrer für bestimmte Lehrinhalte besitzen muss, seien es die Regeln für Mönche oder das höchste Yoga-Tantra. Um die Stufen des Pfades lehren zu können, muss der Lehrer jemand sein, der Menschen aller drei Befähigungsgrade in ihrer Praxis anzuleiten vermag.[1] Besonders wichtig sind die zehn Eigenschaften, die Maitreya in seinem *Schmuck für die Mahayana-Sutras* aufführt. Tsong-kha-pa zitiert daraus (1,71):

Halte dich an einen Mahayana-Lehrer, der diszipli-
niert, gelassen und zutiefst in Frieden ist, dessen gute
Eigenschaften die der Schüler übertreffen, der ener-
gisch und bestens in den Schriften bewandert ist,
der liebevolle Zuwendung gibt, die Wirklichkeit
ganz und gar erfasst hat, der seine Schüler geschickt
zu unterweisen vermag und alle Mutlosigkeit ab-
gelegt hat.

Und erläuternd fügt er hinzu:

Es heißt, wer sich nicht selbst diszipliniert habe, kön-
ne auch anderen keine Disziplin beibringen. Wer also
den Geist anderer erziehen möchte, muss zuvor den
eigenen erzogen haben. Und wie sollte er das gemacht
haben? Es nützt nicht viel, wenn er irgendetwas übt
und das Ergebnis dann als guten Kenntnisstand aus-
gibt. Er braucht eine geistige Erziehung, die mit den
Lehren des Überwinders [des Buddha] überein-
stimmt. Dazu sind ganz gewiss die drei kostbaren
Schulungen geeignet.

In den Unterweisungen des Buddha geht es in erster Linie um Befreiung. Die wichtigsten Übungsformen für den Pfad zur Befreiung
sind die drei höheren Schulungen in Sittlichkeit, meditativer Sammlung und Weisheit. Wenn ein Meister diese Unterweisungen gibt,
muss er den eigenen Geist in diesen drei Formen geschult haben
und die so gewonnene Weisheit verkörpern. Und da die Lehren zu
den Stufen des Pfades nicht nur auf Befreiung, sondern auf voll erleuchtete Buddhaschaft zielen, muss der Lehrer auch diesen Weg
und seine Praxis darstellen können, also etwa den Erleuchtungs-

geist und das große Mitgefühl. Das kann er nur, wenn er diese Dinge in sich selbst entwickelt hat.

In Maitreyas Text heißt es weiterhin, der Lehrer müsse sich gründlich mit der Realität auskennen, und das bedeutet, dass er um das wahre Wesen der Dinge wissen muss. Hierin spiegelt sich die philosophische Anschauung Maitreyas, nämlich die von der Chittamatra-Schule vorgenommene Unterscheidung zwischen der Ichlosigkeit von Personen einerseits und dem wahren Wesen andererseits. Die für die drei höheren Schulungen gültige Form der Weisheit ist für Maitreya das Wissen um die Ichlosigkeit der Person, aber *nicht* die Erkenntnis der höchsten Wirklichkeit. Deshalb führt er die Erkenntnis der höchsten Wirklichkeit als eine weitere Form der Weisheit an, die die Ichlosigkeit *aller* Phänomene erkennt. Das ist im Chittamatra-System die höchste Wirklichkeit.

Tsong-kha-pa benennt (1,75) auch die drei wichtigsten Eigenschaften, die ein Schüler der Lehren zu den Stufen des Pfades haben muss: Unvoreingenommenheit, Intelligenz und Lerneifer. Wenn man das wahre Wesen der Wirklichkeit erkennen will, braucht man unbedingt einen objektiven und unparteiischen Standpunkt, sonst wird man einseitig *einem* System oder *einer* Erklärungsweise zuneigen. Parteilichkeit verträgt sich aber nicht mit der Erkenntnis dessen, was tatsächlich der Fall ist.

»Intelligenz« beschreibt hier den kritischen Verstand, der zwischen richtig und falsch, zwischen Recht und Unrecht zu unterscheiden vermag. Es ist ein forschender, kritischer Geist. Am Beginn der Praxis braucht man eine gewisse Skepsis, einen forschenden Zweifel. Das ist sogar sehr wichtig, einfach weil das Hinterfragen die Möglichkeit eines tieferen Verstehens birgt. Wenn Sie jeder Lehre von vornherein mit der Bereitschaft zu schlichter Gläubigkeit begegnen, bietet sich die Möglichkeit gar nicht erst.

In der klassischen indischen Tradition wird der Gegenstand eines Texts benannt, es wird erläutert, welche unmittelbaren Gründe dafür sprechen, diesen Gegenstand erfassen zu wollen, und worin der langfristige Sinn und Nutzen dieser Erkenntnis besteht. Wenn ein Text für Menschen mit kritischem Verstand verfasst wird, geht man davon aus, dass ein solcher Mensch über diese Dinge Bescheid wissen möchte. Manche der klassischen Texte rechnen auch damit, dass sich Menschen von unterschiedlicher Begabung entsprechend unterschiedlich mit ihnen auseinandersetzen werden. Weniger Begabte nähern sich einer Schrift vielleicht mit ergebener Glaubensbereitschaft, während Menschen mit kritischem Verstand eher wissen wollen, aus welcher Perspektive der Text die Natur der Wirklichkeit darstellt.

Danach erläutert Tsong-kha-pa im Einzelnen, wie die Beziehung zum spirituellen Lehrer zu gestalten ist. Welche geistige Haltung braucht man da, wie soll man sich verhalten? Dabei stellt er eine interessante Frage (1,86):

> *Unsere Praxis muss sich an den Worten des Gurus orientieren. Aber was, wenn wir auf die Gurus vertrauen und sie uns dann auf einen falschen Pfad führen oder Dinge tun lassen, die den drei Gelöbnissen widersprechen? Sollen wir tun, was sie sagen?*

Er beantwortet diese Frage selbst:

> *Dazu heißt es in Gunaprabhas Sutra zur Disziplin: »Wenn der Abt dir etwas aufträgt, was gegen die Lehren ist, weigere dich.« Weiterhin heißt es im Sutra der Juwelen-Wolke: »In der Tugend handle nach den Worten des Gurus, aber handle nicht nach den Worten des Gurus, wenn es um Untugend geht.« Gehorcht also un-*

tugendhaften Anweisungen nicht. Die zwölfte Geburts-
geschichte zeigt klar auf, was es heißt, sich nicht auf
Unrechtes einzulassen.

»Die zwölfte Geburtsgeschichte« verweist auf die *Jataka-Erzäh-lungen.*[2]

Ein Beispiel: Atishas wichtigster Lehrer war Serlingpa. Atisha verehrte ihn und schätzte besonders seine Unterweisungen über den Erleuchtungsgeist. Serlingpa gehörte seiner philosophischen Ausrichtung nach der Chittamatra-Schule an, Atisha nicht. Nur weil Serlingpa sein wichtigster Lehrer war, folgte er ihm trotzdem nicht auf jedem Gebiet. Er war Serlingpas ergebener Schüler, doch er hielt sich an die Madhyamaka und übernahm nicht den Chitta-ma-tra-Standpunkt seines Lehrers.

Meditation

In diesem Zusammenhang führt Tsong-kha-pa auch aus (1,94–99), wie man sich bei der eigentlichen Meditation verhält. Hier stellt er die sechs vorbereitenden Übungen und die sieben Zweige der An-dacht dar.[3] Danach (1,100–108) schildert er, wie man sich zwischen den Meditationssitzungen verhält. Hier ist eine ausgewogene Ernäh-rung wichtig, und darüber hinaus soll auch der Schlaf als Übungszeit genutzt werden. Wir sollen unsere Sinnespforten hüten und achtsam leben, umsichtig. Die eigentlichen Meditationen und die Zeiten da-zwischen sollen einander ergänzen und in ihren Vorzügen verstär-ken. Gewöhnen wir uns an, die 24 Stunden jedes Tages auf diese oder jene Weise zur Entwicklung der guten Eigenschaften zu nutzen.

Niemand wacht ja mit dem Gedanken auf: »Heute sollte ich or-dentlich Ärger haben, einen Tag voller Konflikte.« Nein, wir denken: »Heute wünsche ich mir einen Tag des Friedens, einen freien, glücklichen Tag.« Probleme sehen wir freilich immer. Auf diesem Planeten mit seinen sechs bis sieben Milliarden Menschen ist wohl niemand, der sich Probleme *wünscht*. Aber Ärger gibt es trotzdem genug, und er ist meist von uns Menschen selbst verursacht. Es liegt auf der Hand. Wir möchten wirklich gern gut sein, aber unser Geist ist nun einmal von den Plagen beherrscht. Die geistigen Plagen haben Unwissenheit jeder Art und Größenordnung zum Hintergrund, subtile und grobe Unwissenheit. Unwissender, verblendeter Geist erkennt einfach die Realität nicht. Verblendeter Geist sieht die Dinge immer nur aus einem Blickwinkel und sagt sich: »Das hier ist schlecht« oder »Das hier ist gut«.

Durch Meditation lernen wir unseren Geist zu beherrschen, und so beschützen wir ihn vor dem Überhandnehmen von Verblendung und anderen Plagen. Sicher denken wir: »Ich wünschte wirklich, mein Geist wäre nicht von Unwissenheit und anderen Plagen beherrscht.« Doch diese Plagen sind stark und von zerstörerischer Wirkung, und sie bleiben gegen unseren Willen in uns wirksam. Wir müssen uns um wirksame Gegenmaßnahmen bemühen. Die lassen sich allerdings nicht kaufen, keine noch so ausgeklügelte Maschine kann sie uns liefern. Nur geistiges Bemühen verschafft sie uns, Schulung des Geistes durch Meditation. Durch Meditation werden wir mit den Gegenkräften in uns vertraut – Tag für Tag, Woche für Woche, Monat für Monat, Jahr für Jahr. Sogar Leben für Leben muss dieses Bemühen fortgesetzt werden. Nach und nach werden die Gegenkräfte in uns stärker, und im gleichen Maße ziehen sich die Plagen zurück, weil sie in unserer neuen geistigen Verfassung keinen Platz mehr finden. Die beiden Seiten sind so verschieden, dass sie nicht miteinander sein können.

Die tibetische Entsprechung für »Meditation« lautet *Gomba (sgom pa)*. Im Sanskrit haben wir dafür *Bhavana*, und dieses Wort impliziert, dass wir etwas gezielt heranbilden und uns damit vertraut machen. Das tibetische Verb *'gom pa* hat die generelle Bedeutung »sich gewöhnen« oder »vertraut werden«, aber in der aktiven Form *sgom pa* besagt es, dass jemand ganz gezielt auf das Vertrautwerden mit etwas hinarbeitet.

Unser Geist gibt uns vor, was wir tun, aber unser Geist ist mehr oder weniger von Plagen beherrscht. Deshalb schaffen wir uns Leid, auch wenn wir uns Glück wünschen. Der »ungezogene« Geist ist uns bestens vertraut, wir sind an ihn gewöhnt. Er ist uns im Laufe vieler Leben in Fleisch und Blut übergegangen und kommt uns jetzt ganz natürlich vor, sogar spontan. Wenn wir anfangen zu meditieren und die Gegenmittel aufzubauen, schwimmen wir gegen den vorhandenen Strom. Wir erlernen neue Fertigkeiten, ein neues Denken, eine neue Seinsweise. Anfangs wirken die Gegenmittel recht schwach, aber sie werden mit der Zeit stärker und beginnen die Plagen zu schwächen.

Es gibt unglaublich viele Plagen, und sie sind äußerst anpassungsfähig. Wo immer sich eine Lücke bietet, finden sie schnell heraus, wie sie sich durchsetzen können. Es kommt also darauf an, sie zu verstehen und zu erkennen – zu wissen, wie sie in unserem Geist erscheinen. Oft halten wir sie für unsere Freunde, das Haften zum Beispiel. Wir hängen an anderen, wir ziehen sie an uns, und es sieht für uns so aus, als stellten wir damit Umstände her, die unserem Leben und Überleben dienen. Ärger und Hass entstehen in uns, wenn wir uns vor Hindernisse gestellt sehen. Wir erleben Ärger und Hass als etwas, das uns gegen Unerwünschtes schützt. Sie sind uns wie vertraute Freunde, die unsere Sicherheit garantieren.

Gegen die Vielfalt und Wandelbarkeit der Plagen brauchen wir ebenso starke und vielfältige Gegenmittel. Der Buddha legte 8400 Sammlungen von Lehren dar. Die erklärende Literatur zu diesen Lehren umfasst unzählige ausführliche Abhandlungen. Und alle diese Lehren dienen letztlich einem einzigen Ziel: uns zu innerem Frieden zu verhelfen. Wir brauchen so viele Lehren und Praxisformen, weil die Zahl und Vielfalt der verstörenden Plagen so groß ist. Zudem äußern sie sich von Mensch zu Mensch ganz unterschiedlich. Betrachten wir die Plagen aber genau, um zu erkennen, wie sie in unserem Geist wirken und durch welche äußeren und inneren Bedingungen sie in uns aktiv werden, sind wir besser in der Lage, Gegenmittel zu entwickeln. Es genügt nicht, den destruktiven Charakter der Plagen zu erkennen und uns dann zu wünschen, sie mögen verschwinden. Vielmehr müssen wir bei der Anwendung der Gegenmittel sehr bestimmt zu Werk gehen.

Zu den Gegenmitteln für die Plagen finden wir durch Weisheit, und zwar in drei Stufen: Weisheit durch Studium, Weisheit aufgrund von Überlegung und durch Meditation gewonnene Weisheit. Weisheit durch Studium bekommen wir, indem wir einem Lehrer lauschen oder einen Text studieren. So lernen wir, die charakteristischen Merkmale der Plagen und der für jede von ihnen geeigneten Gegenmittel intellektuell zu verstehen. Auf der Grundlage dieses intellektuellen Verständnisses müssen Sie dann immer wieder mit kritischem Verstand über die Plagen nachdenken und sie immer tiefer erfassen, bis Sie ein Gefühl für die Wirksamkeit der Gegenmittel bekommen und schließlich davon überzeugt sind.

Bis zu dieser zweiten Stufe ist Ihre Meditation vorwiegend analytischer Art. Bei Ihrer kritischen Reflexion und analytischen Meditation sind Ihre Überlegungen von vier Prinzipien geleitet. Es handelt sich um die vier Zugänge zur Wirklichkeit, nämlich das Prinzip der Natur, das Prinzip der Abhängigkeit, das Prinzip der Funktion und – von diesen drei abgeleitet – das Prinzip der Evidenz.[4] Wenn wir beispielsweise den Geist nach dem Prinzip der Natur untersuchen, stellen wir fest, dass er seiner Natur nach klar und von klarer Erkenntnis ist. Wir sehen außerdem, dass sich der Geisteszustand ständig ändert, er ist wandelbar und flüchtig – auch das entspricht dem Prinzip der Natur. Dann sehen wir, dass im Geist unvereinbare Gegensätze am Werk sind. Wir sehen zum Beispiel, dass Hass und Zorn auf jemanden nicht mit Güte und Mitgefühl zu vereinbaren sind. Es sind gegensätzliche und einander widersprechende Kräfte, wir können nicht das eine und gleichzeitig auch das andere fühlen. Sie sind wie Hitze und Kälte gegensätzlich und deshalb nicht gleichzeitig am selben Ort möglich. Auch diese unvereinbare Gegensätzlichkeit gehört noch zum Prinzip der Natur.

Wenn wir von dieser Betrachtung der Natur zur Analyse von Ursache und Wirkung übergehen, sind wir beim Prinzip der Abhängigkeit. Vom Durchschauen der Kausalbeziehungen aus lassen sich dann die Funktionen der verschiedenen Geistesverfassungen verstehen. Jedes Ding, auch jede Geistesverfassung, besitzt eine eigene charakteristische Funktion – und darin besteht das Prinzip der Funktion. Wenn diese drei Prinzipien erfasst sind, können wir zur logischen Evidenz kommen, zu dem, was notwendig daraus folgt: Wenn das und das der Fall ist, ergibt sich daraus logisch zwingend etwas anderes.

Nach diesen vier Prinzipien der Analyse können Sie jeweils das richtige Mittel gegen jede Plage einsetzen, die gerade in Ihrem Geist aktiv wird. Und wenn Sie diese analytische Meditation beherrschen, können Sie zur dritten Stufe übergehen: Weisheit durch Meditation. Hier wird Ihre Meditation weniger analytisch und ist zunehmend einfach Versenkung. Es geht jetzt darum, den Geist in vollkommener Sammlung auf etwas auszurichten, was Sie in der Analyse identifiziert und genau bestimmt haben. Sie meditieren mit vollkommen gesammelter Aufmerksamkeit über diese Sache, die dann immer klarer hervortritt, bis sie vollkommen evident ist – und so gelangen Sie zur Weisheit durch Meditation. Das sind die Schritte, mit denen wir die Wandlung unseres Geistes bewirken.

Fragen an den Dalai Lama

FRAGE: Eure Heiligkeit, Sie sagen, dass unsere Beziehung zu den Dingen eher durch unsere Wahrnehmungen als durch die Realität selbst bestimmt sind. Wir müssen zwischen unseren Wahrnehmungen und der Realität unterscheiden. Aber wie können wir die Realität erkennen, ohne dabei von unseren Wahrnehmungen beeinflusst zu werden?

ANTWORT: Nun, wenn Sie irgendetwas nur aus einem einzigen Blickwinkel betrachten, können Sie nicht seine Gesamtheit sehen. Um etwas ganz zu verstehen, müssen Sie es aus verschiedenen Blickwinkeln betrachten. Selbst wenn es sich um einen simplen Gegenstand handelt, bekommen Sie kein Gesamtbild, wenn Sie ihn nur von einer Seite sehen. Drei oder vier oder sechs Ansichten geben Ihnen ein klares Bild. So ist es mit allem. Sie müssen die Dinge von verschiedenen Standpunkten aus und unter verschiedenen Gesichtspunkten betrachten. Wenn Sie nur einen Aspekt wahrnehmen, wird zwischen Anschein und Realität immer eine Lücke klaffen. Deshalb ist das forschende Fragen so wichtig. Nur durch genaue Untersuchung schließt sich die Lücke zwischen Anschein und Realität. Anders geht es nicht.

Ich habe schon im Zusammenhang mit den beiden Wahrheiten über »Realität« und »Erscheinung« gesprochen. Wie kommen wir an die Wurzel des Leidens? Wo liegt der Ursprung unserer geistigen Plagen? Diese Wurzel, dieser Ursprung, ist unser Festhalten am wahren Sein der Dinge. Dieser verblendete Geist hält am wahren Sein fest, und sein Verhältnis zu den Dingen der Welt hängt davon ab, wie sie ihm auf der Ebene der Wahrnehmung erscheinen. Sie erscheinen ihm auf diese oder jene Art, und dann klammert sich unser Geist an die Erscheinung, als wäre sie die tatsächliche Realität der Dinge. Haben Sie jedoch einmal erkannt, dass der Anschein nicht besagt, was die Dinge tatsächlich sind, können Sie dieses Festhalten nach und nach lösen.

FRAGE: Eure Heiligkeit, haben Sie für mich als Anfänger auf diesem Weg, der gerade die ersten kleinen Schritte tut, einen Rat, wie ich eine sinnvolle tägliche Praxis einrichten kann, die mich bewusster macht und mehr verstehen lässt?

ANTWORT: Lesen Sie mehr. Es gibt englische, französische, deutsche, spanische und natürlich chinesische Übersetzungen tibetischer Texte – im Englischen wahrscheinlich die meisten. Auch neue Übersetzungen sind vielfach auf Englisch. Nehmen Sie sich jeden Tag eine Stunde oder zumindest eine halbe, um solche Texte zu lesen. Danach wenden Sie sich nach innen, um das Gelesene auf kontemplative Art zu betrachten. Loten Sie es aus, forschen Sie, vergleichen Sie die Aussagen des Texts mit Ihrem sonstigen Leben und Ihrer gewohnten Denkweise. Das tun Sie am besten am Morgen, wenn Ihr Geist frisch ist. Vielleicht ist es nach dem Frühstück noch besser; bei mir jedenfalls ist es so. Vor dem Frühstück habe ich Hunger, und wenn ich dann meditiere, ist mein Geist zur Hälfte mit dem Bauch beschäftigt!

Machen Sie es so. Studieren Sie, und dann nehmen Sie das, was Sie verstanden haben, in Ihre Kontemplation bei der morgendlichen Meditation hinein. Sie verbinden also das Gelesene mit Ihrer Meditationspraxis. Hier kommen drei Dinge zusammen: Lernen, kritisches Reflektieren und Meditation.

7
DER SINN DES LEBENS

Im Zusammenhang mit dem über Meditation Gesagten haben wir gesehen, dass Analyse für den Prozess der geistigen Wandlung von großer Bedeutung ist. Die Weisheit des Studiums und die Weisheit der gedanklichen Durchdringung gehen aus einer Praxis hervor, die den richtigen Gebrauch von unserer Intelligenz macht. Da Menschen mit der höchsten Form der Intelligenz begabt sind, ist die menschliche Geburt entscheidend wichtig für die Dharma-Praxis.

Wie praktizieren wir nun, nachdem wir eine Beziehung zu einem spirituellen Lehrer geknüpft haben? Tsong-kha-pa macht uns mit den Stufen der geistigen Schulung vertraut und betrachtet zuerst (1, 117–75) unsere Motivation. Ganz besonders betont er hier, wie wichtig es ist, die Kostbarkeit der menschlichen Geburt zu erkennen – einer menschlichen Geburt zudem, in der man Zeit und Gelegenheit zur Dharma-Praxis hat. Es ist eine seltene Form der Wiedergeburt, die deshalb gut zu ebendiesem großen Zweck genutzt werden muss. Wir können nicht einfach davon ausgehen, dass wir nach diesem Leben als Menschen wiedergeboren werden. Die Frage lautet also, wie dieses kostbare Menschenleben sinnvoll zu nutzen ist.

Um die Antwort zu finden, geht Tsong-kha-pa (1, 129–41) von den drei Stufen der Befähigung aus – klein, mittel und groß. Zur

Beschreibung eines Menschen von geringer Befähigung zitiert er (1, 130) aus Atishas *Leuchte für den Pfad zur Erleuchtung*:

> *Zuunterst stehen die Menschen, die mit vollem Eifer*
> *ausschließlich nach den Freuden des zyklischen Da-*
> *seins streben, und das mit allen Mitteln und immer*
> *nur zu ihrem eigenen Nutzen.*

Ihnen geht es vor allem anderen um weltliches Glück, und dieser Antrieb ist bei ihnen überall zu erkennen.

Danach zitiert Tsong-kha-pa (1, 130–31), was Atisha über Menschen von mittlerer Begabung sagt:

> *»Von mittlerer Begabung«, so nennen wir Menschen,*
> *die sich vom sündigen Tun und überhaupt von den*
> *Freuden des zyklischen Daseins abgewendet haben und*
> *sich mit Eifer um Frieden für sich selbst bemühen.*

Diesen Menschen ist es vor allem um Befreiung aus dem zyklischen Dasein zu tun. Sie sind, was die scheinbaren Freuden des zyklischen Daseins angeht, zutiefst ernüchtert. »Sündig« verweist hier auf die Plagen, und »sündiges Tun« ist ein Handeln, das zur Wiedergeburt im zyklischen Dasein führt. Dharma-Praktizierende von mittelmäßiger Befähigung wenden sich von solchem Tun ab und streben nach Frieden und Freiheit für sich selbst, nach Befreiung vom zyklischen Dasein. Die Praxis besteht für sie in den drei höheren Schulungen der Sittlichkeit, der Meditation und der Weisheit. Im Rahmen der Weisheitsschulung konzentrieren sie sich auf die siebenunddreißig Aspekte des Weges zur Erleuchtung.

Als Nächstes zitiert Tsong-kha-pa (1, 131) Atishas Definition eines Menschen von hoher Begabung:

Hoch wird die Begabung von Menschen genannt, die
ihr eigenes Leid verstehen möchten, um andere von
deren Leiden befreien zu können.

Sie erkennen also, worin ihre Leiden bestehen, und können dieses Verständnis dann nutzbringend bei allen anderen Wesen anwenden. Ihr Wunsch ist es, die Leiden aller Wesen zu beenden, und deshalb, zum Wohl aller Wesen, streben sie nach Buddhaschaft. Sie üben den gewöhnlichen ebenso wie den höchsten Erleuchtungsgeist und außerdem die sechs Vollkommenheiten.[1] Diese Praxisformen sind den Menschen von hoher Begabung vorbehalten.

Da die drei Personenkreise unterschiedliche Zielvorstellungen haben, gibt es für jede der Gruppen besonders geeignete Praxisformen. Menschen von geringer Befähigung streben nach günstiger Wiedergeburt. Bei mittlerer Befähigung wählt man Übungen, die Befreiung vom zyklischen Dasein versprechen. Und wer sehr begabt ist, wünscht sich eine Praxis, die schließlich zur All-Erkenntnis eines Buddha führt.

Wenn wir fragen, was am Buddhismus charakteristisch ist oder was eigentlich das Wesentliche am Dharma ist, muss unsere Antwort auf das abheben, was zur Befreiung beiträgt. In der Praxis selbst geht man jedoch schrittweise vor. Auch wenn es letztlich um Freiheit geht, muss man – wie Aryadeva in seinen *Vierhundert* deutlich macht – erst einmal alles ungute Handeln einstellen. Bevor man sich den geistigen Plagen selbst zuwenden kann, ist es wichtig, sich um die von ihnen ausgelösten Verhaltensweisen zu kümmern. Es geht also um die negativen oder destruktiven Ausdrucksformen von Körper, Rede und Geist. Kurz, es ist wichtig, von den zehn untugendhaften Handlungen abzusehen.[2] In den Aussagen, die der Buddha innerhalb seiner Lehre von sittlicher Disziplin zu den zehn zu unterlassenden Handlungen macht, geht es vor allem darum, die

Folgen von Zorn und Hass zu vermeiden und anderen keinen Schaden zuzufügen. Ein Schüler von geringer Befähigung wagt sich nicht an die Plagen selbst heran, sondern befasst sich mit ihrem Verhaltensausdruck.

Im mittleren Abschnitt des Pfades geht es dann nach Aryadevas *Vierhundert* darum, dass man das Festhalten an der Ich-Vorstellung aufgibt.[3] Ein Mensch von mittlerer Begabung nimmt sich die Plagen selbst vor und arbeitet darauf hin, sie zu beenden.

Im dritten Teil schließlich müssen wir nach Aryadevas Worten alle falschen Anschauungen ausräumen. Darin deutet sich an, dass ein Mensch von hoher Begabung nicht nur die Plagen überwindet, sondern auch die subtilen Überreste von Auswirkungen dieser Plagen, die sich bis dahin nur als geistige Tendenzen gezeigt haben. Auf diese Art können wir Aryadevas drei Stufen oder Stadien mit Atishas drei Stufen der Begabung verknüpfen.

Der Aufbau der Praxis

Für Menschen aller drei Befähigungsstufen gibt es eine feste Abfolge der Unterweisungen und Praxisformen. Niemand kann gleich zur Praxis der Mittel- und Oberstufe springen, ohne zuvor mit der Praxis der untersten Stufe das Fundament gelegt zu haben. Mit den Übungen dieser Stufe wendet man sich von der ständigen Beschäftigung mit den Dingen dieses Lebens ab und richtet den Sinn mehr auf das künftige Leben.

Auf der nächsten Stufe verschafft man sich durch tiefe Überlegungen ein Bild von der Natur des Leidens und des zyklischen Daseins und ist dann nicht mehr so sehr vom Gedanken an zukünftige Leben beherrscht. Wenn es einem nicht mehr so sehr um dieses Leben und um weitere Leben geht, empfindet man zunehmend Ernüchterung über die Gesamtheit des zyklischen Daseins und sehnt sich nach wahrer Freiheit.

Jetzt ändert man die Blickrichtung und wendet sich mit dieser Sicht der Dinge anderen Lebewesen zu. Mitgefühl entsteht und wird stärker, bis es sich auf alle Lebewesen ausdehnt und Sie zu einem Praktizierenden von hoher Befähigung macht. Der Aufbau der Praxis folgt also den Stadien, die unser Geist auf dem Weg seiner Wandlung durchläuft.

Die Lehren von den Stufen des Pfades sind für Menschen aller Begabungsstufen von großem Wert. Sie finden hier geeignete Praxisformen, die Ihren Neigungen und Ihrer spirituellen Motivation entsprechen. Wenn Sie zum Beispiel ein Mensch von geringer Befähigung sind und vor allem Leiden in einer schlechten Wiedergeburt vermeiden möchten, gibt es für Sie eine Dharma-Praxis im Rahmen der vier edlen Wahrheiten. Hier bezieht sich die erste Wahrheit vom Leiden dann auf direkt ersichtliche Leiden, insbesondere heftige Leiden, wie sie in den unseligen Daseinsbereichen auftreten. Solche Leiden haben ihren Ursprung in unguten Taten, mit denen anderen Schaden zugefügt wird. Die Plagen hinter solchen Taten sind die drei Gifte in ihrer jeweils spezifischen Form: Begehrlichkeit, Übelwollen und falsche Anschauungen.[4] Der wahre Weg besteht hier darin, dass man sich zum sittlichen Handeln entschließt und von den zehn untugendhaften Handlungen absieht. Hier geht es zwar noch nicht um das wahre Aufhören, aber doch immerhin um die einstweilige Freiheit, die man durch das Erlangen einer günstigen Wiedergeburt gewinnt.

Ein Mensch von geringer Befähigung strebt also nach Freiheit, Freiheit von ungünstiger Wiedergeburt. Und es gibt Gesamtdarstellungen aller Formen der Praxis, die Sie zum Erreichen dieses Ziels brauchen. Die Lehre von den Stufen des Pfades führt Ihnen zunächst die Leiden in den niederen Daseinsbereichen vor Augen, dann wird die Zuflucht zu den drei Kostbarkeiten erklärt, die Ihnen Schutz vor unseliger Wiedergeburt bieten. Daran schließt sich eine Einführung in die Wirkungsweise des Karmas und in die Praxis der Abkehr von untugendhaftem Handeln an.

Es gibt auch Darstellungen, in denen die Elemente der Praxis etwas anderes und in leicht geänderter Reihenfolge dargestellt werden. In seinem Werk *Die drei Hauptaspekte des Pfades* beispielsweise gibt Tsong-kha-pa für die Praxis eines Menschen von geringer Befähigung zusätzlich die Meditation über die Kostbarkeit der menschlichen Geburt und Betrachtungen zur Vergänglichkeit des Lebens an.[5] Zur Praxis eines Menschen von mittlerer Befähigung gehören hier außerdem die kontemplative Betrachtung der karmischen Kausalität und Gedanken über die Leiden in den unheilvollen Daseinsbereichen. Je nach Ansatz können die Elemente der Praxis also leicht anders gruppiert sein, aber die Lehrtradition der Stufen des Pfades stellt jedenfalls immer alle Praxisformen für alle drei Eignungsstufen vor.[6] Alles ist da.

Einstieg in die Praxis

Um das menschliche Leben, das Freiräume und Gelegenheiten zur Praxis bietet, möglichst gut zu nutzen, stellen wir bei unserer geistige Schulung nach den Stufen des Pfades am besten die Anteile an den Anfang, die ein Mensch von geringer Befähigung mit den beiden anderen Stufen gemeinsam hat. Das beginnt mit dem Wunsch nach einem guten zukünftigen Leben und unserem Einsatz dafür. Das Mittel dazu ist die Meditation über Vergänglichkeit und Tod. Vergänglichkeit besitzt in den Lehren des Buddha einen hohen Stellenwert. Wenn Sie sich die Darstellung der vier edlen Wahrheiten ansehen, in der jede Wahrheit vier Kennzeichen hat, finden Sie Vergänglichkeit als Kennzeichen der ersten Wahrheit, der Wahrheit vom Leiden. Wir sprechen auch von den vier Siegeln der buddhistischen Praxis, nämlich:

- 🌱 Alle bedingten Phänomene sind vergänglich.
- 🌱 Alle verunreinigten Phänomene sind ihrer Natur nach leidvoll.
- 🌱 Alle Phänomene sind leer und ohne Selbst-Wesen.
- 🌱 Nirwana ist wahrer Frieden.

Auch hier steht die Vergänglichkeit an erster Stelle. Wenn der Buddha im Zusammenhang mit den vier edlen Wahrheiten und den vier Siegeln von Vergänglichkeit spricht, gilt es zu beachten, dass es um *subtile* Vergänglichkeit geht, um Veränderung Augenblick für Augenblick. Bei Menschen von geringer Befähigung ist jedoch die Auffassung von »Vergänglichkeit« nicht unbedingt sonderlich subtil; es handelt sich um ein gröberes Verständnis, das Vergänglichkeit im Allgemeinen mit Tod gleichsetzt. Und natürlich, wenn die Kontinuität eines bestimmten Menschenlebens abreißt, belegt das die Vergänglichkeit dieses Lebens. Tatsächlich ist das Bewusstsein des Todes entscheidend wichtig, schließlich wirkt es der Neigung entgegen, an die Dauerhaftigkeit unserer Existenz zu glauben – und aus diesem Festhalten an der Dauerhaftigkeit erwachsen Schwierigkeiten jeder Art.

Zufluchtnahme zu den drei Kostbarkeiten

Wenn Sie ein Bewusstsein von Vergänglichkeit und Tod aufgebaut haben, vergegenwärtigen Sie sich die Leiden in den niederen Daseinsbereichen. Aber wie können Sie die Wiedergeburt in einem dieser Bereiche verhindern? Sie können Zuflucht zu den drei Kostbarkeiten nehmen und fortan Ihr Leben unter Berücksichtigung der karmischen Kausalität führen. Die Zufluchtnahme ist deshalb von Bedeutung, weil der sittliche Lebenswandel für sich allein ja noch nicht spezifisch buddhistisch ist – das wird er erst durch die Zuflucht zu den drei Kostbarkeiten. Am Anfang, und das gilt auch später noch für manche Besonderheiten, brauchen wir gläubiges Vertrauen, um uns von der Existenz der karmischen Kausalität zu überzeugen.

Tsong-kha-pa betrachtet die Zufluchtnahme zu den drei Kostbarkeiten unter verschiedenen Gesichtspunkten (1, 178): Welche Voraussetzungen der Zuflucht Suchende erfüllen muss; wer oder was es wert ist, als Refugium oder Ort der Zuflucht betrachtet zu werden; die Art und Weise der Zufluchtnahme; die Gebote, die zu halten sind, wenn man Zuflucht nimmt; und der Nutzen der Zufluchtnahme. Er setzt offenbar voraus, dass der Zuflucht Suchende bereits Buddhist ist. In der Literatur zu den Stufen des Pfades wird die Zufluchtnahme immer so dargestellt wie hier.

Es gibt jedoch noch andere Ansätze. Dharmakirti erörtert im zweiten Kapitel seines *Kommentars zum Kompendium gültiger Erkenntnis* die Möglichkeit, Befreiung zu erlangen.[7] Diese Möglichkeit der Befreiung spricht auch Chandrakirti in seinen *Klaren Worten* an, und zwar im Zuge seines Kommentars zu Nagarjunas Werk *Grundlegende Weisheit des Mittleren Weges*.[8] Hier führt Nagarjuna den Einwand eines buddhistischen Realisten an, der sagt: Wenn nichts ein eigenes, in ihm selbst liegendes Sein hat, kann es keine Ursache-Wirkung-Beziehungen geben. Dann aber wäre der Dharma nicht mehr zu vertreten, und ohne den Dharma gebe es keine spirituelle Gemeinschaft und keinen Buddha. Wenn alles leer ist, so denkt dieser buddhistische Realist, kann von den drei Kostbarkeiten keine Rede mehr sein, weil dann nichts mehr Bestand hat, was mit Ursache-Wirkung-Beziehungen verbunden ist.

Zur Antwort dreht Nagarjuna den Spieß um und sagt: Gerade wenn die Dinge von eigenständiger Existenz wären, wenn sie nicht leer wären, könnte es keine Kausalbeziehungen geben. Wenn es nicht zuträfe, dass alle Dinge leer sind, wäre die Lehre des abhängigen Entstehens nicht vertretbar, und wenn das so wäre, könnte es kein Aufhören und keinen Weg zum Aufhören geben. Leerheit ist ja nicht einfach Nichts oder Nichtexistenz, sondern das Nichtvorhandensein eines in den Dingen selbst liegenden Seins, einer Eigenexistenz, die durch so etwas wie ein Selbst-Wesen gegeben ist. Ohne Leerheit würden sich die Dinge lediglich selbst konstituieren, und die Möglichkeit von Wechselbeziehungen würde nicht bestehen. Von Verbindungen – etwa zwischen buddhistischer Praxis und der Verwirklichung des Aufhörens – könnte keine Rede sein. Chandrakirti gibt uns einen brillanten Abriss dieser Gedankengänge. Für alle, die Zuflucht nehmen möchten, dürfte es nützlich sein, sich über diese Dinge ein wenig Klarheit zu verschaffen.

Ichlosigkeit und Befreiung

Eine oft gestellte Frage lautet: Wenn es kein in sich selbst existierendes Ich gibt, was wird dann wiedergeboren? Dieser Frage liegt aber ein Missverständnis der Lehre der »Ichlosigkeit« zugrunde. Der Buddha verneint das Vorhandensein eines persönlichen Ichs nicht. Ja, es *gibt* eine handelnde und damit Karma anhäufende Person. Es gibt die Person, die sich den Folgen ihres Tuns zu stellen hat. Der Buddha fordert uns auf, uns über die Natur dieses Ichs Klarheit zu verschaffen. Das Ich ist in seiner Existenz von gewissen körperlichen und geistigen Elementen abhängig. Unserer eher naiven Selbstwahrnehmung stellt sich das Ich allerdings anders dar, nämlich als eine Art Herr und Meister, der Körper und Geist regiert und folglich irgendwie unabhängig von ihnen sein muss. Und *dieses* von uns irrtümlich angenommene Ich ist es, das der Buddha verneint. Buddhisten lehnen nicht die Person ab, sondern die falsche Ich-Vorstellung.

Wenn wir Buddhisten die Lehre der Leerheit erläutern, führen wir die Tatsache, dass alle Dinge aufgrund von nicht in ihnen selbst liegenden Faktoren und Bedingungen entstehen und aufgrund von vorausgehenden Umständen das sind, was sie sind, als Gesichtspunkt dafür an, dass ihr Sein nicht in ihnen selbst liegt und sie in diesem Sinne »leer von« Eigenexistenz sind. Wenn wir das abhängige Entstehen zur Verdeutlichung der Leerheit anführen, zeigt sich darin ja, dass wir Existenz nicht grundsätzlich und pauschal verneinen.

Die Zufluchtnahme zu den drei Kostbarkeiten verlangt, dass wir die Möglichkeit des Aufhörens, der Beendigung des Leidens, ganz allgemein und insbesondere für uns persönlich bis zu einem gewissen Grade verstehen. Können geistige Verunreinigungen, die Plagen, in der essenziellen Klarheit des Geistes selbst geläutert werden? Wenn wir erkennen wollen, wie das sein kann, müssen wir zumindest ansatzweise wissen, was mit Leerheit gemeint ist.

Die Plagen sind die Wurzel unserer Leiden, aber wir können uns sagen, dass sie einer grundlegenden Unwissenheit entspringen. Und wie wir diese Grund-Unwissenheit verstehen, hängt davon ab, was wir als wahre Wirklichkeit sehen. Um die Plagen ausreichend und bis hinunter zur subtilsten Ebene der Unwissenheit oder Verblendung zu verstehen, müssen wir erkannt haben, wie die Dinge tatsächlich existieren und worin die wahre Natur der Wirklichkeit besteht. Auch die Wahrheit vom Leiden ist letztlich nur zu verstehen, wenn wir bis zu einem gewissen Grade erkannt haben, was »Leerheit« bedeutet.[9]

Leerheit und Zufluchtnahme

Im günstigsten Fall hat man also schon ein gewisses Vorverständnis der Leerheit, wenn man Zuflucht zu den drei Kostbarkeiten nimmt. Im ersten Teil der Zufluchtnahme sagen wir: »Ich nehme Zuflucht zum Buddha.« Das Sanskrit-Wort »Buddha« hat zwei Bedeutungen, nämlich einerseits die Reinigung von Makeln und Verunreinigungen und zum anderen ein Erblühen, eine Entfaltung – wie eine sich öffnende Lotosblüte. Im Tibetischen wird daraus das Kompositum *Sang-gye* (in wissenschaftlicher Umschrift *sangs rgyas*). *Sang* bedeutet »erwacht sein« oder »geläutert sein«, während *gye* »blühen« oder »erblühen« bedeutet. Auch das Sanskrit-Wort »Bodhi« für Erleuchtung besitzt zwei Bedeutungen, für die im Tibetischen das Kompositum *Jang-chup (byang chub)* gebildet wird.[10]

Auf der Ebene der Buddhaschaft sind alle Makel geläutert und alle Erleuchtungseigenschaften in vollkommener Weise gegeben, doch unterwegs ist es ein langer Prozess der Beseitigung von Verdunkelungen. In gewisser Weise sind der erleuchtete Geist eines Buddha und die Welterkenntnis eines Buddha auch in uns bereits als natürlich gegeben vorhanden. Sie sind nicht etwas Neues, das erst geschaffen werden müsste. Die Praxis des Weges räumt lediglich Hindernisse beiseite und bereinigt Verdunkelungen, die unserer natürlichen Anlage, die Dinge zu sehen, wie sie sind, im Wege stehen. Solange diese Hindernisse gegeben sind, vernebeln sie den Geist und lassen nicht zu, dass sich seine natürlichen Eigenschaften äußern. Deshalb das tibetische Sang-gye für »Buddha«: geläutert und blühend.

Um zu wissen, was Zufluchtnahme eigentlich bedeutet, müssen Sie die drei Refugien kennen, und dazu wiederum müssen Sie die Leerheit verstanden haben. Sie müssen wissen, was Buddhaschaft eigentlich bedeutet und was es heißt, alles die klare Natur des Geistes Verdunkelnde aus dem Weg zu räumen. Sonst können Sie nicht wissen, was Erleuchtung und ihr Fehlen, was Nirwana und das zyklische Dasein (Samsara), mit dem wahren Wesen des Geistes zu tun haben. Entscheidend ist, dass wir die Leerheit verstehen.

Im zweiten Schritt sagen wir: »Ich nehme Zuflucht zum Dharma.« In dem Sanskrit-Wort »Dharma« klingt etwas an, was uns hält oder beschützt. Um das ganz zu verstehen, müssen wir wissen, was mit Leerheit gemeint ist. Im dritten Schritt schließlich nehmen wir Zuflucht zur spirituellen Gemeinschaft, dem Sangha. Das tibetische Wort für Sangha bedeutet »die nach dem Guten streben«. Da mit dem Guten hier die wahre Beendigung der Leiden gemeint ist, müssen Sie über die wahre Beendigung und über Leerheit Bescheid wissen, wenn sie die dritte Kostbarkeit als Refugium verstehen möchten.

Vor der Zufluchtnahme zu den drei Kostbarkeiten sollten Sie auch Karma verstanden haben, das heißt die Beziehung zwischen Ursachen und Wirkungen. Karma ist eine spezielle Ausprägung des Kausalitätsprinzips. Wörtlich bedeutet Karma einfach »Tat«, »Handlung«, »Aktion«, aber zur buddhistischen Bedeutung dieses Begriffs gehört, dass hinter der Tat eine Absicht stehen muss, erst dadurch wird sie karmisch. In einem karmischen Kausalitätszusammenhang lösen absichtliche Aktionen eine Kettenreaktion von Wirkungen aus. Wir haben es hier im Allgemeinen mit Handlungen zu tun, die Schmerz oder Lust, Glück oder Leid nach sich ziehen. Dabei handelt es sich um geistige Erscheinungen, also muss ihre Hauptursache ebenfalls geistiger Natur sein. Der Ausdruck »Karma« bezieht sich also letztlich auf Faktoren der Geistesverfassung des Handelnden. In der Vaibhashika- und Prasangika-Schule des buddhistischen Denkens werden manchmal auch einfache physische Aktionen als Karma bezeichnet, doch in den übrigen Schulen sind damit vor allem diese geistigen Faktoren gemeint.

8
BEFREIUNG UND LIEBE

Die geistigen Plagen

Bei der zweiten edlen Wahrheit, dem Ursprung des Leidens, spricht Tsong-kha-pa zuerst über die Plagen des Geistes (1, 298–306). Es gibt zehn Arten von Plagen. Fünf von ihnen haben mit unserer Sicht der Wirklichkeit zu tun, die anderen werden als Plagen ohne Bezug zu dieser Sicht bezeichnet.[1] Wenn wir auf unsere Erfahrung blicken, kann man wohl sagen, dass Plagen uns allen vertraut sind. Asanga definiert die Plagen als Zustände des Geistes, die den Geist-Strom aufwühlen.[2] Wenn wir ganz genau hinsehen, ist wohl offensichtlich, dass fast alles, was uns innerlich aufwühlt oder verstört, auf die geistigen Fehlhaltungen zurückzuführen ist, die wir als Plagen bezeichnen. Die nicht direkt mit unserer Sicht der Realität verbundenen Plagen sind Anhaftung, Widerwille und dergleichen. Es sind Gefühlsregungen, affektive Zustände bei denen das kognitive Element im Hintergrund bleibt. Dagegen sind Plagen, die mit unserer Sicht der Wirklichkeit zu tun haben, überwiegend kognitiver Natur, gleichsam mit Plagen behaftete Intelligenz. Plagen dieser Art sind besonders schwerwiegend, weil sie ziemlich direkt zu falschen Behauptungen führen: Wir halten die Dinge für etwas anderes, als sie tatsächlich sind.

Für jede Art von Plagen gibt es spezielle Gegenmittel, die in den Lehren behandelt werden. So ist Liebe das Mittel gegen Widerwillen, Ärger und Hass. Wenn das Haften Ihre Plage ist, insbesondere das Haften an sinnlichen Begierden, so wird Ihnen geraten, über die Unreinheit des Körpers zu meditieren. Aber diese Gegenmittel sollen die jeweilige Plage nur eindämmen, nicht ausrotten. Bei Anschauungsplagen wie Zweifel und falsche Anschauungen handelt es sich um fehlgeleitete Intelligenz, und so muss das Gegenmittel auch eine Anwendung der Intelligenz sein. Das wichtigste Mittel gegen Anschauungsplagen liegt deshalb in der Ausbildung der Weisheit, die die Dinge sieht, wie sie sind. Deshalb können Gegenmittel dieser Art, wenn sie voll entwickelt sind, die Plage nicht nur eindämmen, sondern ganz aufheben.

Diese Ansicht vertritt Chandrakirti in seinen *Klaren Worten*.[3] Die Sutras stellen nach seinen Worten Mittel gegen die verschiedenen Plagen wie Anhaftung, Widerwillen und Zorn dar. Bei genauer Betrachtung zeigt sich, dass jedes Gegenmittel nur bei der ihm zugeordneten Plage wirkt. So wird Meditation über die Unreinheit des Körpers zwar die Lüsternheit verringern, wirkt jedoch nicht gegen Zorn oder Widerwillen. Die Meditation der Herzensgüte hilft gegen Widerwillen, Zorn und Hass, nicht jedoch gegen Anhaftung. Meditation über die Unreinheit des Körpers kann sogar manchmal die Plage des Widerwillens gegen den Körper nach sich ziehen. Und die Herzensgüte-Meditation für einen bestimmten Menschen hilft zwar bei Ärger, kann jedoch unter Umständen die Plage des Haftens heraufbeschwören. Dagegen ist das Hauptmittel gegen Unwissenheit und Verblendung – die Leerheit erkennende Weisheit – auch bei allen anderen Plagen anwendbar. Chandrakirti sagt, das Mittel gegen Verblendung beseitige sämtliche Plagen, da wahnhafte Vorstellungen vom wahren Sein der Dinge die Wurzel aller geistigen Plagen seien.

Im Bereich unserer eigenen Erfahrung sollten wir einfach beobachten, wann und wie die Plagen akut werden. Vergegenwärtigen wir uns dabei auch, inwiefern Verblendung oder Wahn – als das Festhalten am wahren innewohnenden Sein – die Grundlage aller Plagen ist. Wenn irgendein Objekt starke Gefühlsregungen wie Anhaftung oder Ärger in uns auslöst, kommt es darauf an zu bemerken, dass unserer Gefühlsreaktion die Annahme einer fest gefügten Realität zugrunde liegt. Wir gehen davon aus, dass wir auf etwas in sich selbst wahrhaft Existierendes reagieren. Wenn wir hier Weisheit ins Spiel bringen und die zusammengesetzte Natur des Objekts oder der Person erkennen, werden wir nicht mehr so sehr von der Sache oder Person besetzt sein, unser inneres Festhalten lässt nach.

In seinem Werk *Grundlegende Weisheit des mittleren Weges* definiert Nagarjuna die »innewohnende Natur« oder »Selbst-Natur« *(svabhava)*: »Die innewohnende Natur ist nicht zusammengesetzt und von nichts abhängig.«[4] Wenn sich unser Geist an etwas klammert und es zu einer starken emotionalen Reaktion kommt, nehmen wir an, dass dieses Etwas eigenständig und nicht zusammengesetzt ist, fest gefügt und konkret. Wenn wir diese scheinbare Festigkeit und Konkretheit hinterfragen und dadurch auflösen, entziehen wir den geistigen Plagen ihren Nährboden. Sie beherrschen uns nicht mehr so sehr. Deshalb ist die Weisheit, die das abhängige Entstehen als Ausdruck der Leerheit erkennt, das Mittel gegen Unwissenheit und Verblendung.

Vor ein paar Jahren habe ich einen Psychoanalytiker kennengelernt, der mir Folgendes erzählte: Wenn jemand Hass auf einen anderen empfinde, nehme er an diesem anderen viele negative Eigenschaften wahr, doch nach seiner Erfahrung sei es so, dass es sich zu 90 Prozent um Projektionen handelt. Dieser Psychoanalytiker sprach nicht als Buddhist, sondern als Wissenschaftler, aber seine Sicht der Dinge passt recht gut zu der buddhistischen Auffassung, nach der

Plagen wie Anhaftung und Widerwillen daher rühren, dass man das Objekt falsch oder entstellt wahrnimmt und versteht.

Tsong-kha-pa erklärt nun, wie die Plagen zu willentlichem Handeln führen, also Karma erzeugen (1,304–5):

> *Wenn sich nun diejenigen, die unter dem Einfluss der plagenden Unwissenheit und der verdinglichenden Sicht der Anhäufungen stehen, mit Körper, Rede oder Geist auf untugendhaftes Handeln wie etwa das Töten einlassen, sammeln sie ungutes Karma an. Wer dagegen im Reich des Begehrens tugendhaft handelt, also Gebefreudigkeit übt oder einen sittlichen Lebenswandel führt, der sammelt Verdienst und entsprechend gutes Karma an.*

Etwas später (1,305–6) fährt er fort:

> *Nun kann es aber sein, dass du die Mängel des zyklischen Daseins noch nicht durch ausgiebige meditative Analyse aufgedeckt hast und deshalb nicht im Besitz des Heilmittels bist, das dein Verlangen nach den staunenswerten Dingen des zyklischen Daseins tilgt. Vielleicht hast du auch die Bedeutung der Ichlosigkeit noch nicht mittels der unterscheidenden Weisheit gehörig analysiert und bist noch nicht mit den beiden Formen des Erleuchtungsgeists vertraut. Unter solchen Umständen wird selbst dein tugendhaftes Handeln mit einigen durch die Kraft des Feldes gegebenen Ausnahmen zum Ursprung weiterer Leiden, zum Antrieb für fortgesetztes zyklisches Dasein.*

Das ist ein ganz wichtiger Punkt. Auch wenn wir uns im redlichen Handeln üben, großzügig sind und einen sittlich einwandfreien Lebenswandel haben, kann das mit einigen Ausnahmen trotzdem das zyklische Dasein mit seinen Leiden verlängern, sofern nicht eines der drei Hauptelemente des Pfades – wahre Entsagung, die richtige Anschauung der Leerheit und der Erweckungsgeist – ergänzend und verstärkend hinzukommt. Die Ausnahmen gehen nach Tsong-kha-pas Worten auf »die Kraft des Feldes« zurück. Die Bodhisattwas stellen ein Feld des verdienstvollen Handelns dar, da sie sich mit allem und für unbegrenzte Zeit dem Wohl aller Lebewesen zur Verfügung stellen. Deshalb ist der Umgang mit Bodhisattwas – indem wir sie sehen oder hören oder auch nur an sie denken – in sich selbst verdienstvoll. Sogar wenn jemand einem Bodhisattwa Schaden zufügt, so heißt es, wird er aufgrund dieser Verbindung letzten Endes zum Guten und zum Glück geführt.

Die zwölf Glieder des bedingten Entstehens

Tsong-kha-pas nächstes Thema ist die Lehre vom bedingten Entstehen (1, 315–25). Dabei handelt es sich eigentlich um eine Ausarbeitung der Lehre von den vier edlen Wahrheiten, worin der Buddha eine Verkettung von Ursachen und Wirkungen darstellt. Er setzt bei der Unwissenheit an und erklärt, wie Leid aus seinen Ursachen – Karma und den Plagen beispielsweise – entsteht. Unwissenheit wird zum Auslöser willentlicher Taten, aus denen dann die geistigen und körperlichen Gruppen oder Anhäufungen hervorgehen, die zur Grundlage der Erfahrung von Schmerz und Leid werden. Mit den Anhäufungen gehen die Sinnesvermögen einher, und durch sie kommt es zu Empfindungen. Der Zyklus findet seinen Abschluss in Alter und Tod und wieder Erfahrungen von Kummer und Schmerz.

Mit dieser Darstellung der Abfolge, nach der Leiden aus ihren Ursachen hervorgehen, erfasst der Buddha implizit auch schon die Umkehrung des Prozesses, nämlich die Aufhebung der Ursprünge des Leidens und damit des Leidens selbst. Deshalb erklären die zwölf Glieder auch die Verkettung von Ursachen und Wirkungen, die zur Erleuchtung führen – und das ist die Wahrheit von der Beendigung der Leiden und die Wahrheit vom Weg zu dieser Beendigung. Der Buddha selbst unterstrich die Bedeutung dieser Lehre. In den Texten des Vinaya gibt er den Mönchen die Anweisung, an Klöstern und Tempeln eine Darstellung des Lebensrads mit den zwölf Gliedern des abhängigen Entstehens anzubringen.

Die zwölf Glieder fallen in drei Hauptkategorien. Das erste, achte und neunte gehören zur Kategorie der geistigen Plagen, das zweite und zehnte zur Kategorie des Karmas oder willentlichen Handelns. Alle übrigen gehören der Kategorie des Leidens an. Wenn wir also von Leiden sprechen, meinen wir nicht nur Empfindungen, sondern die wahren Leiden, die mit der ersten edlen Wahrheit angesprochen sind.

Manche der Glieder werden als projizierende oder antreibende Faktoren bezeichnet, andere als projizierte Faktoren. Unter einem anderen Gesichtspunkt sind einige Glieder verwirklichende und andere verwirklichte Faktoren. Alles in allem verdeutlichen die zwölf Glieder den zeitlichen Ablauf, nach dem dieses Leben in der Kette des abhängigen Entstehens mit künftigen Leben verbunden ist. Ein voller Zyklus aller zwölf Glieder zieht sich über mindestens zwei Leben hin. In den meisten Fällen schließt sich der Kreislauf der zwölf erst im dritten Leben.[5]

Das erste Glied in der Kette ist die Unwissenheit. Manche buddhistische Meister verstehen die Unwissenheit als bloße Unkenntnis, doch die meisten deuten es eher als Fehlwahrnehmung oder irrige Erkenntnis.[6] Im Zusammenhang mit den zwölf Gliedern ist demnach eine Grund-Unwissenheit oder Verblendung gemeint, eine Fehleinschätzung der tatsächlichen Realität der Dinge. Was nun genau diese Unwissenheit wahrnimmt, hängt davon ab, was Sie als die wahre Natur der Realität sehen. Hier können wir zwei Grundtypen ausmachen. Eine Form der Grund-Unwissenheit besteht darin, dass die Natur der Wirklichkeit falsch verstanden wird. Die andere Form besteht in einer verzerrten Sicht der Ursachen und Wirkungen unseres Handelns. Dieser letztere Typ bedingt negatives Handeln, während der Erstere die Ursache des zyklischen Daseins überhaupt ist.

Das zweite Glied, Karma, spricht unser willentliches oder bewusstes Handeln an. Am dritten Glied, Bewusstsein, lassen sich zwei zeitliche Stufen unterscheiden. Die erste ist die kausale Stufe. Damit ist der Zustand des Bewusstseins unmittelbar nach dem Abschluss der karmischen Handlung gemeint, die sich dem Bewusstsein aufprägt. Wenn es zu einer durch diese Handlung bedingte Wiedergeburt kommt, stellt der erste Bewusstseinsmoment dieses Lebens die Ergebnis- oder Wirkungsstufe des Bewusstseins dar. In den Sutras, sagt Tsong-kha-pa, werden zwar sechs Klassen von Bewusstsein genannt, aber in den Schulen, die ein Grundlagen- oder Speicherbewusstsein *(alaya)* annehmen, werde dieses dritte Glied als ebendieses Grundlagenbewusstsein verstanden. Schließt man sich jedoch nicht dieser Sicht der Dinge an, so ist das dritte Glied einfach das mentale Bewusstsein. In jedem System ist jedoch das Bewusstsein gemeint, das als Basis für karmische Prägungen fungiert.

Die Befürworter eines Grundlagenbewusstseins finden sich vor allem in der Nur-Geist-Schule (Chittamatra), die sich an den Schriften Asangas und anderer orientiert. Asanga führt etliche Argumente an, um das Bestehen eines Grundlagenbewusstseins zu beweisen. Das Hauptargument besagt, dass es eine stabile und moralisch neutrale Basis für die Speicherung der karmischen Samen geben muss. Wenn ein hoher Bodhisattwa in einen durch nichts verunreinigten Zustand von gedankenfreier Weisheit eintritt, müssen sich trotzdem die noch vorhandenen alten karmischen Prägungen irgendwie fortsetzen. Da zu diesem Zeitpunkt keinerlei untugendhafter Geisteszustand gegeben ist, muss es ein neutrales und durchgängiges Bewusstsein geben, das diese karmischen Samen oder Keime trägt. Diese Rolle spielt das Grundlagen- oder Speicherbewusstsein. Hinter dieser Schlussfolgerung steht aber die Annahme, dass es eine Kontinuität des Bewusstseins geben muss, die auch auffindbar ist, wenn man nach ihr sucht. Wenn man also nach dem forscht, worauf der Ausdruck »Ich« letztlich verweist, muss man am Ende dieser Analyse auf etwas in sich selbst Existierendes stoßen. Hier wird also das Grundlagenbewusstsein als Basis des Ichs postuliert, die Kontinuität eines stetigen, neutralen Bewusstseins. Andere bejahen ein innewohnendes Sein, verneinen aber die Existenz eines Grundlagenbewusstseins. Für sie ist unser gewöhnliches individuelles Bewusstsein der Speicher karmischer Samen, das heißt der von früherem Handeln zurückbleibenden Prägungen oder Eindrücke.

Andere buddhistische Meister verneinen dagegen jegliche Vorstellung eines wahren innewohnenden Seins *(Svabhava)* und überhaupt diesen ganzen Ansatz, der fordert, dass bei der Suche nach der Essenz der Person etwas Handgreifliches und Reales zu finden sein muss. Aus ihrer Sicht ist da nichts anderes zu finden als das »bloße Ich«, das Ich im gewöhnlichen Verstande. Aus ihrer Sicht bleibt das Bewusstsein zwar karmisch geprägt, wenn alles karmische Handeln aufhört, aber es handelt sich nur um einen zeitweiligen Rest von karmischer Saat. Die langfristige Basis dieser Prägungen ist das »bloße Ich«.

Das vierte Glied in der Kette des abhängigen Entstehens wird Name und Form genannt. Das fünfte ist die Basis der Sinnesempfindungen, das sechste der Kontakt, das siebte heißt Gefühl oder Empfindung. Auf diese Glieder gehe ich hier nicht näher ein.

Als achtes Glied wird das Begehren und als neuntes das Anhaften benannt. Das Begehren bezieht sich mehr auf die innere Erfahrung, während das Haften eher äußere Objekte betrifft. Mit dem neunten Glied ist das Haften an Dingen gemeint, die uns erwünschte Sinnesempfindungen verschaffen. Dieses neunte Glied hat etwas Greifendes, etwas von Dingen, die begehrt werden.

Das zehnte Glied ist das neue Werden. Hier wird das Karma der Vergangenheit in zwei Phasen aktiviert. Die erste ist das Stadium unmittelbar vor dem Tod, und die zweite setzt ein, wenn der Mensch in den Zwischenzustand *(Bardo)* zwischen zwei Leben eintritt. Das zweite und das zehnte Glied werden der Karma-Klasse zugeordnet, allerdings kann man beim zehnten eigentlich nicht von Karma sprechen, denn Karma bedeutet wie gesagt Tat oder Handlung. Das eigentliche Handeln liegt weit zurück. Es ist vorbei, hat jedoch eine Prägung hinterlassen, einen Samen. Man kann sich die Kontinuität der karmischen Wirkkraft als eine Folge von Stadien dieser Prägung denken. Oder man denkt sie sich als Fortbestand des aufgelösten Zustands *(zhig pa)* des früheren Handelns.[7] Jedenfalls kann man nicht sagen, das zehnte Glied sei die ursprüngliche Handlung; es handelt sich vielmehr um das Stadium der vollen Aktivierung einer karmischen Prägung. Das elfte Glied ist dann die Geburt und das zwölfte ist Alter und Tod.

Die zwölf Glieder und die Zyklen der Wiedergeburt

Sehen wir uns nun das Ineinandergreifen der zwölf Glieder des abhängigen Entstehens in einem einzelnen Lebenszyklus an. Unmittelbar vor der Wiedergeburt wird die karmische Prägung aktiviert, und ihr Potenzial reift aus, sodass es zur Wiedergeburt kommt und dieser Zyklus der zwölf Glieder seinen Lauf nimmt, bis er mit Alter und Tod endet. Es kann aber auch sein, dass eine karmische Prägung über, sagen wir, hundert Leben wirksam bleibt. In diesem Fall werden die ersten neun Glieder gleich sein, aber vom zehnten Glied an besitzt jedes dieser hundert Leben sein eigenes Moment des neuen Werdens, gefolgt von seinen ganz eigenen Gliedern der Geburt, des Alterns und des Todes.

Wenn aufgrund von Unwissenheit und willentlichem Handeln Karma geschaffen wird, kann es durchaus sein, dass vor der Aktivierung dieser karmischen Samen ein ganz neuer Zyklus der zwölf Glieder einsetzt und abgeschlossen wird. Hier wird durch weiteres Handeln aus Unwissenheit neues Karma geschaffen, und das kann über viele Leben so gehen, bis schließlich die ursprüngliche karmische Saat aufgeht. Nehmen wir den heutigen Tag: Vom Aufwachen bis zu diesem Augenblick des Zuhörens kann die Grund-Unwissenheit viele neue Karmas geschaffen haben, und jedes setzt einen ganzen Zyklus der zwölf Glieder in Gang.

In diesem Zusammenhang schreibt Tsong-kha-pa (1, 321):

> *So ist denn das Ausreifen folgendermaßen zu verstehen: Untugendhaftes willentliches Handeln aufgrund von Unwissenheit über das Karma und seine Wirkungen legt latente karmische Neigungen des schlechten Karmas im Bewusstsein nieder. Das leitet die Verkettung der Glieder für eine leidvolle Wiedergeburt ein, die mit dem resultierenden Bewusstsein beginnt und beim Glied des Fühlens endet. Die latenten Neigungen werden durch wiederholtes Begehren und Haften genährt, und so kommt es in weiteren leidvollen Wiedergeburten immer wieder zu Geburt, Alter und so weiter.*

Andererseits: Durch Unwissenheit um die Bedeutung der Ichlosigkeit geleitetes willentliches Handeln der tugendhaften Art – etwa sittliche Disziplin im Bereich des Begehrens – oder willentliches Handeln einer nicht schlussfolgernden Art – etwa die Ausbildung des meditativen Gleichmuts in den höheren Bereichen – legt latente Neigungen des guten Karmas im Bewusstsein nieder. Das leitet die Aktivierung der Glieder ein, die mit dem resultierenden Bewusstsein beginnen und mit dem Fühlen enden und für eine glückliche Wiedergeburt in der Welt des Begehrens beziehungsweise für eine Wiedergeburt als Gottheit in den höheren Bereichen sorgen.

Das erläutert Tsong-kha-pa zunächst, um dann (1, 323) zu erklären, von welcher praktischen Bedeutung es ist:

Wer seine Wanderungen durch das zyklische Dasein recht bedenkt, wird erkennen, dass die zwölf Glieder des bedingten Erkennens das beste Mittel sind, um dem zyklischen Dasein seinen Reiz zu nehmen. Betrachte dein sich fortspinnendes Karma, das über unzählige Zeitalter angehäufte tugendhafte und untugendhafte Karma, das bisher weder Früchte hervorgebracht hat noch durch Gegenmittel ausgelöscht wurde. Wenn dein Begehren und Haften in diesem Leben sie weiter nährt, wirst du unter ihrer Herrschaft weiterhin die glücklichen und unglücklichen Daseinsbereiche durchstreifen. Arhats haben unermesslich viel von diesem Karma, angehäuft in der Zeit, in der sie gewöhnliche Wesen waren, aber sie sind frei vom zy-

klischen Dasein, weil sie keine geistigen Plagen haben.
Hast du dich davon einmal wirklich überzeugt, wirst
du die Plagen als Feinde sehen und dich bemühen, sie
alle zu beseitigen.

Anschließend (1,323–24) fasst Tsong-kha-pa zusammen, wie man die Praxis für Menschen der drei Befähigungsstufen unter dem Gesichtspunkt der zwölf Glieder darstellen kann:

Was das angeht, so hat sich der große spirituelle
Freund Pu-chung-wa einer Geist-Schulung unterzo-
gen, die allein auf den zwölf Gliedern des abhängigen
Entstehens fußte, und er legte die Stufen des Pfades
einfach als Reflexion über die Abfolge und das Aufhö-
ren dieser zwölf Glieder an. Das Nachdenken über die
Abfolge und das Ende der zwölf Glieder der leidvollen
Bereiche ist nach seiner Einschätzung die Lehre für
Menschen von geringer Befähigung. Das Nachdenken
über die Abfolge und das Ende der zwölf Glieder in den
seligen Bereichen ist die Lehre für Menschen von mitt-
lerer Befähigung. Die Lehre für Menschen von großer
Befähigung besteht darin, dass sie zunächst sich selbst
nach diesen beiden Formen der Praxis einschätzen.
Sodann bilden sie in sich Liebe und Mitgefühl gegen-
über all den Wesen heran, die schon ihre Mütter waren
und gemäß den zwölf Gliedern im zyklischen Dasein
umherirren. Sie schulen sich mit dem Wunsch, zum
Wohl aller dieser Wesen ein Buddha zu werden, und
zu diesem Zweck üben sie den Pfad.

Hier zeigt Tsong-kha-pa auf, dass man die Lehren von den Stufen des Pfades im Hinblick auf die drei Grade der Befähigung gemäß Pu-chung-was Worten über die zwölf Glieder verstehen kann.[8]

Die drei höheren Schulungen

An dieser Stelle (1, 341–53) geht Tsong-kha-pa nun zu den drei höheren Schulungen über, durch die wir Befreiung vom zyklischen Dasein finden können – die Schulungen in Sittlichkeit, meditativer Sammlung und Weisheit.

Unwissenheit ist die Wurzel des zyklischen Daseins. Sie besteht nach den Worten des Buddha vor allem im Festhalten an der Vorstellung der Eigenexistenz oder des innewohnenden Seins. Im Zusammenhang mit den zwölf Gliedern ist mit diesem Festhalten hauptsächlich das Festhalten an der Eigenexistenz der Person gemeint. Nehmen wir jedoch die buddhistische Schule, in der die kritische Analyse die höchste Zuspitzung erfahren hat, so gilt, dass sich die Ichlosigkeit der Person und das Fehlen eines Selbst-Wesens bei anderen Phänomenen lediglich durch das Objekt unterscheiden, dem Eigenexistenz abgesprochen wird. Sobald wir fragen, was diese fehlende Eigenexistenz bedeutet, besteht zwischen den beiden eigentlich kein Unterschied, weder ein tiefer noch ein subtiler.[9] Die Wurzel des zyklischen Daseins besteht also in dieser Unwissenheit, in diesem Festhalten an wahrer Existenz, am innewohnenden Sein von etwas. Das Festhalten an der Eigenexistenz der Person ist ein Sonderfall; wir sehen unser eigenes Ich als in sich selbst existierend an, und das bekundet sich in dem Gedanken »Ich bin.« Dieses Festhalten am innewohnenden Sein der eigenen Person wird als »die Anschauung der ver-gehenden Anhäufungen« bezeichnet, weil sie auf der falschen Vorstellung beruht, unsere geistigen und körperlichen Anteile, Geist und Körper, seien in sich selbst real und von eigenständiger Existenz.

Das Mittel gegen diese Unwissenheit muss das direkte Gegenteil dieser Sicht und dieses Festhaltens sein. Nach Dharmakirti können Herzensgüte und ähnliche Geistesverfassung nicht direkt etwas gegen diese Unwissenheit ausrichten, sie sind nicht das Gegenmittel, das sie aufhebt.[10] Wir brauchen ein Mittel, das direkt gegen die Unwissenheit wirkt, und das kann nur ein Weisheitsbewusstsein sein, welches die Leerheit oder das Nicht-Ich erkennt. Es betrachtet dieselben Dinge, die von der Unwissenheit als in sich selbst real aufgefasst werden, deutet sie jedoch auf die genau entgegengesetzte Art. Das ist das Gegenmittel, um das wir uns bemühen müssen. Mit Blick auf die drei höheren Schulungen ist demnach die Weisheit der wichtigste Aspekt für den Weg der Befreiung.

In sich selbst ist jedoch die Erkenntnis der Leerheit noch kein ausreichendes Gegenmittel. Sie muss einen sehr hohen Stand haben und von vollkommener Klarheit sein. Wenn man die Leerheit in vollkommener Klarheit erkennen möchte, also mehr als nur gedanklich, braucht man besondere Einsicht *(Vipashyana)*. Die erreicht man nur, wenn Körper und Geist durch genaue analytische Betrachtung eine gewisse Geschmeidigkeit gewonnen haben und von Freude erfüllt sind. Und das wiederum braucht eine Grundlage, nämlich die innere Gelassenheit des ruhigen Verweilens *(Shamatha)*, in dem die vollkommene Sammlung ebendiese Geschmeidigkeit und Freude erzeugt. Innere Gelassenheit ist demnach unverzichtbar. Deshalb ist die Schulung, durch die wir dorthin kommen, die Schulung der meditativen Sammlung, ebenfalls sehr wichtig für den Pfad der Befreiung.

Für diese Schulung der inneren Sammlung muss man von inneren Ablenkungen aller Art frei sein. Man muss sich dazu in Achtsamkeit üben und braucht eine wache Aufmerksamkeit, eine nach innen gewendete Bewusstheit, die es aufrechtzuerhalten und zu verfeinern gilt, bis sich eine meditative Gelassenheit einstellt. Zunächst bauen Sie also Ihre Achtsamkeit auf und entwickeln die Fähigkeit, Ihre innere Verfassung genau zu verfolgen. Nichts fördert diese Entwicklung so nachhaltig wie ein ethisch einwandfreier Lebenswandel. Sie erlernen Achtsamkeit und wachsame Betrachtung Ihrer inneren Verfassung anhand Ihres körperlichen, sprachlichen und geistigen Verhaltens. Zuerst geht es darum, die groben äußeren Formen der Ablenkung auszuschalten, aber schließlich kommen Sie dahin, dass Sie auch innere Ablenkungen nicht mehr beachten. Deshalb ist auch die erste Schulung, die höhere Schulung der Sittlichkeit, von sehr großer Bedeutung. Alle drei höheren Schulungen sind auf dem Weg der Befreiung vom zyklischen Dasein unverzichtbar.

Die Praxis eines Menschen von großer Befähigung

Zu dieser Praxis hören wir von Tsong-kha-pa (2,15):

So ist denn das Mahayana der Ursprung alles Guten für einen selbst und für andere. Es ist die Medizin, die alles Ungemach behebt, der große Weg, den alle wahrhaft Wissenden gehen, die Nahrung aller, die es sehen, von ihm hören, sich an es erinnern und mit ihm in Berührung kommen; es ist das, was über die großen geschickten Mittel verfügt, dir einzugeben, dich für das Wohl anderer einzusetzen und damit indirekt dein eigenes höchstes Wohl zu erwirken. Einer, der den Weg des Mahayana betritt, denkt sich: »Wunderbar! Ich

habe gefunden, was ich suchte.« Besteige dieses erha-
bene Fahrzeug mit all dem Heldenmut, den du aufzu-
bieten vermagst.

Das sind wirklich starke Worte. Tsong-kha-pa beschreibt das Maha-
yana als den Quelle alles Guten für einen selbst und andere, als die
Arznei, die Schaden von allen Wesen wendet, als den Weg, den alle
Großen gegangen sind. Das passt zu Shantidevas Worten über den
Erleuchtungsgeist in seinem *Eintritt in die Taten eines Bodhisattwas*:

> *Wer das Pferd des Erleuchtungsgeistes besteigt,*
> *der Missmut und Müdigkeit vertreibt,*
> *und auf ihm von Freude zu Freude reitet –*
> *wie könnte ein solcher vernünftiger Mensch*
> *je enttäuscht werden.*[11]

Und in einem dem Bodhisattwa Maitreya geltenden Gebet heißt es:

> *Der uns vom Weg in die niederen Bereiche abbringt*
> *und den Weg in die höheren weist*
> *dorthin, wo kein Alter ist und kein Tod –*
> *vor diesem Erleuchtungsgeist verneige ich mich*
> *verehrungsvoll.*

Ursprüngliches und endgültiges Ziel dieser Praxis des Erleuchtungsgeists ist die Buddhaschaft, nach der man zum Wohl aller Lebewesen
strebt. Diese Verse machen eine Aussage: Wenn man sich rückhaltlos
auf die Praxis des Erleuchtungsgeists, *Bodhichitta*, einlässt, erfüllen
sich dadurch auch alle anderen Bestrebungen – schlechte Wiedergeburt zu meiden, gute Wiedergeburt zu verwirklichen oder Befreiung
zu erlangen –, und man »reitet von Freude zu Freude«.

Halten wir uns aber vor Augen, dass wir nicht gleich in die Praxis des Erleuchtungsgeists einsteigen können, sondern zuvor die Schulung der Menschen von mittlerer und geringer Befähigung durchlaufen müssen. Der Geist der Erleuchtung beinhaltet zwei Zielsetzungen: Buddhaschaft zu erlangen und das Wohl anderer Lebewesen zu erwirken. Voraussetzung für Letzteres sind tiefe Liebe und Mitgefühl, und die wiederum verlangen echte Abkehr vom zyklischen Dasein. Diese Abkehr oder Loslösung ist der Entschluss, den Kreislauf der Wiedergeburten zu durchbrechen, und dazu muss man sich von Anfang an von allzu starkem Haften an diesem Leben lösen. Es hat also keinen Zweck, gleich die Praxis des Erleuchtungsgeists aufzunehmen und die Praxis für Menschen von geringer und mittlerer Befähigung zu überspringen. Die geistige Entwicklung folgt ihrem eigenen Lauf und hat ihre eigene Reihenfolge. Tsong-kha-pa beschreibt die Stufen des Pfades für Menschen von geringer und mittlerer Befähigung nicht als verschieden von der Praxis des Bodhisattwas. Es sind vielmehr Formen, die allen *gemeinsam* sind. Für jemanden auf dem Bodhisattwa-Weg, der sich selbstverständlich der Praxis eines Menschen von großer Befähigung widmet, sind die niederen Stufen eine notwendige Vorbereitung.

Fragen an den Dalai Lama

FRAGE: Eure Heiligkeit, sagen Sie doch bitte noch etwas darüber, wie die Religionen der Welt in Einklang miteinander existieren können. Kann es diese Harmonie nur geben, wenn wir uns darin einig sind, dass alle Religionen ihre Anhänger letztlich ans gleiche Ziel bringen?
ANTWORT: Wenn wir mit dem »gleichen Ziel« die Befreiung vom zyklischen Dasein ansprechen, wird es schwierig. Bei solchen Din-

gen gibt es eine Menge Unterschiede. Aber ganz allgemein gesagt, stimmen die großen religiösen Traditionen in ihren Absichten überein. Wenn Sie Ihre eigene Religion ernsthaft praktizieren, werden Sie sehen, dass es darum geht, mitfühlender zu werden. Ein muslimischer Freund sagte zu mir: »Ein wahrer Anhänger des Islam wird in die Liebe, die er zu Gott, zu Allah, empfindet, auch alle Geschöpfe einbeziehen.« Im Buddhismus sprechen wir von »Mutter-Wesen« – alle Lebewesen sind uns so lieb wie unsere Mutter. Diese Haltung wird sicher das Glück in einer Gesellschaft vermehren. Und das streben nicht nur alle Traditionen an, sondern sie haben auch alle das gleiche Vermögen dazu.

Aber zu der Frage, was nach diesem Leben kommt, haben sie unterschiedliche Ansichten. Manche meinen, dass wir gleich in den Himmel kommen, für andere bleiben wir erst einmal eine Weile im Sarg. Aber Religionskonflikte ergeben sich in den meisten Fällen nicht aus den Religionen selbst, sondern aus politischen Vorhaben oder aus Wirtschaftsinteressen, wenn nicht aus den ganz persönlichen Interessen Einzelner. Manche manipulieren die Religion so, dass sie diesen sekundären Interessen dient. Es kommt auch vor, dass echte Gläubige ihre Religion und deren Praxis sehr ernst nehmen, aber der Meinung sind, ihre Religion sei die einzig wahre. Von diesem Gedanken aus erkennen sie andere Religionen nicht als echte Religionen an. Und dann kämpfen sie vielleicht aus missverstandenem Mitgefühl sogar gegen die Anhänger anderer Religionen. In der Vergangenheit war das ohne Zweifel vielfach der Fall.

Für den einzelnen Gläubigen ist es sehr wichtig, sich sagen zu können, dass ihm seine Religion eine unvergleichliche Wahrheit bietet. Ich bin Buddhist und empfinde den buddhistischen Weg als am besten geeignet. Für mich ist der Buddhismus der beste Weg, um die negative Seite des Geistes zu wandeln. Für jemand anderen kann die Vorstellung des christlichen Gottes von unvergleichlicher

Kraft sein, und für diesen Menschen ist natürlich das Christentum am besten geeignet, zumal wenn man das Gefühl hat, die endgültige Wahrheit liege in dieser Religion.

In der Medizin lässt sich bekanntlich nicht generell sagen: »Dieses Medikament ist das beste.« Jedes Mittel ist für bestimmte Krankheiten gut geeignet oder eben nicht. Für Menschen einer bestimmten Veranlagung ist das Christentum am besten geeignet. Für andere ist es der Islam oder der Buddhismus. In allen Fällen ist die besondere Wahrheit der jeweiligen Religion das, was *diese Menschen* am besten fördert.

Wenn wir uns in diesem Raum umsehen, finden wir ja bereits Gläubige verschiedener Religionen versammelt – Juden, Buddhisten, Muslime und Christen. Alle haben unterschiedliche Vorstellungen von der Wahrheit ihres Glaubens. Nehmen wir einfach zur Kenntnis, dass der Pluralismus, das friedliche Zusammenleben der Religionen, stärker wird. Ein gutes Zeichen. Wir *können* also friedlich zusammenleben, aber wir müssen unsere Bemühungen in diese Richtung noch verstärken.

FRAGE: Eure Heiligkeit, wie weiß man im Hinblick auf diese drei Horizonte – geringe, mittlere und hohe Befähigung –, wo man selbst steht? Ist die Befähigung angeboren, oder hängt sie von der Praxis, dem Engagement oder dem Verlangen ab?

ANTWORT: In Tsong-kha-pas Text (1, 139) lesen wir ja, dass man diese verschiedenen Grade verstehen muss, dann ist man davor geschützt, sich einzubilden, man sei von hoher Befähigung, wenn man in Wirklichkeit nicht einmal die Motivation eines Menschen von geringer Befähigung hat.

In den Sechzigerjahren hatte ich eine britische Freundin, bei der im Traum alle möglichen Bilder von Bodhisattwas auftauchten, es waren wirklich bemerkenswerte Träume. Sie wusste außerdem von

Texten, in denen es heißt, Visionen von Buddhas und Bodhisattwas deuteten darauf hin, dass man die erste Bodhisattwa-Stufe erreicht habe. Die Texte sagen auch, dass man den Verwirklichungsgrad eines Menschen nie genau erkennen kann, doch das wollte ich ihr nicht so direkt sagen. Deshalb ließ ich sie nur wissen, dass es noch andere Zeichen für das Erreichen dieser Stufe gibt, etwa die Erschütterung der Buddha-Felder. Selbst wenn man den inneren Zustand eines anderen unmittelbar zu erfassen vermag, lässt sich meist nicht mit Sicherheit sagen, auf welcher Stufe er sich befindet.

Letztlich sind die Anzeichen für Ihre Befähigung in Ihnen selbst zu finden. Wenn Sie noch stark an Geld, Ruhm, Essen und einem komfortablen Leben hängen, haben Sie die Stufe eines Menschen von geringer Befähigung noch nicht erreicht. Und wenn Sie allzu sehr um Ihr nächstes Leben besorgt sind und die staunenswerten Dinge des zyklischen Daseins noch bewundern, haben Sie die mittlere Befähigung noch nicht erreicht. Sehen Sie sich einfach an, wie Sie denken, dann wissen Sie, wo Sie stehen.

FRAGE: Kann man praktizierender Buddhist sein und trotzdem weiterhin am materialistischen amerikanischen System der Selbstbereicherung und des beruflichen Aufstiegs teilnehmen? Es erscheint mir manchmal als ein Widerspruch.

ANTWORT: Das hängt wirklich von Ihrer inneren Verfassung und Einstellung ab. Wenn es Ihnen vor allem um das Wohl anderer geht und Sie sich für sie einsetzen, können die reichlichen Mittel dieser Gesellschaft Sie darin unterstützen. Wenn wir uns an das halten, was Tsong-kha-pas Text (1, 118–20) über die Kostbarkeit der menschlichen Geburt sagt, können wir sicher erkennen, dass jedes bestimmte Menschenleben seine ganz eigenen und besonderen Züge besitzt, in denen Chancen liegen und aus denen wir Kraft schöpfen können.

FRAGE: Wie findet man einen Lehrer, der die von Tsong-kha-pa beschriebenen Eigenschaften besitzt? Muss dieser Lehrer oder diese Lehrerin Mönch oder Nonne auf dem Pfad sein? Was, wenn er oder sie weit entfernt lebt? Muss man dann an diesen Ort übersiedeln, oder ist intensive Anleitung auch aus der Ferne möglich?

ANTWORT: Mir fällt dazu eine Geschichte ein. Als der Kadampa-Meister Drom Tönpa starb, lag sein Kopf im Schoß seines Schülers Potowa. Potowa weinte, und eine Träne tropfte auf die Wange des Meisters. Der blickte auf und fragte: »Weshalb weinst du?« Potowa erwiderte: »Bis hierher wart Ihr mein Lehrer. Ich hatte immer jemanden, bei dem ich Rat suchen konnte, der meine Fragen beantwortete. Da Ihr jetzt sterbt, werde ich mich an niemanden mehr wenden können, und das macht mich traurig.« Darauf sagte Drom Tönpa: »Ja, bis hierher war ich dein Lehrer, aber von nun an sollen die Texte dein spiritueller Lehrer sein.«

Ist das nicht ein wunderbarer Trost? Sie brauchen keine räumliche Nähe zu einem Lehrer, Sie können in den Texten Rat finden. Wenn bestimmte Einzelheiten der Praxis zu klären sind, können Sie das mit jemandem besprechen, aber diesen Menschen müssen Sie nicht unbedingt als Ihren spirituellen Lehrer betrachten. Sehen Sie ihn einfach als Dharma-Gefährten.

Wenn Sie jedoch die Gelübde ablegen oder Vajrayana-Initiationen empfangen möchten, müssen Sie die Person, die Sie darin anleitet, als Ihren spirituellen Lehrer betrachten. Prüfen Sie in dem Fall sehr genau, ob dieser Mensch wirklich geeignet und qualifiziert ist. Der Buddha sagt, man könne die Qualität des Mitgefühls eines Bodhisattwas an seinem Verhalten ablesen. Beobachten Sie also das Verhalten Ihres Führers, verfolgen Sie, wie er oder sie spricht. Es genügt nicht, sich ein- oder zweimal ein Bild zu machen. In einigen tantrischen Texten wird geraten, sich für die Einschätzung eines Lehrers nötigenfalls zwölf Jahre Zeit zu nehmen.

Der Lehrer muss auf dem Pfad sein, aber nicht unbedingt als Mönch oder Nonne. Geshe Pabongka Rinpoche sagt, dass jemand, der fähig ist und sich einsetzt, nicht unbedingt in die »Hauslosigkeit« gehen muss, um Befreiung zu finden. Und wenn man diese Eigenschaften nicht mitbringt, wird man möglicherweise selbst dann die Ursachen für eine Wiedergeburt in leidvollen Bereichen schaffen, wenn man allein in der Wildnis meditiert.[12]

FRAGE: Im Buddhismus sprechen wir von »Lebewesen« oder »empfindungsfähigen Wesen«. Sind damit nur die Säugetiere angesprochen oder zum Beispiel auch die Insekten? Wo liegt die Grenze zwischen empfindungsfähig und nicht empfindungsfähig?
ANTWORT: Das Unterscheidungskriterium liegt in der Fähigkeit, Leid und Glück zu erfahren. Vor vielen Jahren hat der verstorbene chilenische Wissenschaftler Francisco Varela an Gesprächen teilgenommen, bei denen es um die Frage ging, was empirisch als empfindungsfähiges Lebewesen identifiziert werden kann. Der Konsens lautete am Ende, dass Lebewesen empfindungsfähig sind, wenn sie sich aktiv fortbewegen können und aufgrund einer Präferenz von hier nach dort bewegen. So befanden wir etwa, dass eine Amöbe ein empfindungsfähiges Wesen ist. Mücken und Bettwanzen sind ganz sicher empfindungsfähige Wesen, die wir mit gehöriger Achtung behandeln dürfen. Nun ja, es kommt natürlich vor, wenn wir schlafen und dann eine Mücke kommt, dass wir uns nicht gleich erinnern, wen wir da vor uns haben!

FRAGE: In den Lehreinrichtungen unseres Landes werden viel Zeit, Energie und Personal für die Ausbildung des Intellekts eingesetzt. Wie können wir unsere Kinder zu Mitgefühl anleiten, wie können wir die Samen in ihnen legen?
ANTWORT: Ja, das ist eine ganz wichtige Sache. Pädagogen und

Wissenschaftler diskutieren schon viele Jahre lang ernsthaft über diese Frage, wie man – vom Kindergarten bis zur Universität – eine Art säkulare Ethik vermitteln kann.[13] Das ist wirklich sehr wichtig, ein echter Mangel. Kenntnisse allein, ohne Verantwortungsbewusstsein und Mitgefühl, können eher destruktiv sein. Daran kann kein Zweifel bestehen. Und äußere Regeln, Leitlinien und Gesetze können diesen Schaden nur bis zu einem gewissen Grade kompensieren. Hier kommt es vor allem auf Selbstdisziplin an, auf Mitgefühl auf der Basis von Verantwortungsbewusstsein.

FRAGE: Eure Heiligkeit, wie kann es sein, dass die Weltbevölkerung wächst und wächst, wenn wir doch alle schon seit Urzeiten hier sind?
ANTWORT: Bedenken Sie, dass es nach buddhistischem Verständnis viele Welten gibt. Es existieren demnach in anderen Welten auch viele Lebewesen.

FRAGE: Kann ein Buddha oder Bodhisattwa als ganz normaler Mensch auftreten, als einer von uns hier beispielsweise, als einer der Laien in diesem Publikum? Oder manifestiert sich ein Buddha oder Bodhisattwa immer als ein Mensch, der als reinkarnierter Lama erkannt wird oder zumindest in ein Kloster eintritt?
ANTWORT: Buddhas und Bodhisattwas können sich in vielerlei äußeren Gestalten manifestieren, sogar als Tiere – nein, es gibt kein feststehendes Erscheinungsbild. Das tibetische Wort »Lama« *(bla ma)* steht für das Sanskrit-Wort »Guru«. Von der eigentlichen Wortbedeutung her beschreibt es einen »Unübertrefflichen« – unübertroffen an Wissen, an Durchdringung, an Erkenntnis. »Lama« bedeutet jedoch nicht automatisch, dass es sich um einen lebendigen Buddha handelt. Vielmehr ist damit ein Lehrer gemeint, und es ist eigentlich ein Beziehungswort, denn man kann nur Lehrer sein,

wenn auch Schüler da sind. Wo ein Schüler ist, da ist auch ein Lehrer. Leider hat das Wort in der tibetischen Gesellschaft eine andere Bedeutung bekommen und bezeichnet vielfach eine gesellschaftliche Stellung. Da gab es dann schließlich Lama-Haushalte mit lauter sogenannten Lamas, aber ohne Schüler.

Ich sage gern, dass bei den Bezeichnungen »Lama« und »Tulku« *(sprul sku)* vier verschiedene Permutationen möglich sind. Ein Tulku ist die anerkannte Wiedergeburt eines verstorbenen Menschen von hoher spiritueller Verwirklichung. Man kann sowohl ein Lama (Lehrer) als auch ein Tulku sein. Man kann ein Tulku sein, der kein Lama ist, oder ein Lama, der kein Tulku ist. Und natürlich kann man auch weder das eine noch das andere sein.

FRAGE: Eure Heiligkeit, wie kann man inneren Frieden finden, wenn man sensibel für die Leiden und Schmerzen anderer ist und mit ihnen fühlt?

ANTWORT: In seinem Werk *Eintritt in die Taten eines Bodhisattwas* stellt auch Shantideva diese Frage. Wenn man Mitgefühl in sich herangebildet hat, nimmt man zusätzliche Leiden und Schmerzen auf sich, die den Geist aufwühlen. Er bestätigt, dass Mitgefühl mit den Schmerzen eines anderen eine gewisse Labilität oder innere Störung mit sich bringt, die sich jedoch qualitativ von dem unterscheidet, was Sie erleben, wenn es um Ihre eigenen Schmerzen geht.[14]

Bei Ihren eigenen Leiden haben Sie das Gefühl, nicht daran beteiligt zu sein und keinen Einfluss darauf zu haben. Darin ist Ihr durch Mitgefühl verursachter Schmerz anders, weil Sie eben bewusst mitfühlen und dadurch das Element der Weisheit ins Spiel kommt. Bei Ihren eigenen Schmerzen neigen Sie eher zu Angst und Verunsicherung, aber in der Anteilnahme an den Schmerzen anderer wächst eher der Mut als die Angst. Dann deuten auch einige wissenschaftliche Untersuchungen darauf hin, dass bewusstes Mitgefühl Gehirnregionen aktiviert, die für motorische Aktivität zuständig sind. Dies könnte besagen, dass Mitgefühl eine Bereitschaft erzeugt, eine Neigung, gezielt etwas zu tun.

FRAGE: In welcher Sprache soll man buddhistische Gebete sprechen? Manchmal verliere ich den Faden, wenn ich meine Gebete auf Tibetisch zu sprechen versuche. In meiner eigenen Sprache, scheint mir, erreichen sie mein Herz besser, der Gehalt ist klarer.
ANTWORT: Die Sprache, die Sie beherrschen, ist viel besser geeignet. Tibeter sprechen Sanskrit-Worte, ohne zu wissen, was sie da sagen. Sie sollten lieber auf Tibetisch rezitieren, damit sie auch die Bedeutung aufnehmen. Für Englisch, Französisch oder Deutsch sprechende Buddhisten ist es ebenfalls viel besser, sich an ihre eigene Sprache zu halten.

9
DER GEIST
DER ERLEUCHTUNG

Heute wollen wir über den Geist der Erleuchtung und des Helfens sprechen. Alle Religionen betonen auf diese oder jene Weise den Wert der Selbstlosigkeit. Das Besondere am Buddhismus liegt im Gedanken der Interdependenz, genauer: des abhängigen Entstehens.

Ob wir religiöse Menschen sind oder nicht, in unserem Alltag zeigt sich, dass die Bereitschaft, anderen zu helfen, auch unserem eigenen Wohl dient, sogar unserem körperlichen Wohlergehen. Sinn für die Belange anderer kann nur aus unserem Selbstvertrauen kommen, nicht aus unseren Ängsten. Selbstvertrauen nimmt uns die Angst und lässt uns eine innere Stärke spüren, die sich auch segensreich auf die Funktionen des Körpers auswirken. Wenn wir ständig in Ängsten oder verärgert oder hasserfüllt sind, bringt das die Elemente des Körpers in Unordnung. Deshalb dient eine selbstlose Haltung auch dem Wohl unseres Körpers, vor allem in schwierigen Zeiten. Auf einer Grundlage von Selbstvertrauen gewährt uns die Haltung der Selbstlosigkeit inneren Frieden, ein ruhiges Gemüt.

Auch der Gedanke der Interdependenz erweist im Alltag seine Nützlichkeit, einfach weil es tatsächlich so ist, dass alles mit allem zusammenhängt und deshalb alles von allem abhängig ist. Ob wir die Wirtschaft, die Umwelt, unsere Gesundheit oder auch die Politik und die internationalen Beziehungen betrachten – alles ist zutiefst mit allem anderen verknüpft. So liegen die Dinge tatsächlich, aber wenn etwas uns besonders ansprechend oder bedrohlich erscheint, kann es für uns so aussehen, als stünden wir losgelöst und ganz für uns allein da. Ein von diesem Eindruck geleitetes Handeln ist realitätsfern. So viele unerfreuliche Dinge geschehen aufgrund ebendieses unrealistischen Ansatzes. Realistischer wird unsere Sicht der Dinge erst, wenn wir mehr über die vielfältigen Zusammenhänge wissen, und die buddhistische Sicht der Verflochtenheit aller Dinge ermöglicht uns eine eher ganzheitliche, der Realität entsprechende Haltung. Und das kann nur gut sein.

Erleuchtungsgeist

Aber was ist dieser Erleuchtungsgeist, Bodhichitta? Für Tsong-kha-pa ist es das Streben nach Buddhaschaft in dem Wunsch, für das Wohl aller Wesen zu sorgen. Um diese Geisteshaltung müssen wir uns bemühen.

Manche Quellen unterscheiden gemäß den vier Hauptabschnitten des Pfades vier Arten von Erleuchtungsgeist, in anderen sind es 21 Arten, jede durch eine Metapher charakterisiert. Am wichtigsten ist aber die Zweiteilung in einen strebenden und einen wirkenden Erleuchtungsgeist. Was den Unterschied zwischen den beiden angeht, finden wir in den klassischen indischen Texten leicht voneinander abweichende Aussagen. Tsong-kha-pas Auffassung sieht so aus: Wenn bei jemandem, der den Geist der Erleuchtung in sich ausbildet, ein echtes und bedingungsloses Verlangen entsteht, zum Wohl aller Lebewesen Buddhaschaft zu erlangen, ist der strebende Erleuchtungsgeist in ihm erwacht. Wenn er sich weiterhin darauf einlässt, dieses Streben in die Praxis umzusetzen, also die Bodhisattwa-Praxis aufzunehmen und die Bodhisattwa-Gelübde abzulegen, ist sein Erleuchtungsgeist von da an ein wirkender Erleuchtungsgeist. Tsong-kha-pa beruft sich bei seiner Auslegung (2, 49) auf den ersten von Kamalashilas Texten zu den *Stufen der Meditation*. Die *Stufen der Meditation* scheint Kamalashila, anders als seine übrigen Werke, während seiner Zeit in Tibet verfasst zu haben.

Mitgefühl und Leid

Erleuchtungsgeist ist in gewisser Hinsicht ungefähr das, was wir mit »ein gutes Herz haben« meinen. Das ist jedoch keine Geistesverfassung, zu der man kommt, wenn man sich einfach nur wünscht, dass andere glücklich und frei von Leiden sein mögen. Sie brauchen vielmehr die Überzeugung, dass es *möglich* ist, Glück zu finden und Leiden zu beenden. Von diesem Wissen aus kann es Ihr tiefstes Bestreben werden, auf die denkbar wirksamste Art dem Wohl anderer zu dienen. Auf diesem Weg kommt es auf Weisheit und Mitgefühl an. Manchen Texten zufolge ist innerhalb des Erleuchtungsgeists das Mitgefühl für die Konzentration auf das Wohl anderer zuständig, während die Weisheit die Richtung für das Streben nach vollkommener Erleuchtung vorgibt.

Nachdem Tsong-kha-pa die Vorzüge des Erleuchtungsgeists aufgezeigt hat (2, 16–21), erläutert er, wie dieser Geist zu erzeugen ist. Und hier geht es vornehmlich um die Ausbildung des Mitgefühls (2, 28–33). So bezeichnet Maitreya das Mitgefühl in seinem *Schmuck für die Mahayana-Sutras* als die Wurzel des Erleuchtungsgeists.[1]

Was ist Mitgefühl? Seine beiden Hauptanteile sind eine Zuneigung, in der einem die anderen Wesen lieb und wert sind, und tiefe Anteilnahme an ihrem Leiden. Mitgefühl entsteht demnach dadurch, dass wir zu anderen Zuneigung fassen und sie von ihren Leiden befreit sehen möchten. Dafür müssen wir diese Leiden jedoch wahrhaft verstanden haben. Weiter oben haben wir im Zusammenhang mit der für Menschen von geringer und mittlerer Befähigung geeigneten Praxis über die Natur des Leidens gesprochen.[2] Ein Mensch von geringer Befähigung verweilt bei offensichtlichen Leiden, bei alltäglichen Leiden wie etwa körperlichen Missempfindungen. Für einen Menschen von mittlerer Befähigung geht es in seiner Praxis darum, auch die Natur der Leiden zweiten und dritten Grades zu verstehen, also das Leiden des Wandels, aber vor allem das Leiden der allseitigen Bedingtheit. Wenn ein Mensch von mittlerer Befähigung die Natur des Leidens bis in diese Tiefe erfasst hat, entsteht bei ihm der echte Wunsch nach Befreiung vom Leiden. Damit vollzieht sich bei ihm die wahre Abkehr.

Wenn Sie selbst schon diese echte Sehnsucht nach Freiheit von Leiden erlebt haben und in dieses Gefühl dann andere leidende Wesen einbeziehen, entsteht tiefes Mitgefühl. Tsong-kha-pa führt (2, 24) Maitreyas *Schmuck der klaren Erkenntnis* an, worin der Erleuchtungsgeist als Streben nach Erleuchtung zum Nutzen anderer definiert ist. Und der Nutzen anderer besteht natürlich darin, dass auch sie Befreiung finden.

Mitgefühl bedeutet, dass Sie sich für andere die Befreiung von ihren Leiden wünschen – und je tiefer Sie die Natur des Leidens erkannt haben, desto stärker wird dieser Wunsch werden. Sie erkennen, dass das Leid der allseitigen Bedingtheit wirklich tief reicht, und das führt Ihnen sehr deutlich vor Augen, wie viel Schaden die geistigen Plagen anrichten, die hinter diesen Leiden stehen. Dann werden Sie nicht nur von diesen Plagen frei sein wollen, sondern auch von allen durch sie erzeugten Samen oder latenten Neigungen. Diese keimhaften Anlagen oder latenten Neigungen sind das, was uns nicht erlaubt, die All-Erkenntnis eines Buddha zu erlangen.

Zwei Auffassungen des Erleuchtungsgeists

Wie kommen wir nun dahin, dass uns andere Wesen lieb und wert sind? Wie finden wir dieses Gefühl der Verbundenheit und Zuneigung? In der Geschichte des Buddhismus finden wir zwei Hauptzugänge, den Ursache-Wirkung-Ansatz der sieben Punkte und die Methode, nach der das Ich und das andere gleichgesetzt oder ausgetauscht werden. Der Ansatz der sieben Punkte stammt von Maitreyas Linie ab, die Methode der Gleichsetzung und des Austauschs von Nagarjuna. Nagarjunas *Kostbarer Blumenschmuck* und vor allem seine *Darlegung des Erleuchtungsgeists* lehren diese Gleichsetzung, diesen Austausch, ganz direkt. Wir sprechen hier von den Praxisformen, die großen Wogen gleichen, weil dieses Vorgehen vor allem für fortgeschrittene Praktizierende von hoher Befähigung geeignet ist.

Bei der Ursache-Wirkung-Methode der sieben Punkte geht es in erster Linie um die Erzeugung des Gefühls, dass andere Lebewesen mir nahe, mit mir verwandt sind – beispielsweise als Mutter in einem anderen Leben –, und von dort aus werden die übrigen Punkte erarbeitet. Bei der Methode der Gleichsetzung und des Austauschs ist es dagegen nicht erforderlich, dass man andere als Verwandte betrachtet. Hier gilt es vielmehr zu erkennen, dass wir und die anderen im Grunde gleich sind in unserem Streben nach Glück und in vielen anderen Hinsichten. In Shantidevas *Eintritt in die Taten des Bodhisattvas* heißt es, man solle die »geheime Unterweisung« des Austauschs von Ich und anderen üben. Der Ausdruck scheint zu besagen, dass hier ein hoher Grad an Intelligenz verlangt ist.[3]

Man bedient sich des Verstands, um die grundsätzliche Gleichheit des Ichs und des anderen festzustellen. Das ist der entscheidende erste Schritt. Hier hat Ihr Mitgefühl von Anfang an nichts damit zu tun, ob Sie andere als Angehörige erkennen oder nicht. Vielmehr erkennen Sie die Güte und Freundlichkeit aller anderen Lebewesen, sogar die eines Feindes, dessen Feindseligkeit Ihnen Gelegenheit zu weiterem spirituellem Wachstum bietet. Ob jemand nah und verwandt erscheint, wie jemand sich verhält und aufgrund welcher Antriebe – all das spielt hier eigentlich keine Rolle. Sie treten mit anderen auf einer sehr tiefen Ebene in Kontakt und erkennen, dass jeder andere, genau wie Sie selbst, glücklich und frei von Leiden sein möchte. Und diese Wahrnehmung ist unabhängig vom Verhalten der anderen Ihnen gegenüber.

Die Methode der sieben Punkte setzt demgegenüber bei der Erkenntnis an, dass alle Wesen schon einmal Ihre Mutter gewesen sind, und Sie vergegenwärtigen sich ihre Freundlichkeit und Güte. Nach diesem Ansatz ist Ihre Beziehung zu anderen noch von deren Haltung und Verhalten Ihnen gegenüber geprägt.

Wenn ich über eher allgemeine Themen spreche, erwähne ich gern den Unterschied zwischen gewöhnlichem Mitgefühl und höher entwickeltem, wahrem Mitgefühl. Gewöhnliches Mitgefühl ist durch unsere Wahrnehmung anderer bedingt – wie sie zu uns stehen und sich uns gegenüber verhalten. Deshalb bringen wir Mitgefühl nur zum Beispiel für Freunde und Angehörige auf, für Leute, denen wir am Herzen liegen. Wahres Mitgefühl verbindet uns dagegen auf einer sehr tiefen Ebene mit anderen. Wir nehmen alle Menschen als Menschen und sagen uns: »Er oder sie möchte, wie ich, einfach glücklich sein.«

Mitgefühl und Erleuchtungsgeist

Der Kern der Sieben-Punkte-Methode ist Mitgefühl. Die übrigen Schritte beschreiben die Umstände, die Mitgefühl entstehen lassen, und dann die Ergebnisse des Mitfühlens.

Im ersten Schritt entwickeln Sie Unvoreingenommenheit (2, 36–37). Sie suchen ein Gleichgewicht in Ihren Gefühlen gegenüber anderen, in dem keine Einseitigkeit mehr ist, keine Unterscheidungen zwischen Menschen, die Sie als nahestehend empfinden, und anderen.

Dann gilt es, das Gefühl aufzubauen, dass Ihnen alle anderen lieb und wert sind. Dazu denken Sie an den Menschen, der Ihnen in diesem Leben am liebsten ist – das kann Ihre Mutter oder jemand anderes sein –, und versuchen alle anderen Lebewesen im gleichen Licht zu sehen. So wachsen in Ihnen die Erkenntnis der Güte anderer und der Wunsch, deren Freundlichkeit zu vergelten. Zuneigung entsteht, die Lebewesen wachsen Ihnen ans Herz, Sie empfinden Mitgefühl (2, 38–47). Das Mitgefühl findet seinen Höhepunkt in einem von ganzem Herzen gefassten Entschluss, dem hohen Ziel, alle Wesen von ihren Leiden zu befreien und ihnen Glück zu verschaffen. Das ist ganz entscheidend, dieser selbstlose Entschluss, der Sie ein für allemal die persönliche Verantwortung für das Wohl anderer übernehmen lässt (2, 47–48).

Fragen Sie sich: »Wie kann ich für das Wohl anderer sorgen? Wie kann ich es verwirklichen?« Bei der Betrachtung Ihrer gegenwärtigen Fähigkeit, anderen zu helfen, sehen Sie Ihre Begrenztheit. Wenn Sie nicht einmal für sich selbst sorgen können, wird es Ihnen bei anderen auch nicht gelingen. Ein tibetisches Sprichwort lautet: »Wenn du selbst am Boden liegst, kannst du anderen nicht aufhelfen.« Das Wohlergehen anderer ist Ihr höchstes Ziel, doch um es zu erreichen, werden Sie selbst Erleuchtung finden müssen.

Aber wie? Mit der naiven Annahme, dass Erleuchtung schon irgendwie möglich ist, kommt man hier nicht weit. Sie müssen gänzlich davon überzeugt sein, dass Erleuchtung in Ihren Geist-Strom eintreten kann. Zu dieser Überzeugung kommen Sie nur durch tiefe Analyse. Zuerst müssen Sie erkennen, dass Befreiung möglich ist.

Sie müssen zu der Überzeugung gelangen, dass die Plagen beendet werden können und es ein echtes Aufhören gibt. Danach wird Ihnen auch einleuchten, dass sogar die von den Plagen ausgehenden subtilen Tendenzen bereinigt werden können. Und so erkennen Sie schließlich, dass Sie wahrhaftig Buddhaschaft erlangen können.

Ich selbst habe den Eindruck, dass man die Möglichkeit der vollkommenen Erleuchtung nur aus der Perspektive des höchsten Yoga-Tantra wirklich erfassen kann. Nur von dort aus erkennen wir die vielen verschiedenen Ebenen des Bewusstseins; wir sehen, dass vollständige All-Erkenntnis aus der subtilsten Ebene des Bewusstseins erwächst. Die Mahayana-Lehre von den vier Körpern der Buddhaschaft[4] wird erst wirklich klar, wenn wir sie unter dem Gesichtspunkt des höchsten Yoga-Tantra betrachten, der Lehre vom angeborenen, grundlegenden Geist des klaren Lichts. Ohne diese Perspektive, scheint mir, bleibt die Lehre von den vier Körpern der Buddhaschaft eher vage.

Hier sehen Sie, weshalb es heißt, die Weisheit richte sich durch den erwachenden Erleuchtungsgeist auf Erleuchtung aus. Wir haben bereits über diese Worte Nagarjunas gesprochen: »Durch die Leerheit wird das begriffliche Denken zur Ruhe gebracht.« Sie lassen sich auch folgendermaßen lesen: »In der Leerheit wird falsches begriffliches Denken zur Ruhe gebracht und aufgelöst.« Wenn Sie wirklich wissen, was Befreiung und Erleuchtung sind, können Sie in dem Bestreben, für das Wohlergehen anderer zu sorgen, den Geist der Erleuchtung in sich heranbilden, ein echtes Verlangen, Erleuchtung zu finden.

Andere an die Stelle des eigenen Ichs setzen

Bei dieser Praxis muss zunächst ein starkes Gefühl der Gleichheit des Ichs und der anderen entstehen. Es folgt die Betrachtung der Nachteile des Haftens am Ich und der Vorteile unserer Wertschätzung anderer und der Bereitschaft, uns für sie einzusetzen. Damit verfügen Sie über die Basis der eigentlichen Praxis, in der Sie andere an die Stelle des eigenen Ichs setzen. Sie üben die Meditation des »Gebens und Nehmens« *(Tonglen)*. Die Quelle dieser Übung ist Shantidevas Werk *Eintritt in die Taten des Bodhisattwas*, das, wie ich höre, aus dem achten Jahrhundert stammt. Wir befinden uns jetzt im 21. Jahrhundert, und Shantidevas Text ist bis heute das Beste, was es zum Thema »andere an die Stelle des eigenen Ichs setzen« gibt.

Wenn diese geistige Schulung zu einer echten persönlichen Erfahrung führt, nehmen Sie zur Festigung dieser Erfahrung und Erkenntnis an einer Zeremonie zur Bestätigung Ihres Bekenntnisses zum Erleuchtungsgeist teil.

Den Geist der Erleuchtung bejahen

Heute wollen wir diese Zeremonie der Bejahung des Erleuchtungsgeists abhalten.

Im *Herz-Sutra* sagt der Buddha, alle Buddhas der Vergangenheit, alle Buddhas der Gegenwart und alle Buddhas der Zukunft erlangten durch die Praxis der vollkommenen Weisheit Erleuchtung.[5] Wir können dem Sutra also entnehmen, dass die vollkommene Weisheit uns zur Buddhaschaft führen wird. Vollkommene Weisheit ist ein unmittelbares Erkennen der Leerheit, in der sich Weisheit und Erleuchtungsgeist verbinden. Ohne den Erleuchtungsgeist ist Buddhaschaft nicht möglich – er gibt den Ausschlag. Die Leerheit erkennende Weisheit ist für alle drei Arten der Erleuchtung wichtig: die des Schülers, die des Selbst-Erleuchteten und die vollkommene Erleuchtung der Buddhaschaft.[6] Der Erleuchtungsgeist ist das, was für das Erlangen der Buddhaschaft noch hinzukommen muss. Er *muss* neben der Weisheit vorhanden sein, wenn Sie ein Buddha werden wollen (2, 18–19).

Die meisten von uns haben sicher ein gewisses intellektuelles Verständnis vom Erleuchtungsgeist. Fassen wir ihn also jetzt in den Blick und lassen auch ein Gefühl dazu aufkommen. Wenn aus dem Gedanken ein echtes Gefühl aufsteigt, können wir das immer weiter entwickeln. Eine Möglichkeit, unser Streben nach Erleuchtung zu kräftigen, besteht in der Teilnahme an einer Zeremonie, die den Wunsch stabilisiert und in unserem Geist verankert. Tsong-kha-pa stellt dieses Ritual in seiner *Großen Abhandlung* (2, 61–68) recht ausführlich dar und folgt dabei Asangas *Bodhisattwa-Stufen*. Da wir sicher nicht alle den Text vor uns haben, werden wir die drei Strophen rezitieren, die ich hier normalerweise verwende.

Vorbereitung

Visualisieren Sie zuerst vor sich den Buddha Shakyamuni als lebendigen Menschen, umgeben von Bodhisattwas. Die Bodhisattwas – Avalokiteshvara, Manjushri, Maitreya, Samantabhadra und andere – erscheinen in der Gestalt von Gottheiten. Dann ist es auch ganz wichtig, die großen Nalanda-Meister zu visualisieren, zum Beispiel Nagarjuna, Asanga, Aryadeva und Vasubandhu. Stellen Sie sich Nagarjuna mit seinen kostbaren Texten vor, die wir heute noch, wie die Werke Asangas, studieren und in der Kontemplation betrachten können. So wird Ihre Visualisation lebendig. Visualisieren Sie außerdem Shantarakshita, Kamalashila und die Lehrer dieser

Linie sowie die großen tibetischen Meister, die ihnen nachfolgten. Unsere chinesischen Brüder und Schwestern werden die Gestalten ihrer eigenen Traditionen visualisieren, und so ist es auch für Japaner und Vietnamesen – lauter Linien, die letztlich eine sind, die vom Buddha ausgehend über Nagarjuna verläuft. Für alle, die den Theravada praktizieren, ist ebenfalls der Buddha der Ausgangspunkt, und von ihm aus verläuft die Linie über Kashyapa, Subhuti und Ananda, seine Hauptschüler.

Jetzt gehen Sie zu den sieben Zweigen der Verehrung über.[7] Erinnern Sie sich lebhaft an die erleuchteten Eigenschaften von Körper, Rede und Geist der gesamten Zufluchtsversammlung, die Sie gerade visualisieren, vor allem die des Buddha Shakyamuni. Führen Sie sich die Qualitäten deutlich vor Augen, insbesondere die Qualität, den Geist der Erleuchtung verwirklicht zu haben – einen Geist, der das Wohl anderer über das eigene stellt –, sowie die komplementäre Qualität der unmittelbaren Erkenntnis der Leerheit, also der wahren Seinsweise aller Phänomene. Alle Gestalten, die Sie hier visualisieren, verkörpern die von der Essenz des Mitgefühls durchdrungene Weisheit. Mit all diesen Eigenschaften im Sinn werfen Sie sich vor dieser Versammlung nieder.

Der nächste Schritt ist die Opferung. Stellen Sie sich vor, dass Sie der visualisierten Versammlung Opfergaben darbringen. Opfern Sie alles, was Ihr Eigen ist, und darüber hinaus alles in der Welt, was nicht irgendjemandes Eigentum ist. Stellen Sie alles, was Sie sind, in den Dienst der Buddhas und Bodhisattwas, die ihr Leben dem Vorhaben weihen, für das Wohlergehen der unzähligen Lebewesen zu sorgen. Bringen Sie sich selbst als Opfer dar, und fassen Sie innerlich den Entschluss: »Ich biete mich selbst dar, um zur Erfüllung des Bestrebens aller Buddhas und Bodhisattwas beizutragen.« Stellen Sie sich auch bildhaft vor, dass Sie den Buddhas und Bodhisattwas alles darbringen, was Sie selbst Gutes getan haben. Opfern Sie vor allem das Verdienst, das Sie erworben haben, wenn Sie den Geist der Erleuchtung und die Leerheit auch nur ansatzweise verstanden haben. Das ist die wichtigste Opfergabe. Bringen Sie Ihre eigene Praxis und Ihre eigene Verwirklichung dar.

Als Nächstes benennen und läutern Sie alles, was Sie zum Schaden anderer getan haben. Dabei geht es besonders um alles aus Selbstbezogenheit entstehende Handeln, denn diese Haltung lässt uns über das Wohl und die Interessen anderer einfach hinweggehen. Diese gedankenlose Missachtung kann zu schädigendem Handeln jeder Art führen. Bekennen Sie solche Taten, um sie dann in der Tiefe des Herzens zu bereinigen.

Jetzt gehen Sie wieder zu den wunderbaren Erleuchtungsqualitäten von Körper, Rede und Geist der Buddhas und Bodhisattwas. Lassen Sie ein tiefes Gefühl der Bewunderung aufkommen. Freuen Sie sich an den guten und förderlichen Dingen, die von anderen getan wurden und werden, bewundern Sie die Herzensgüte, das Mitgefühl und das selbstlose Handeln aller Buddhisten und Nichtbuddhisten. Vergessen Sie nicht das Gute, das Sie selbst getan haben, etwa als Folge Ihres Bemühens um Herzensgüte und den Geist der Erleuchtung oder auf Ihre Meditationen über die Leerheit hin oder als Vorbereitung darauf. Führen Sie sich also Ihr eigenes gutes Handeln von Körper, Rede und Geist vor Augen, und erlauben Sie sich ein tiefes Gefühl der Freude darüber.

Jetzt bitten Sie die Buddhas und Bodhisattwas – vor allem die Buddhas –, das Dharma-Rad anzudrehen und entsprechend den Bedürfnissen, Anlagen und Fähigkeiten all der verschiedenen Lebewesen zu lehren. Appellieren Sie an die Buddhas, nicht ins endgültige Nirwana einzutreten, sondern noch zu bleiben.

Zuletzt widmen Sie all Ihr Verdienst und gutes Karma dem Zweck, zum Wohl aller Lebewesen Erleuchtung zu erlangen. So sieht die Praxis der sieben Zweige der anbetenden Verehrung aus.

Die Zeremonie

Als Einleitung der Zeremonie zur Erweckung des Erleuchtungsgeists halten wir uns innerlich gegenwärtig, was Shantideva in seinem *Eintritt in die Taten des Bodhisattwas* sagt:

> *Was es an Glück in der Welt geben mag,*
> *kommt daher, dass wir anderen Glück wünschen.*
> *Und was es an Schwierigkeiten in der Welt gibt,*
> *kommt vom eigennützigen Begehren.*

> *Was wäre noch zu sagen?*
> *Sieh selbst, wie sich ein gewöhnlicher,*
> *nur an sein eigenes Wohl denkender Mensch*
> *von einem Weisen unterscheidet,*
> *der für andere handelt.*[8]

Daraus ist für Shantideva dieser Schluss zu ziehen:

> *Solange du nicht wahrhaft dein eigenes*
> *Glück gegen die Leiden anderer eintauschst,*
> *wirst du nicht Buddhaschaft erlangen*
> *und schon in dieser Welt keine Freude finden.*

Wir mögen das Nirwana als unser höchstes Ziel oder nur unser tagtägliches Leben im Auge haben, in beiden Fällen ist der Geist der Erleuchtung das Kostbarste überhaupt. Ihn können nur Wesen mit menschlicher Intelligenz in sich heranbilden – und jetzt haben wir dieses Menschenleben. Fassen Sie also den festen Entschluss, Ihr menschliches Dasein wirklich sinnvoll zu gestalten. Dazu gibt es keinen besseren Weg als den Aufbau des Erleuchtungsgeists.

Shantideva sagt im *Eintritt in die Taten des Bodhisattwas*, die Buddhas aller Zeitalter sähen dies als das segensreichste Vorgehen überhaupt an.[9]

Fassen Sie jetzt den klaren Entschluss, dass Sie von nun an diese Haltung, anderen helfen zu wollen, in sich bestärken werden. In dieser Haltung werden Sie helfen, wo immer es möglich ist, und wo es nicht möglich ist, werden Sie anderen zumindest nicht schaden. Nehmen Sie sich ein für allemal vor, das nicht nur in diesem Leben zu tun, sondern in allen weiteren Leben und Zeitaltern. Fassen Sie diesen Gedanken: »Ich bin entschlossen, diese Praxis immer weiter zu üben.«

Ich selbst praktiziere es so, wann immer ich kann. Es ist für mich große Freude und großes Glück. Es gibt mir innere Kraft. Es ist die schönste Opfergabe, die wir dem Buddha darbringen können. Und es ist ein Geschenk, das wir nicht nur dem Buddha, sondern allen Lebewesen machen.

Jetzt wollen wir die folgenden drei Strophen zusammen lesen und dann dreimal rezitieren:

In dem Wunsch, alle Wesen zu befreien,
werde ich stets Zuflucht suchen
bei Buddha, Dharma und Sangha,
bis ich die volle Erleuchtung erreiche.

Von Weisheit und Mitgefühl beflügelt,
erzeuge ich heute in Gegenwart des Buddha
den Geist der Erleuchtung
zum Wohl aller Lebewesen.

Solange Raum vorhanden ist
und Lebewesen da sind,

so lange möge auch ich bleiben
und die Leiden dieser Welt vertreiben.[10]

Nach dieser Erzeugung des Erleuchtungsgeists sagt Shantideva:

Heute hat mein Leben Sinn.
Ich habe menschliches Leben erlangt
und bin jetzt in die Familie der Buddhas
hineingeboren.
Ich bin ein Kind der Buddhas geworden.[11]

Er fügt hinzu:

Von heute an werde ich nur noch so handeln,
wie es dieser Familie angemessen ist.
Niemals werde ich Schande oder Makel
über diese reine und edle Familie bringen.

10
AKTIVES MITGEFÜHL

Verdienst und Weisheit

Wenn Sie den Erleuchtungsgeist in sich geweckt haben, können Sie die eigentliche Praxis eines Bodhisattwas aufnehmen. Bodhisattwas streben nach der All-Erkenntnis eines Buddha. Das ergibt sich, wie wir besprochen haben, aus Ursachen und Bedingungen.[1] Aber es müssen die richtigen Ursachen und Bedingungen sein, und sie müssen vollzählig sein, das heißt viele verschiedene Praxisformen umfassen. Nagarjuna nennt sie summarisch im Widmungsvers seiner *Sechzig Strophen der Beweisführung*: »Mögen hierdurch alle Wesen die beiden Sammlungen vollständig erlangen und dadurch die beiden Verkörperungen der Buddhaschaft verwirklichen.«[2] Er benennt die Sammlungen des Verdiensts und der Weisheit als die Ursachen der Buddhaschaft. Wenn wir das näher betrachten, haben wir hier eigentlich die Lehre von den sechs Vollkommenheiten vor uns. Und wenn wir die sechste Vollkommenheit, die vollkommene Weisheit, noch auffächern, haben wir vier weitere Vollkommenheiten, also insgesamt zehn.

Wenn wir den Erleuchtungsgeist herangebildet haben, geht es nach Tsong-kha-pas Worten (2,85) um die Schulung in den sechs Vollkommenheiten. Wenn wir uns nur in der Methode oder nur in der Weisheit üben, werden wir keine Buddhas, beide Aspekte des Pfades sind wichtig, und nur durch ihre Verbindung schaffen wir die Ursachen und Bedingungen der all-erkennenden Buddhaschaft.

Bei den Vollkommenheiten, die vorrangig für den Methoden-Aspekt des Pfades zuständig sind – also Gebefreudigkeit, Sittlichkeit und so weiter –, ist eine besonders wichtig, nämlich der Wunsch und das Bestreben, anderen zu helfen. Bei der Gebefreudigkeit zum Beispiel ist gewiss das Geben selbst wichtig, aber noch wichtiger ist es, unsere Motivation aufzubauen, unsere Absicht und Bereitschaft zu geben. Was Sie hier einsetzen und dadurch stärker machen, ist Ihr Bestreben. Aber wenn dieser Methoden-Aspekt des Pfades seine Wirkung tun soll, brauchen Sie außerdem Weisheit, denn sie bringt ein Element der Überzeugung und Gewissheit mit sich, durch das Ihre Praxis beispielsweise der Gebefreudigkeit viel Auftrieb erhält.

Umgekehrt muss auch der Weisheits-Aspekt des Pfades durch den Methoden-Aspekt ergänzt werden. Um etwa die Leerheit erkennen zu können, müssen Geist und Herz dafür empfänglich gemacht werden. Dazu dient eine Praxis, die Ihren Geist und Ihre Tugend stärkt. So wirken die beiden Aspekte des Pfades, Methode und Weisheit, wirklich komplementär – eines unterstützt die Entwicklung des anderen. Die Seite der Methode unterstützt Sie als Vorbereitung auf die Erkenntnis der Leerheit und baut diese Erkenntnis weiter aus, wenn sie einmal eingetreten ist. Der Methoden-Aspekt des Pfades stellt sicher, dass Ihre die Leerheit erkennende Weisheit ein hochwirksames Mittel gegen subtile, die All-Erkenntnis verhindernde Verdunkelungen und damit zu einer der Ursachen für die vollkommene Erleuchtung eines Buddha wird. Wenn wir uns ansehen, wie Bodhisattwas von Ebene zu Ebene aufsteigen, wird deutlich, dass die Fortschritte bei der meditativen Sammlung auf die

Leerheit erzielt werden. Diese Weisheit also bestimmt letztlich, wie weit man kommen kann. Deshalb ist Weisheit die Ursache und die Methode der ergänzende Faktor.[3]

Die sechs Vollkommenheiten

Zu den sechs Vollkommenheiten erörtert Tsong-kha-pa ausführlich, weshalb es gerade sechs sind (2, 104–11). Wenn ein Text eine bestimmte Einteilung als feststehend und endgültig darstellt, kann das mehrere Bedeutungen haben. Bei den beiden Wahrheiten beispielsweise, der konventionellen und der höchsten, handelt es sich um eine wirklich alle Erkenntnisobjekte erfassende Zweiteilung. Die Zahl steht fest, und sie erfasst alles. Bei den vier edlen Wahrheiten dagegen entspricht die Zahl Vier einer bestimmten Lehrabsicht. Es ist eine Zahl, die in einem bestimmten Zusammenhang und zu einem bestimmten Zweck festgelegt wurde. Nach meinem Gefühl ist es mit der Zahl Sechs bei den Vollkommenheiten ebenso. Es ist keine Zahl, die – wie bei den beiden Wahrheiten – definitiv alles zu Erfassende erfasst. Die Zahl wurde festgelegt, aber eben im Hinblick auf den Zweck einer bestimmten Lehre. Manchmal stellt sich heraus, dass eine Liste mit einer festgelegten Anzahl von Punkten am besten den Inhalt vermittelt und Missverständnissen vorbeugt.

Gebefreudigkeit

Gebefreudigkeit wird als erste der sechs Vollkommenheiten genannt. Tsong-kha-pa gibt uns eine ganz unkomplizierte Erklärung dieses wichtigen Themas (2, 113–26). Wir machen uns Gedanken darüber und setzen die Lehre in die Praxis um.

Ganz wichtig ist es, dafür zu sorgen, dass Ihr Geben anderen zugutekommt. Wir haben uns also zu überlegen, was im Einzelfall zu geben ist, wann es zu geben ist und so weiter. Als die drei Hauptformen des Gebens führt Tsong-kha-pa an (1,122): das Schenken materieller Dinge, das Gewähren von Schutz vor Furcht und das Geschenk des Dharma durch spirituelle Unterweisung. Wenn Sie sich beispielsweise der Reinheit Ihrer Motive sicher sind, kann Engagement für die Umwelt ein Geben der zweiten Art sein: Schutz gewähren. Die Arbeit von Menschen in Heil- und Pflegeberufen, also etwa der Ärzte und Krankenschwestern, kann ebenfalls ein Gewähren von Schutz vor Ängstigendem sein.

Bei dem, was Schul- und Hochschullehrer vermitteln, kann es sich um ein Geben handeln, das in Unterweisung des Geistes besteht. Haben Sie allerdings vorwiegend ihre Gehälter und Honorare im Sinn, handeln sie nicht aus Gebefreudigkeit. Dann handelt es sich um gewöhnliche Geschäfte. Selbst wenn der Dalai Lama bei seinen Vorträgen Einnahmen im Sinn hat, wickelt er ebenfalls einfach ein Geschäft ab und handelt nicht aus Gebefreudigkeit. Es gab einmal einen Nyingma-Meister, der dreierlei gelobt hatte: nie ein Tier zu reiten, nie Fleisch zu essen und für seine Dharma-Unterweisungen niemals materielle Gegengaben anzunehmen. Er sagte: Geld für den Dharma, das sei einfach ein Geschäft – und ein sehr schlechtes. Und so hält es die Tradition und sagt, der Verkauf des Dharma sei die denkbar schlimmste Art der Geschäftemacherei.

Sittlichkeit

Die zweite Vollkommenheit, sittliches Verhalten, kommt nach Tsong-kha-pas Worten (2,148) in drei Hauptformen vor: schädliches Handeln unterlassen, Verdienst ansammeln und sich für das

Wohl anderer einsetzen. Das ist auch ihre natürliche Reihenfolge. Man meidet schädliches Handeln, man sammelt Verdienst, und schließlich kann man für andere wirken.

Hat ein Bodhisattwa die Gelübde der individuellen Befreiung abgelegt, etwa die Laiengelübde oder die Mönchsgelübde, so besteht die erste Form des sittlichen Verhaltens, das Unterlassen von Schädlichem, für ihn oder sie in der Einhaltung dieser Gelöbnisse. Ohne solche formellen Gelöbnisse besteht diese erste Form des sittlichen Verhaltens im Unterlassen der zehn untugendhaften Handlungen.[4] Dazu gehört auch, dass man sich vor selbstsüchtigen Gedanken hütet. Unterlassen Sie schädliches Handeln, und Sie stimmen Ihr Herz darauf ein, ein Herz der Tugend zu werden.

Verdienst ansammeln, die zweite Form des sittlichen Verhaltens, kann sich auf alle Praxisformen beziehen, die Fortschritte in den verschiedenen Bereichen des Pfades mit sich bringen, sei es die profunde Praxis der Leerheit oder die große Praxis des Mitgefühls und der geschickten Mittel. Je stärker Ihr Geist auf dem Gebiet der Tugend wird, desto besser sind Sie in der Lage, auch dem Wohl anderer zu dienen.

Was diesen Einsatz für das Wohlergehen anderer angeht, unterscheidet Tsong-kha-pa elf Formen des Dienens (2, 148). Er behandelt sie hier in der *Großen Abhandlung* nicht im Einzelnen, sondern verweist auf sein Werk *Der Grundlegende Pfad zum Erwachen*, einen Kommentar zum Kapitel über Sittlichkeit in Asangas *Bodhisattwa-Stufen*. Hier schreibt er, dass wir auf die Hilfsbedürftigkeit anderer eingehen sollen. Wenn jemand zum Beispiel schlecht gehen kann, dann helfen Sie diesem Menschen einfach. Helfen Sie, wenn jemand etwas Bestimmtes zu tun hat und nicht damit zurechtkommt. Scheuen Sie sich nicht, auf andere zuzugehen, geben Sie ihnen das Gefühl, willkommen zu sein, auch wenn das bedeutet, dass Sie Ihre eigenen Vorhaben zurückstellen müssen. Bleiben Sie bei jemandem, der große Schwierigkeiten oder Ängste hat, leisten Sie Gesellschaft. Trösten Sie, wenn jemand trauert oder Kummer hat, bieten Sie Rückhalt. Helfen Sie aus, wo unmittelbare materielle Bedürfnisse bestehen. Wer seelische Unterstützung braucht, dem seien Sie ein Refugium. Und achten Sie bei allen Hilfen stets darauf, dass sie der geistigen Verfassung des anderen entspricht, denn nur so kann sie ihm nützen. Wenn jemand einen Irrweg eingeschlagen zu haben scheint, reden Sie ihm begütigend zu, um ihn sanft in eine bessere Richtung zu lenken. Wo es nötig ist, müssen Sie auch sehr bestimmt reagieren können, vor allem wenn Dritte geschädigt werden könnten. Und sollten Sie es eines Tages in ferner Zukunft durch Meditation zu außergewöhnlichen Kräften bringen, dann setzen Sie auch diese zum Wohl anderer ein.

Geduld

Zur dritten Vollkommenheit, Geduld, benennt Tsong-kha-pa (2, 159) drei Haupttypen: Geduld, die über Schaden hinwegsieht, der einem selbst zugefügt wird; geduldiges Ertragen von Unbilden und Schmerz; und Geduld als eine Art Gewissheit im Hinblick auf bestimmte Aspekte des Dharma. Dieser Teil der *Großen Abhandlung* bezieht sich hauptsächlich auf die großartigen Erklärungen, die Shantideva in seinem *Eintritt in die Taten des Bodhisattwas* gibt.

Freudige Beharrlichkeit

Tsong-kha-pas Ausführungen zur vierten Vollkommenheit, freudige Beharrlichkeit (2, 181–207), basieren überwiegend auf dem siebten Kapitel von Shantidevas *Eintritt in die Taten des Bodhisattwas*.

Er benennt (2, 184) drei Formen der freudigen Beharrlichkeit: einer Rüstung gleiche freudige Beharrlichkeit, freudige Beharrlichkeit im Sammeln von Verdienst und freudige Beharrlichkeit im Einsatz zum Nutzen anderer Lebewesen.

Die einer Rüstung gleiche Beharrlichkeit beinhaltet eine Haltung, auf die man sich für unabsehbar lange Zeit festlegt. Man lässt dieses Gefühl in sich wachsen: »Und sei es auch nur zum Wohl eines einzigen Lebewesens, ich lege mich für alle Zeit fest, solange der Raum besteht.« So heißt es in *Opfergaben für den Guru* des Penchen Lama: »Ich werde mich für das Wohlergehen anderer einsetzen, und sei es auch nur ein einziges Lebewesen. Und sollte ich noch endlos lange in den niederen Bereichen bleiben müssen, wird mich auch das nicht entmutigen.« Dieser unbegrenzt gültige feste Entschluss ist es, was die freudige Beharrlichkeit zur »Rüstung« macht.

Meditative Sammlung

Die fünfte und sechste Vollkommenheit, meditative Sammlung und Weisheit, erläutert Tsong-kha-pa in einem späteren Teil der *Großen Abhandlung* unter den Überschriften »Gemütsruhe« und »Einsicht«. Gemütsruhe oder »ruhiges Verweilen« *(Shamatha)* und Einsicht *(Vipashyana)* werden eigentlich in allen buddhistischen und nicht buddhistischen Traditionen des klassischen Indiens geübt.

Im *Sutra von der Ankunft in Lanka (Lankavatara-Sutra)* lehrt der Buddha einen spirituellen Methodenpluralismus und benennt etliche »Fahrzeuge« oder Methoden für den spirituellen Weg, darunter das Menschen-Fahrzeug, das Brahma-Fahrzeug, das Schüler-Fahrzeug und das Bodhisattwa-Fahrzeug. Solange unter den Menschen eine so gewaltige Vielfalt an geistigen Anlagen und spirituellen Neigungen besteht, muss es auch ebenso viele Formen der Praxis geben.

Mit dem Menschen-Fahrzeug ist all das angesprochen, was zur Befreiung von unmittelbarem, erkennbarem Leid führt. Im Brahma-Fahrzeug geht es um Befreiung vom Leid des Wandels, und hier werden Gemütsruhe und Einsicht sehr wichtig. Es kommt darauf an, über verschiedene Stufen der Konzentration und die formlosen meditativen Versenkungen immer weiter fortzuschreiten. Grundlage ist hier zwar die meditative Gemütsruhe, das ruhige Verweilen, doch dieser Weg besitzt auch eine Einsichtsseite, da es die Kennzeichen der niederen Bereiche vom immer subtileren Charakter der höheren zu unterscheiden gilt.

Wie können wir sicher sein, dass es diese drei Bereiche wirklich gibt – den Bereich des Begehrens, den der Form und den der Formlosigkeit? Einen Eindruck können wir durch Betrachtung unserer eigenen wechselnden Geistesverfassung gewinnen. Zum Bereich des Begehrens gehörende Geisteszustände sind eher grober Natur, auch die entsprechenden Plagen und sonstigen geistigen Züge sind gröber. In der meditativen Sammlung dagegen verweilt man in einem relativ stabilen Bewusstseinszustand. Und die Meditation wird nach und nach immer tiefer und subtiler. Daraus lässt sich ableiten, dass es Daseinsbereiche oder Seinszustände gibt, die den verschiedenen Geistesverfassungen entsprechen und deren karmische Folgen sind. So kann man sich eine ungefähre Vorstellung von der Existenz aller drei Bereiche machen.

In seinen *Gesängen von spiritueller Erfahrung* sagt Tsong-kha-pa, Gemütsruhe sei gleichbedeutend mit der Herrschaft über den eigenen Geist. Gemütsruhe hat etwas Königliches, wenn man den Geist bewusst auf etwas ausrichtet, bleibt er mit der majestätischen Festigkeit eines Berges bei diesem Objekt. Man kann diesen Geist aber auch zur analytischen Betrachtung eines gewählten Gegenstands einsetzen. Hier entwickeln Sie dann auf der Grundlage der Gemütsruhe die Fähigkeit der Einsicht. Gemütsruhe, das ruhige Verweilen, sorgt für geistige Stabilität, während Einsicht das analytische Vermögen darstellt. Die beiden können zusammenwirken.

Weiterhin, so Tsong-kha-pa, erzeugt die meditative Sammlung Glück, da Körper und Geist geschmeidiger werden. Gemeint ist eine körperliche und geistige Formbarkeit aufgrund der Tatsache, dass unsere natürliche Trägheit abgebaut wird. Yogis, die sich in der meditativen Gemütsruhe üben, nutzen diese Biegsamkeit, um alle Hindernisse und Ablenkungen zu beseitigen und in der meditativen Sammlung zu bleiben. Ich kenne einen Mönch, der in Lehrklöstern studierte und die klassischen buddhistischen Texte beherrschte, dazu aber auch über viele Jahre meditierte. Eine Zeit lang lebte er in Bhutan, wo er sich in Gemütsruhe übte, und so gelangte er schließlich in einen stetigen Zustand der Glückseligkeit. Ich denke, dass ihm die körperliche und geistige Geschmeidigkeit dazu verholfen haben.

Vollkommene Weisheit

Im Buddhismus können mit »Weisheit« sowohl Kenntnisse auf dem Gebiet der gewöhnlichen Realität als auch das Wissen um die höchste Wirklichkeit gemeint sein. Auf dem Gebiet der Bildung bezeichnet »Weisheit« die zu entwickelnde Intelligenz oder allgemein das Lernen. Die klassische tibetische Tradition hält sich an das Vorbild der klassischen buddhistischen Tradition Indiens, die fünf Hauptgebiete und fünf Nebengebiete des Wissens kennt. Die fünf Hauptgebiete sind Grammatik (vor allem des Sanskrit), Logik und Erkenntnislehre, Medizin, Kunst und Handwerk und schließlich das systematische buddhistische Wissen. Zu den Nebengebieten gehören zahlreiche Themenbereiche von ähnlicher Art. Im klassischen buddhistischen Denken Indiens waren das die Kernbereiche, in denen sich ein gebildeter Mensch um den Erwerb von Weisheit bemühte.

Im Zusammenhang mit der vollkommenen Weisheit bezeichnet das Wort »Weisheit« jedoch die Erkenntnis der höchsten Wirklichkeit, also des wahren Wesens der Dinge. In seinen *Gesängen von spiritueller Erfahrung* bezeichnet Tsong-kha-pa die Weisheit als das Auge, mit dem man die profunde Wirklichkeit sieht. Weisheit ist der Weg, auf dem man schließlich die Basis des zyklischen Daseins zerstört. Diese Basis oder Wurzel ist die Unwissenheit, insbesondere in der Form des Festhaltens an wahrer Existenz, und die Leerheit erkennende Weisheit ist das direkte Gegenmittel, das diese fundamentale Verblendung löscht. Deshalb, so Tsong-kha-pa, ist die Weisheit der kostbarste Schatz unter all den wunderbaren Tugenden, die in allen Schriften genannt werden.

Alle Lehren des Buddha laufen direkt oder indirekt auf die Lehre von der Leerheit hinaus. Sie weisen in Richtung Leerheit oder führen zu ihr hin oder sind ihr direkter Ausdruck. So spricht Tsong-kha-pa den Buddha in seinem *Lobpreis des Buddha für seine Lehre vom abhängigen Entstehen* mit diesen Worten an: »Alles, was du lehrst, geht um des Nirwana willen vom abhängigen Entstehen aus, und so hast du nichts, das nicht zum Frieden führte.« Die Weisheit, die das erkennt, so fährt er fort, ist wie ein wunderbares Licht, das die Dunkelheit der Verblendung vertreibt.[5]

Wie man andere für den Pfad gewinnt

Neben den sechs Vollkommenheiten kommt Tsong-kha-pa im Zusammenhang mit dem Pfad des Bodhisattwas auch darauf zu sprechen, wie man Anhänger gewinnt (2, 225–31). Er nennt vier Hauptformen: den Menschen geben, was sie benötigen; in schönen Worten sprechen; andere in der Tugend und auf dem Weg zu Befreiung anleiten; und schließlich selbst in Übereinstimmung mit dem Dharma leben. Dieser letzte Punkt ist besonders wichtig. Was Sie auch lehren, Sie müssen mit Ihrer eigenen Praxis ein Beispiel geben.

11
GEMÜTSRUHE

Freiheit ist möglich

Als Buddhisten nehmen wir Zuflucht zu den drei Kostbarkeiten. Wie sagen:»Ich nehme Zuflucht zum Buddha, ich nehme Zuflucht zum Dharma, ich nehme Zuflucht zum Sangha.« Wenn wir von den drei Kostbarkeiten Buddha, Dharma und Sangha als Horten der Zuflucht oder Refugien sprechen, können *kausale* und *resultierende* Refugien gemeint sein. Wenn wir Zuflucht zum Buddha nehmen, haben wir ein bestimmtes Resultat im Sinn. Wir werden einmal Buddhas *werden*. Buddhaschaft ist unsere endgültige Bestimmung. Wir haben aber auch jetzt schon den Keim der Buddhaschaft in uns, einen subtilen Geist, in dem nichts von eigenständiger Existenz ist. Und aufgrund dieser wahren Natur unseres Geistes ist es möglich, falsche Anschauungen auszuräumen.

Um die Buddhaschaft zu erreichen, brauchen wir zunächst eine spirituelle Gemeinschaft, wir müssen Zuflucht zum Sangha nehmen. Wodurch jedoch wird man zum Mitglied eines wahren Sangha?

Nun, um wahrhaft zu einem Sangha zu gehören, zu dem wir Zuflucht nehmen, muss der wahre Dharma in unserem Geist präsent sein. Und der Dharma ist das wahre Aufhören, das Nirwana und der Weg, der zu ihm führt. Sie werden ein Mitglied des Sangha, wenn Sie den Weg in sich selbst verwirklichen.

Anfangs setzt sich die spirituelle Gemeinschaft, der Sangha als kausales Refugium, natürlich aus Menschen zusammen, die noch zu lernen und ihre Schulung zu absolvieren haben. Die Stufe des Nicht-mehr-Lernens erreicht man erst mit der vollen Erleuchtung. Zu den resultierenden Refugien heißt es in Maitreyas *Erhabenem Kontinuum*, man könne den Buddha als Verkörperung aller drei Kostbarkeiten – Buddha, Dharma und Sangha – betrachten.[1]

Und wie kommen wir zur Buddhaschaft? Das *Herz-Sutra* endet mit dem berühmten Mantra *Gate gate paragate parasamgate bodhi svaha* [Gegangen, gegangen, darüber hinausgegangen, vollkommen darüber hinausgegangen, Erleuchtung, *svaha*]. Das ist das Ganze, das ist der Weg. Als kleinen Scherz erzähle ich den Leuten, dieses »Gate gate paragate parasamgate bodhi svaha« beziehe sich auch auf unser *körperliches* Dasein. Erst sind wir Kinder, dann junge Erwachsene, dann erreichen wir das mittlere Lebensalter, und schließlich werden wir alt und sind zuletzt »hinüber«. In dem Fall bedeutet das abschließende *svaha* »Tod«. Der letzte Bestimmungsort unseres körperlichen Daseins ist der Friedhof. Ich habe vielleicht schon die vierte Stufe des Alters erreicht, während manche von Ihnen hier auf der zweiten und dritten Stufe sind. Doch daran ist nichts Heiliges, nichts Befreiendes.

Deshalb muss sich das »Gate gate paragate parasamgate bodhi svaha« wohl eher auf den Geist als auf den Körper beziehen. Es handelt von der Verwandlung des gewöhnlichen Bewusstseins, wie wir es jetzt noch besitzen. Wir möchten glücklich sein, wir möchten unsere Leiden überwinden. Aber die Keime des Leidens sind in uns. Der Ursprung aller Probleme ist hier, genau hier. Wir müssen ihn erkennen und ausschalten. Sie können durchaus noch in diesem Leben eine gewisse Erfahrung davon bekommen, wenn Sie sich ernsthaft mit der Praxis befassen. Und die Erfahrung wird Ihnen echte Gewissheit verschaffen, die Gewissheit, dass Befreiung tatsächlich möglich ist. »Gate gate paragate parasamgate bodhi svaha.« Ja, wir können unseren Geist befreien.

Gemütsruhe und Einsicht

Wenn dieser gewöhnliche Geist immer höhere Stufen erreichen soll, müssen wir uns in der Verbindung von Gemütsruhe oder ruhigem Verweilen *(Shamatha)* und Einsicht *(Vipashyana)* üben. Der letzte Teil von Tsong-kha-pas *Großer Abhandlung über die Stufen auf dem Pfad zur Erleuchtung* wendet sich diesem Thema zu und beginnt mit einem Gruß (3, 13): »Achtungsvoll huldige ich zu Füßen der ehrwürdigen Meister, die das große Erbarmen verkörpern.« Danach fährt er fort, er werde jetzt darlegen, wie man sich durch die Ausbildung von Gemütsruhe und Einsicht in den beiden letzten Vollkommenheiten der meditativen Sammlung und der Weisheit übt.

Wie wir bereits angesprochen haben, besteht das Herzstück des Pfades zur Befreiung in den drei höheren Schulungen der Sittlichkeit, der Meditation und der Weisheit. Gemütsruhe gehört zur höheren Schulung der Meditation und Einsicht zur höheren Schulung der Weisheit. Wenn wir diese Ausdrücke im Zusammenhang mit der Praxis des Bodhisattwas verwenden, orientieren wir die Darstellung des Pfades an den sechs Vollkommenheiten.[2] Die Ausbildung von Gemütsruhe und Einsicht ist hier den beiden letzten Vollkommenheiten zugeordnet.

Wenn wir Gemütsruhe und Einsicht in uns entwickeln, bringen wir Fähigkeiten ins Spiel, die von Natur aus in unserem Geist liegen. Wenn Sie Ihre eigenen Geisteszustände genau verfolgen, werden Sie sehen, dass in Ihrem Geist etwas ist, das Ihnen erlaubt, sich auf etwas Bestimmtes zu konzentrieren und aufmerksam bei der Sache zu bleiben. Das ist Konzentration, die Basis der meditativen Sammlung und Einsicht. Sie besitzen außerdem die Fähigkeit, die Kennzeichen eines bestimmten Objekts zu erfassen und zu unterscheiden. Diese Seite Ihres Geistes beherbergt die Vermögen der Intelligenz und Weisheit und ist die Grundlage der Einsicht. Diese natürlichen Anlagen müssen wir ausbauen und vervollkommnen.

Wenn wir Gemütsruhe üben, entwickeln wir damit unsere Fähigkeit, aufmerksam bei einem bestimmten Objekt zu bleiben. Das verlangt einen gewissen Einsatz. Wir bleiben mit Begeisterung bei der Sache und stärken damit diese Anlage unseres Geistes. Wir werden immer vertrauter damit, wir gewöhnen uns daran, unser Geist entwickelt sich. Das in uns, was uns erlaubt, uns zu sammeln und aufmerksam zu bleiben, ist etwas Bedingtes, und je eifriger wir die Ursachen und Bedingungen dafür schaffen, desto stärker und wirkungsvoller wird es. Bei der eigentlichen Praxis müssen wir ständig für Achtsamkeit *(dranpa)* und Wachsamkeit *(shayshin)* sorgen, wobei Letzteres ein überwachendes oder Meta-Bewusstsein ist, das Ablenkungen und das Nachlassen unserer Aufmerksamkeit sofort bemerkt. Das wird uns nur gelingen, wenn wir alles aus dem Weg räumen, was den Aufbau unserer Gemütsruhe hemmt. Wir müssen also die richtigen Bedingungen für die Praxis schaffen.

Voraussetzungen der meditativen Gemütsruhe

Asanga verzeichnet in seinen *Hörer-Stufen* dreizehn Voraussetzungen für den Eintritt in den Gleichmut; Kamalashila verdichtet das in seinem zweiten Werk über die *Stufen der Meditation* zu einer Liste von sechs Punkten.[3] Tsong-kha-pa verweist den Leser zwar in der *Großen Abhandlung* auf Asangas Text, referiert jedoch selbst Kamalashilas sechs Punkte (3, 28–30): den richtigen Platz für die Praxis finden, das Begehren reduzieren und so weiter. Asanga verzeichnet noch vier Praktiken, die Tsong-kha-pa in der *Großen Abhandlung* bereits im Abschnitt über das Verhalten zwischen den eigentlichen Medi-tationen behandelt hat (1, 100–108). Da geht es um die richtige Ernährungsweise, um das Schlafverhalten, die Einschränkung der Sinne, um das Handeln in der Welt mit durchgängiger Selbstwahrnehmung.

Die Haltung

Im nächsten Schritt erklärt Tsong-kha-pa die richtige körperliche Haltung (3, 31). Bei der Gemütsruhe-Praxis geht es uns vor allem darum, eine punktförmig ausgerichtete Aufmerksamkeit zu entwickeln, und dafür ist die körperliche Haltung entscheidend wichtig. Wenn Sie im Liegen üben, kommen Sie innerlich in eine entspannte und eher träge Verfassung. Eine aufrechte Haltung eignet sich besser. Wir sprechen manchmal von der Vairochana-Haltung der sieben Punkte als der am besten geeigneten Haltung. Fügen wir noch eine Anleitung zum Atmen hinzu, so ist es die Vairochana-Haltung der acht Punkte.[4]

Sie können die Beine entweder ganz überkreuzen oder nur halb wie im Schneidersitz. Wichtig ist in beiden Fällen, dass die Knie nicht zu sehr strapaziert werden, denn sonst verlieren Sie Ihre gesammelte Ausrichtung. Halten Sie die Hände ineinandergelegt in der Meditationshaltung, die linke unten, die rechte oben. Für die Vajrayana-Praxis ist es gut, wenn die Daumenkuppen sich leicht berühren, sodass ein Dreieck entsteht. Die Arme sollen nicht am Körper anliegen, sondern leicht abgewinkelt sein, sodass hier ebenfalls ein Dreieck entsteht. Die Wirbelsäule soll pfeilgerade sein. Halten Sie den Unterkiefer natürlich entspannt, pressen Sie die Zähne nicht zusammen. (Falls Sie keine mehr haben, wird es hier keine Probleme geben.) Auch die Lippen werden ganz natürlich gehalten. Wenden Sie nirgendwo Gewalt an.

Die Zunge ist leicht nach oben gebogen und liegt am Gaumen an. Sollten Sie in tiefe meditative Zustände kommen, verhindern Sie damit, dass Ihnen Speichel aus dem Mund tropft. Außerdem macht diese Zungenhaltung den Atem weicher und lässt den Mund nicht austrocknen.

Den Kopf halten Sie ganz leicht nach vorn geneigt. Der Blick ist ebenfalls etwas gesenkt, sodass Sie immer Ihre Nasenspitze sehen. Wer eine besonders lange Nase hat, tut sich damit leichter. Sind Sie eher stupsnasig, strengen Sie sich nicht zu sehr an, die Nasenspitze im Blick zu behalten, sonst strapaziert es die Augen. Halten Sie den Blick in diesem Fall einfach leicht gesenkt.

Die Augen sollen ansonsten ganz entspannt und leicht geöffnet bleiben; es macht nichts, wenn sie sich manchmal von selbst schließen. Sie bauen diesen meditativen Zustand ja in Ihrem Geist-Bewusstsein auf, nicht in ihrer Sinneserfahrung. Wenn Sie einmal mit der Meditation vertraut geworden sind, werden äußere Sinnesreize, auch visuelle Reize, Sie nicht mehr ablenken. Tsong-kha-pa spricht hier von der Augenhaltung für den Aufbau der Gemütsruhe, aber in anderen Zusammenhängen kann die Anweisung auch anders lauten. Im Rahmen dar Kalachakra-Praxis halten wir die Augen weit offen und nach oben gerichtet. Im Dzogchen blicken Sie geradeaus.[5]

Auch Ihre Schultern sollten Sie möglichst natürlich halten, nur ganz leicht gestreckt. Atmen Sie weder zu nachdrücklich noch zu langsam, sondern so, wie der Atem von selbst geht. Hier

Tsong-kha-pas Worte über den Atem bei der Gemütsruhe-Meditation (3,31):

Dein Einatmen und Ausatmen soll nicht laut,
nachdrücklich oder ungleichmäßig sein. Lass den
Atem mühelos strömen, sehr sanft, ohne ihn
hierhin oder dorthin zu bewegen.

Fehlerlose Konzentration

Beim Aufbau der Konzentration folg Tsong-kha-pa (3,33–71) Maitreyas *Sonderung des Mittleren von den Extremen*. Maitreya spricht von fünf Fehlern oder Makeln und acht Gegenmitteln. Die fünf Fehler sind: Trägheit; das Objekt vergessen; Erregung und Laschheit; Vernachlässigung der Gegenmittel bei Erregung und Laschheit; und übermäßige Anstrengung.

Für den ersten Fehler, Trägheit, benennt Asanga vier Gegenmittel: Glaube, höheres Streben, Bemühen und Geschmeidigkeit. Glaube steht hier für die Zuversicht, dass die meditative Sammlung ihren Nutzen haben wird und insbesondere für die Formbarkeit von Geist und Körper sorgt. Meditative Sammlung macht Ihren Geist und Körper gefügig und dienstbar, sodass sie mühelos Ihrem Willen entsprechen. Diesen Nutzeffekt hat jede Praxis der tiefen Konzentration, sei sie buddhistisch oder nicht buddhistisch. Im Zusammenhang mit den Stufen des Pfades üben wir Gemütsruhe mit dem Ziel, sie für unsere Erkenntnis der wahren Wirklichkeit zu nutzen. Ohne Gemütsruhe kommen wir nicht zur Einsicht, und ohne Einsicht kann es keine Befreiung geben. Für Buddhisten ist demnach die Gemütsruhe, das ruhige Verweilen, von ganz besonderem Nutzen. Wenn wir uns diese Vorzüge vor Augen führen, stärkt das unseren Glauben, unser Zutrauen zu dem, was wir anstreben. Das Vertrauen gibt uns den Antrieb, uns entschlossen für dieses Ziel einzusetzen, und das wiederum lässt uns mit Begeisterung an der Überwindung der Trägheit arbeiten.

Gegen den zweiten Fehler, das Objekt der Meditation zu vergessen, hilft vor allem Achtsamkeit, die es zu stärken gilt. Das Mittel gegen den dritten Fehler, Erregung und Laschheit, heißt Wachsamkeit – diese »Meta-Bewusstheit«, die alles im Auge behält. Gegen den vierten Fehler, nämlich die Mittel gegen Erregung und Laschheit nicht einzusetzen, hilft der immer wieder neu gefasste Vorsatz dazu. Der fünfte Fehler ist die unangemessene Anstrengung. Auf den höheren Stufen der Schulung, wenn Ihre geistige Sammlung bereits stark geworden ist, würde allzu starkes Bemühen diese Stabilität nur untergraben. Das Mittel gegen diesen Fehler ist Gelassenheit, Gemütsruhe, die es hier aufzubauen gilt.

Meditationsobjekte

Grundsätzlich können Sie über jeden äußeren oder inneren Gegenstand meditieren. Sie können sich ganz ausschließlich auf einen Kiesel, einen Zweig, eine Stock konzentrieren. Oder Sie meditieren über irgendeinen inneren Zustand, etwa ein Gefühl. Nehmen wir zum Beispiel die vier Grundlagen der Achtsamkeit: Achtsamkeit auf den Körper, die Gefühle, den Geist und die Objekte des Geistes. Da haben wir sowohl äußere als auch innere Meditationsobjekte.

Von Tsong-kha-pa erfahren wir (3, 35), dass der Buddha vier Arten von Meditationsobjekten benannte: universale Objekte, Objekte zur Läuterung des Verhaltens, Objekte für besondere Kenntnisgebiete und Objekte zur Bereinigung der geistigen Plagen. Meditationsobjekte für die Läuterung des Verhaltens sind so gewählt, dass sie auf die Erfahrung oder das Temperament des Einzelnen abgestimmt werden können. Aufgrund früherer oder derzeitiger Einflüsse unterscheiden sich die Menschen in ihrem Temperament und ihrer emotionalen Ansprechbarkeit. Man berücksichtigt diese Unterschiede und wählt ein für den Einzelfall besonders geeignetes Meditationsobjekt. Objekte für besondere Kenntnisgebiete dienen dem Zweck, Sie in Ihrem Bemühen um ein Verständnis bestimmter Dinge und Zusammenhänge zu unterstützen. Ein Objekt kann zum Beispiel aus einer Aufzählung wie den fünf Anhäufungen oder Gruppen bestehen. Bei der Meditation halten Sie sich dieses Objekt mit vollkommen gesammelter Aufmerksamkeit bewusst.

Für unsere Gemütsruhe-Meditation können wir ein äußeres oder ein inneres Objekt wählen. Auch bei einem äußeren Meditationsobjekt ist es allerdings so, dass wir uns nicht auf den Gegenstand selbst, sondern auf sein geistiges Abbild konzentrieren. Das wird der Gegenstand unserer meditativen Sammlung. Als inneres Meditationsobjekt kann man beispielsweise die Kanäle oder Tropfen oder die in den Kanälen fließende Energie wählen.[6] Ein Objekt von größerer Tiefe wäre der eigene Geist, und von noch größerer Tiefe ist die Leerheit als Meditationsobjekt.

Um die Leerheit zum Objekt der Gemütsruhe-Meditation zu machen, muss man sie bereits realisiert haben. Man muss durch Analyse auf die Leerheit, das heißt auf die zutreffende Sicht der Realität, gestoßen sein. Auf dieser Basis können Sie die Leerheit zum Gegenstand Ihrer Meditation machen, bei dem Sie mit vollkommen gesammelter Aufmerksamkeit bleiben. Wir nennen das »sich auf der Basis der Anschauung der Meditation zuwenden«. Das können nur wenige, deren geistige Fähigkeiten bereits hoch entwickelt sind. Deshalb nimmt Tsong-kha-pas *Große Abhandlung* überwiegend einen anderen Ansatz, nämlich »auf der Basis der Meditation die

Anschauung suchen«. Wir bauen zuerst mit anderen Objekten die Gemütsruhe auf und wenden dann das analytische Verfahren an, um zur Erkenntnis der Leerheit zu gelangen.

Meditation über den Geist

In der Mahamudra[7] und im Dzogchen ist unser Geist das Meditationsobjekt, auf das wir uns konzentrieren. Wenn wir von der Praxis sprechen, die sowohl im Sutra als auch im Tantra vorkommt, unterscheiden wir keine Feinheitsgrade des Bewusstseins. Im höchsten Yoga-Tantra dagegen ist diese Unterscheidung wichtig, sodass wir auch hoch subtile Bewusstseinsarten zum Gegenstand unserer Gemütsruhe-Meditation machen können.

Dabei gilt es zu bedenken, was in unterschiedlichen Zusammenhängen jeweils mit »Objekt« gemeint ist. Wenn Sie über Vergänglichkeit oder Ichlosigkeit meditieren, ist natürlich das der Gegenstand oder der Inhalt Ihrer Meditation. Aber wir sprechen ja auch von Meditation über Mitgefühl, Herzensgüte, Glauben und Ergebenheit. Da ist Mitgefühl nicht das *Objekt* Ihrer Meditation, sondern durch diese Meditation bilden Sie Mitgefühl in sich heran. Und so ähnlich ist es auch, wenn Sie auf einer subtilen Stufe über die Natur des Geistes meditieren: Im Grunde entwickeln Sie dabei den Geist des klaren Lichts.[8] Das Objekt der Meditation kann demnach ganz unterschiedliche Rollen spielen.

Unsere Meditation kann darin bestehen, dass wir uns auf den Geist sammeln und ihn zu unserem Meditationsobjekt machen. Aber glauben Sie jetzt nicht, dass hier ein Geist-Moment oder ein geistiger Zustand sich selbst betrachtet. Das wäre das, was wir »autonome Selbstwahrnehmung« (*rangrig*) nennen.[9] Ich spreche über etwas weniger Dramatisches, das sich in einem sehr begrenzten

Zeitrahmen abspielt. Es wird sich um irgendeinen gerade vorhandenen Geisteszustand handeln, der den unmittelbar vorausgehenden Geisteszustand als Meditationsobjekt betrachtet. Zu dieser Meditation, Gemütsruhe-Meditation mit dem Geist selbst als Objekt, müssen Sie zunächst das Objekt identifizieren. Sie müssen also bis zu einem gewissen Grade erfasst haben, was der Geist eigentlich ist.

Das ist nicht ganz einfach, denn im Alltagsleben herrschen ja meist äußere Eindrücke oder innere Empfindungen in unserem Geist vor. Entweder ist der Geist gänzlich nach außen gewendet und nimmt die Gestalt dessen an, was gerade in unserem Wahrnehmungsfeld ist, oder wir erleben unseren Geist in der Gestalt dessen, was gerade in uns vorgeht. In beiden Fällen ist das wahre Wesen des Geistes durch diese Überlagerungen verdunkelt. Der »Eigengeschmack« des Geistes, sein klares Erkennen, ist kaum herauszuschmecken. Sie müssen es irgendwie schaffen, dass Ihre Sammlung nicht von Erinnerungen oder Gedanken an die Zukunft – Erwartung, Hoffnung und so weiter – verdrängt wird. Sie müssen in diesem gegenwärtigen Augenblick bleiben.

Wir sind so an dieses Zurück- und Vorausblicken gewöhnt, so davon beherrscht, dass wir bei dem Versuch, in diesem Augenblick zu bleiben, eine Art Leere erleben. Es handelt sich natürlich nicht um die Leerheit, von der hier so viel die Rede ist. Es handelt sich vielmehr einfach um eine Leerstelle, ein Nichtvorhandensein, das Sie wahrscheinlich anfangs nur als eine ganz flüchtige Erscheinung bemerken. Aber wenn die Praxis Ihnen dann vertraut geworden ist, werden die Zeitabschnitte, in denen Sie dieses Nichtvorhandensein erleben, nach und nach länger. Ihren Geist so zu »isolieren«, dass Sie ihn zum Objekt Ihrer Meditation machen können, das ist kein intellektueller Akt. Sie brauchen dafür echte Erfahrung. Irgendwann jedenfalls werden Sie Ihren Geist als dieses Nichtvorhandensein erfahren. Und dann wird von innen heraus das wahre Wesen des Geistes erkennbar werden, es wird sogar nicht mehr zu übersehen sein.[10] Der Geist ist klar und erkennend. In dieser Form können Sie ihn zum Objekt Ihrer Gemütsruhe-Meditation machen.

Meditation über das Bildnis des Buddha

Tsong-kha-pa empfiehlt eine Darstellung des Buddha als Meditationsobjekt (3, 43–46). Das ist leichter, als über den Geist zu meditieren, und ist natürlich für Buddhisten von besonderer Bedeutung. Anhänger anderer Religionen können selbstverständlich bildliche Darstellungen verwenden, die ihnen besonders viel bedeuten. Ein Christ könnte über eine Darstellung Christi oder einfach des Kreuzes meditieren. Und würde ein Muslim vielleicht über den Namen Gottes in arabischen Schriftzeichen meditieren?

Wenn Sie einen Buddha zum Objekt Ihrer Meditation machen, wählen Sie am besten eine eher kleine Darstellung. Das kann den Effekt haben, dass Sie wacher bleiben. Stellen Sie sich diese Darstellung sehr hell vor, wie ein Licht. So lässt sich verhindern, dass Ihr Geist nachlässig wird. Stellen Sie sich die Darstellung des Buddha außerdem als gewichtig vor. So verhindern Sie Zerstreutheit und Erregung.

Achtsamkeit und Wachsamkeit

Nachdem Sie ein geeignetes Meditationsobjekt gewählt haben, üben Sie Gemütsruhe, das ruhige Verweilen. Dazu müssen Sie achtsam bleiben und dürfen sich nicht ablenken lassen, damit vollkommen gesammelte Aufmerksamkeit entstehen kann. Achtsamkeit lässt

Ihre Aufmerksamkeit nicht vom Gegenstand Ihrer Sammlung abschweifen. Sie müssen ein Auge darauf haben, ob Ihre Aufmerksamkeit wirklich beim Meditationsobjekt bleibt oder ob Sie sich ablenken lassen oder geistige Laxheit sich ausbreitet. Diese Überwachung leistet die Wachsamkeit, sie ist also eine Art Meta-Bewusstsein, dass immer mitbekommt, ob Sie geistig übererregt oder eher schlaff sind. Kurz, Achtsamkeit bedeutet, dass Sie mit Ihrer Aufmerksamkeit beim Meditationsobjekt bleiben, während die Wachsamkeit vermerkt, wie gut Ihnen das gelingt.

Und die beiden bereits erwähnten Haupthindernisse, die von der Wachsamkeit überwacht werden, sind geistige Übererregung und geistige Laschheit. Die Übererregung gehört zur Hindernis-Familie der Anhaftung und des Begehrens. Sie tritt sehr leicht ein, weil wir es gewohnt sind, immer nach anziehenden Dingen Ausschau zu halten. Erregung lenkt vor allem vom Meditationsobjekt ab. Sie zeigt an, dass Sie innerlich überdreht und überreizt sind. Sie müssen sie irgendwie herunterfahren und dämpfen. Dazu kann beispielsweise eine Meditation über Vergänglichkeit oder die Leiden der allseitigen Bedingtheit dienen. Das wird die Erregung sofort dämpfen.

Laschheit bedeutet, dass Ihr Geist das Meditationsobjekt zwar präsent hat, aber nicht gerade lebhaft und mit wachem Engagement. Ihr Geist hat etwas Dumpfes und Drückendes, das Erhebende fehlt ihm. Als Gegenmittel, die Ihrem Geist mehr Schwung geben, bieten sich hier Gedanken über den Nutzen des Erleuchtungsgeists oder der Leerheit erkennenden Weisheit an. Sie können sich auch die Kostbarkeit des menschlichen Daseins und die darin liegenden Chancen vergegenwärtigen. Bei solchen Überlegungen kann Freude aufkommen, sodass Ihr Geist mehr Spannkraft bekommt und die Laschheit verschwindet.

Atemmeditation

Für die Anfänger unter uns kann die Atemmeditation eine sehr hilfreiche Sache sein. Der Atem als Meditationsobjekt ist weniger subtil als der Geist, dabei aber subtiler als ein äußeres Objekt. Wenn wir aufmerksam beim Atem bleiben, kann das unseren Gleichmut sehr fördern. Sie verfolgen einfach aufmerksam jedes Einatmen, jedes Ausatmen. Sehen Sie zu, ob Sie hundert oder sogar tausend Atemzüge lang aufmerksam bleiben können. Ich höre von Meditierenden, die den Atem als Meditationsobjekt nehmen, dass ihr Geist wirklich Ruhe findet, wenn sie für mindestens hundert und bis zu tausend Atemzüge in der gesammelten Aufmerksamkeit bleiben.

Im Vajrayana gibt es bei den vorbereitenden Übungen eine spezielle Atemübung, die aus neun vollen Atemzyklen besteht.

Auch im Alltag kann dieses bewusste Atmen eine große Hilfe sein. Wenn wir merken, dass wir aufgewühlt oder verärgert sind, können wir diesen Zustand allein dadurch dämpfen, dass wir aufmerksam und konzentriert beim Atem bleiben. Die Wirkung tritt augenblicklich ein.

Bedenken Sie aber, dass diese Atemmeditation Ihnen nur vorübergehend Erleichterung verschafft. Sie behebt nicht das Problem, das den aufgewühlten Zustand herbeigeführt hat. Tiefer und von langfristigem Nutzen ist die Meditation über das abhängige Entstehen oder die wechselseitige Abhängigkeit aller Dinge. Wir können auch über Vergänglichkeit nachdenken und die Leerheit erkennende Weisheit aufbauen. Wir können uns tief in die Vorzüge des Erleuchtungsgeists, Bodhichitta, hineinversetzen. Das sind natürlich Praxisformen, die tiefer und nachhaltiger wirken.

Wie lange soll eine Meditation dauern?

Die Anzahl der Meditationen pro Tag ist ebenso wenig beschränkt wie ihre Dauer. Im Allgemeinen ist es für Anfänger ratsam, öfter kurz zu meditieren. Mit der Zeit werden Sie lernen, die Intensität dieser kurzen Sitzungen auch über längere Zeiträume zu halten. So geht man am besten vor.

Gleichmut und darüber hinaus

Wenn Sie die Länge Ihrer Meditationen richtig bemessen und die Praxis korrekt aufbauen, werden Sie neun Stufen der geistigen Entwicklung durchlaufen[11] und schließlich eine Gemütsruhe erreichen, in der Geist und Körper geschmeidig, dienstbar und ansprechbar sind.

Von der Gemütsruhe ausgehend, können Sie Ihre Einsicht vertiefen. In diesem Teil der *Großen Abhandlung* (3,91–103) spricht Tsong-kha-pa von einer *weltlichen* Einsicht, zu der man durch die Gemütsruhe des ruhigen Verweilens gelangen kann. Im nächsten Abschnitt wird er jedoch erklären, weshalb das nicht genügt. Wir müssen tiefe Einsicht in das wahre Wesen der Dinge, die höchste Wirklichkeit, gewinnen.

12
LEERHEIT

Gemütsruhe genügt nicht

Tsong-kha-pa leitet seine Ausführungen über Einsicht mit Worten des Buddha im *Sutra des Königs der Konzentration (Samadhiraja-Sutra)* ein (3,107):

> *Wenn sich Weltmenschen in der Konzentration üben,*
> *zerstören sie doch nicht die Ich-Vorstellung. Die Plagen*
> *kehren zurück und verstören sie, wie es Udraka ge-*
> *schah, der sich so in der Konzentration übte.*

Manche Menschen, die zur Gemütsruhe des ruhigen Verweilens finden, entwickeln eine Art weltliche Einsicht, mit der sie die Züge dieses Bereichs der Begierde mit denen der höheren Bereiche vergleichen.[1] So gelangen sie in die mit diesen Bereichen verbundenen höheren Bewusstseinszustände. Diese Meditation richtet jedoch nichts gegen das Festhalten am Ich aus. Und solange dieses Festhalten am Ich andauert, wird es auch weiterhin zur Verdinglichung von allem und allen »anderen« kommen. Darauf weist auch Dharmakirti in seinem *Kommentar zum Kompendium gültiger Erkenntnis* hin: »Wo ein Ich ist, bestehen auch Vorstellungen vom anderen.«[2]

Diese verdinglichende Unterscheidung von »ich« und »anderen« lässt Anhaftung und Widerwillen entstehen, und die wiederum sind für Probleme aller Art verantwortlich.

Ähnlich stellt es auch Chandrakirti in einem *Kommentar zum Mittleren Weg* dar. Wenn wir einmal der Ich-Vorstellung verhaftet sind, sagt er dort, werden wir auch an Dingen festhalten, die »mein« sind.[3] Dass es so ist, wissen wir alle aus eigener Erfahrung. Wer sich ein Ich zuschreibt, der hält an Dingen fest, die diesem Ich gehören, und dazu zählen auch Freunde und Angehörige. Je entschiedener das Festhalten, desto kürzer der Weg zu Anhaftung, Widerwillen und so weiter. Diese Sicht der Dinge ist allen Schulen des Buddhismus gemeinsam: Das Ich ist die Wurzel aller plagenden Geisteszustände wie Anhaftung und Widerwille.

Weltliche Einsicht, mag sie auch aus meditativer Gemütsruhe erwachsen, verringert das Haften am Ich nicht, weshalb jemand, der diesen schon recht hohen Stand erreicht hat, immer noch den Plagen ausgesetzt ist. Im *Sutra des Königs der Konzentration* heißt es dazu: »Die Plagen kommen wieder und verstören sie.« Höhere meditative Zustände unterdrücken die gröberen Plagen nur, und da die Keime dieser Plagen dann noch vorhanden sind, schalten sie sich wieder ein, wenn die Bedingungen günstig sind – »wie es« nach den Worten des Buddha »Udraka geschah, der sich so in der Konzentration übte«. Udraka war einer der Lehrer des Buddha gewesen.

Tsong-kha-pa zitiert einen weiteren Vers aus diesem Sutra (3, 108):

> *Wenn du durch Analyse auf das Fehlen von Selbst-*
> *Wesen in den Phänomenen gestoßen bist*
> *und diese Analyse in der Meditation vertiefst,*
> *wird das zur Ursache deines Erlangens des Nirwana.*
> *Kein anderes Mittel kann Frieden schaffen.*[4]

Um nicht wie Udraka zu sein, der es nur zu weltlicher Einsicht brachte, kommt es darauf an, das Fehlen eines Ichs oder Selbst in allen Phänomenen zu erkennen. Das geschieht durch sorgfältige Analyse, die ergeben wird, dass nichts aus sich selbst oder aufgrund seiner eigenen Natur existiert. Wir machen uns dann durch Meditation tief mit dieser Einsicht vertraut, bis sie als Tatsache in uns verankert ist, von der wir gänzlich überzeugt sind. Wir internalisieren dieses Wissen um die Ichlosigkeit mehr und mehr, und so sehen wir alle Phänomene zunehmend als Illusion. Auch das Festhalten am Ich lockert sich dadurch. Das Festhalten am Ich ist ein wahnhafter Zustand und *kein* essenzieller Zug des Geistes selbst. Er lässt sich überwinden, wenn wir Einblick in die Natur des Geistes gewinnen. So entfernen wir Verunreinigungen unseres Geistes, und so gelangen wir, wie das Sutra sagt, zum Nirwana.

Gibt es außer der Erkenntnis der Ichlosigkeit noch andere Zugänge zur Befreiung? Gibt es Alternativen, eine zweite Tür, eine dritte Tür? Der Buddha sagt: »Kein anderes Mittel kann Frieden schaffen.« Dharmakirti weist in seinem *Kommentar zum Kompendium gültiger Erkenntnis* darauf hin, das Herzensgüte und anderes nichts gegen die Unwissenheit ausrichtet und sie deshalb auch nicht beseitigen kann.[5] Das sagt uns auch der Buddha im *Sutra des Königs der Konzentration*. Um ein Buddha zu werden, muss man Tugenden wie Herzensgüte entwickeln, doch sie sind kein Ersatz für die Leerheit erkennende Weisheit, weil sie nicht direkt gegen das Festhalten am Ich wirken. Unmittelbare Erkenntnis der Leerheit ist das einzige Gegenmittel, das stark genug ist, um die Wurzel des zyklischen Daseins auszureißen.

Vorläufige und endgültige Lehren

Um zu tiefer Einsicht in die Leerheit zu kommen, müssen wir sie erst einmal verstehen. Wir müssen sie intellektuell erfasst haben, bevor wir zu tiefer meditativer Gewissheit über sie gelangen können. Wie also verstehen wir die Leerheit?

Alle Schulen des Buddhismus bekennen sich zu den vier Siegeln des Dharma:

🌱 Alle bedingten Phänomene sind vergänglich.

🌱 Alle verunreinigten Phänomene sind ihrer Natur nach leidvoll.

🌱 Alle Phänomene sind leer und ohne ein Ich.

🌱 Nirwana ist wahrer Frieden.

Unterschiede gibt es jedoch hinsichtlich dessen, was der Buddha über Ichlosigkeit lehrte. Aus der Verschiedenheit der von ihm gegebenen Unterweisungen ersehen wir, dass er auf die unterschiedlichen Bedürfnisse seiner Zuhörer einzugehen verstand. Nagarjuna erwähnt in seiner *Grundlegenden Weisheit des Mittleren Weges*, der Buddha habe mitunter gesagt, die Dinge besäßen ein eigenes wahrhaftes Sein, und zu anderen Gelegenheiten habe er ebendies verneint.[6] Dies macht es, wie Nagarjuna in seinen *Siebzig Strophen* ganz direkt ausspricht, schwierig, den Weg des Buddha gänzlich zu durchdringen.[7] Hier müssen wir lernen zu unterscheiden: zwischen Lehren des Buddha, die man wörtlich nehmen kann, und anderen, die zu interpretieren sind. Wir müssen also lernen, vorläufige und endgültige Lehren zu unterscheiden.

In einem Sutra sagt der Buddha, die geistigen und körperlichen Anhäufungen oder Gruppen *(Skandha)* seien die Last, und wem sie aufgebürdet sei, der sei der Lastenträger. Solche Aussagen scheinen darauf hinzudeuten, dass es außer und neben den Gruppen noch etwas anderes gibt, nämlich einen Träger, das heißt die Person. Das klingt fast schon so, als müssten wir ein reales Ich annehmen, das irgendwie unabhängig von den fünf Gruppen besteht. Dann gibt es andere Sutras, in denen wir den Buddha sagen hören, es gebe wohl Karma und die Gruppen, aber keine Person. Wir haben Sutras, in denen er sagt, es gebe keine äußeren Dinge, nur der Geist existiere wahrhaft. Und natürlich gibt es Sutras, in denen der Buddha sagt, es gebe nirgendwo, weder innen noch außen, irgendetwas wahrhaft Existierendes. So heißt es im *Herz-Sutra*, selbst die fünf Anhäufungen hätten kein in ihnen selbst liegendes Sein. Gemäß den Sutras der Vollkommenen Weisheit sind alle Phänomene – von den sichtbaren Formen bis zum all-erkennenden Geist des Buddha – ohne ein Selbst-Wesen und deshalb von Urbeginn an in Frieden.

Die unterschiedlichen Lehren des Buddha haben sich im Laufe der Zeit zur Vielfalt der buddhistischen Schulen entwickelt. Hier bestehen zu vielen Themen Meinungsverschiedenheiten, auch in der Frage, ob man zwischen endgültigen und vorläufigen Lehren unterscheiden kann. Die Vaibhashika-Schule verneint das und stellt sich auf den Standpunkt, alle Lehren des Buddha seien definitive Lehren. In der Sautrantika-Schule gibt es einen Zweig, in dem offenbar die Meinung vorherrscht, man müsse zwischen vorläufigen und definitiven Lehren unterscheiden.

In den Lehren des Buddha finden wir Hinweise auf mögliche Deutungsansätze. Im *Sutra vom Enträtseln des gemeinten Sinns* beispielsweise ist vom dreimaligen Andrehen des Dharma-Rades die Rede.[8] Die ersten beiden Drehungen oder Abschnitte der Lehre bezeichnet der Buddha hier als nicht endgültig, die dritte dagegen als endgültig. Wer sich auf Texte beruft, denen zufolge die zweite Drehung den endgültigen Stand darstellt, könnte hier in Schwierigkeiten geraten, denn schließlich stammt diese Feststellung ja vom Buddha selbst. Im *Sutra, das von Arya Akshayamati gelehrt wurde,* gibt Buddha ganz andere Kriterien des Endgültigen an.[9] Wenn wir also ermitteln wollen, welches Sutra nun den definitiven Stand darstellt, können wir uns nicht auf die buddhistischen Schriften allein berufen, da sie einander, wie wir gesehen haben, zu widersprechen scheinen.

Hätten wir nur die Schriften selbst zur Verfügung, um die Widersprüche zwischen ihnen aufzuklären, von welcher Schrift würden wir uns dann bei unserer Entscheidung leiten lassen? Um irgendeinem Sutra das Prädikat »endgültig« zu geben, müssen wir uns ja auf ein anderes Sutra berufen können, und da wäre es dann wieder so, dass wir ein anderes Sutra bräuchten, das dieses zweite als zuverlässig bezeichnet – und immer so weiter. Die Suche nach etwas Definitivem allein in den Schriften würde an kein Ende kommen. Wäre der Buddha, unser Lehrer, jetzt hier, könnten wir ihn natürlich ganz einfach fragen, aber diese Möglichkeit besteht leider nicht.

Wir können das Endgültige demnach nur durch Analyse und eigene Überlegung bestimmen. Die Aussagen in den Sutras, die der kritischen Analyse standhalten, sich also als nicht widersprüchlich erweisen und mit der Vernunft übereinstimmen, sind definitive Aussagen. Was dagegen nicht der kritischen Analyse standhält, sondern sich als widersprüchlich und nicht vertretbar erweist, kann nicht endgültig sein; es handelt sich um vorläufige Lehren. Nur so können wir zu einer Entscheidung kommen. Aus diesem Grund verfasste Nagarjuna die sechs Bände seiner *Analytischen Sammlungen*.[10] Der Gesamttitel dieser sechs Bände ist wirklich gut gewählt, betont er doch die Bedeutung der Analyse, des kritischen Denkens. Der Buddha selbst lehrte:

Ihr Mönche, wie der Goldschmied sein Gold
durch Schmelzen, Schneiden und Reiben prüft,

so nimmt der Weise meine Lehren nur
nach gründlicher Prüfung an
und nicht einfach aus Verehrung mir gegenüber.[11]

Nehmen Sie die Schriften nicht für bare Münze. Analysieren Sie und nehmen Sie nur das an, was Ihnen aufgrund des bei der Analyse gewonnenen Verständnisses einleuchtet.

Leerheit – was bezweckte der Buddha mit dieser Lehre?

Im 24. Kapitel seines Werkes *Grundlegende Weisheit des Mittleren Weges* antwortet Nagarjuna auf den Vorwurf, er sei ein Nihilist, da der Begriff der Leerheit eine Verneinung der karmischen Kausalität impliziere. Nagarjuna stellt in seiner Erwiderung zunächst fest, dieser Vorwurf könne nur von Leuten stammen, die den Sinn und Zweckt der Buddha-Worte über die Leerheit nicht verstanden hätten. Dieser Zweck besteht einfach darin, uns von falschen Wahrnehmungen und einer irregeleiteten Geisteshaltung zu befreien. Die Schulen des Buddhismus stimmen in ihrer Einschätzung des Festhaltens an einer Ich-Vorstellung als einer fundamentalen Fehlwahrnehmung überein, aber unter »Ichlosigkeit« verstehen nicht alle das Gleiche. Manche deuten sie als das Fehlen einer eigenständigen, in sich selbst existierenden Ich-Person. In diesem Sinne üben sie auch die Leerheit erkennende Weisheit. Das hat sicher seine Wirkung, es wird zumindest auf der gröberen Ebene dieses Festhalten an einem eigenständig existierenden Ich abbauen. Aber es erreicht dieses Festhalten nicht an seiner Basis, bei den geistigen und körperlichen Anhäufungen. Man hat dann immer noch den Eindruck, diese Basis sei so etwas wie das natürliche Sein der eigenen Person.

Sehen wir uns an, was passiert, wenn wir etwas begehrenswert finden. Noch bevor Sie die Sache im Laden gekauft haben, hängen Sie vielleicht schon daran. Aber das Haften bekommt nach dem Kauf noch eine andere Qualität, denn jetzt gehört die Sache Ihnen, und Sie empfinden sie als »mein«. Solange also noch Anlass besteht, etwas als »mein« zu bezeichnen, wird zumindest das Festhalten am Ich als dem Besitzer bestehen bleiben. Deshalb genügt es nicht, die Ichlosigkeit als Nichtvorhandensein einer eigenständigen, substanziellen Existenz der Person zu verstehen.

Dem widmen sich buddhistische Lehren über die »Ichlosigkeit« aller Phänomene, nicht nur der Person. Die Chittamatra-Schule beispielsweise sagt, die Ichlosigkeit der Phänomene sei dadurch gegeben, dass keine Subjekt-Objekt-Dualität bestehe. Wir sehen die Dinge ja im Allgemeinen als tatsächliche Träger der Bezeichnungen, die wir ihnen geben – als existierten sie wirklich als das, was wir in ihnen sehen. Diese scheinbar so fest gefügte äußere Realität können Sie jedoch aufweichen und durch Meditation Ihr Haften an äußeren Dingen verringern.

Solange Sie diese Analyse jedoch nicht auch bei Ihren inneren Zuständen vornehmen, das heißt bei Ihren Empfindungen und Gemütszuständen, wird die Basis des Haftens bestehen bleiben. Vielleicht haften Sie dann nicht mehr so sehr an äußeren Dingen, aber Ihre subjektive Erfahrung werden Sie weiterhin als real ansehen. Deshalb besteht der Madhyamaka-Ansatz darin, allzu ernst genommene Realität bei *allen* Phänomenen zu verneinen. Nichts besitzt *wahres* Sein. Nichts existiert so, wie es uns jetzt erscheint.

Innerhalb der Madhyamaka-Schule bestehen grundsätzlich zwei Deutungen der Leerheit. Die eine lässt den Dingen noch einen gewissen Objekt-Charakter, ein wenig innewohnendes Sein. Das ist der Ansatz der Svatantrika-Madhyamaka. Die Phänomene, so wird hier angenommen, existieren zwar in Relation zu unserer Wahrnehmung, haben jedoch auch ihre eigene Seinsweise, die einem von allen Verzerrungen freien Geist erscheinen kann. Deshalb muss etwas an objektivem Sein in den Dingen selbst liegen.

Demgegenüber besitzen die Dinge für die Prasangika-Madhyamikas selbst auf der relativen Ebene keinerlei objektives, also in ihnen selbst liegendes Sein. In der Svatantrika-Madhyamaka bleibt ein Rest von objektiver Realität und damit eine subtile Basis des Haftens bestehen. Nagarjuna macht in seinen *Sechzig Strophen* darauf aufmerksam, dass sich die geistigen Gifte weiterhin in einem Geist bilden, der noch an einer objektiven Basis festhält.[12] Deshalb verneinen die Prasangika-Madhyamikas selbst auf der Ebene des konventionellen Realitätsverständnisses alles objektive, in den Dingen selbst liegende Sein. Sie erkennen keinerlei Basis für objektive Existenz an. Es gibt keinen Grund, keine sich selbst tragende Basis – und so ist nichts vorhanden, woran man festhalten könnte.

Die Quantenmechanik bietet uns so etwas wie eine Parallele.[13] In der klassischen Physik ging man von der objektiven Realität der Dinge aus, und die Quantenmechanik erlaubt es jetzt nicht mehr, das klassische Modell der objektiven Realität in der alten Form aufrechtzuerhalten. Es wächst die Erkenntnis, dass jedes Realitätsverständnis eine Perspektive voraussetzt, dass also mit anderen Worten das Bewusstsein immer beteiligt sein muss. Mir ist aufgefallen, dass man sich in der Quantenphysik schwertut zu sagen, was Realität ist. Es liegt wohl an der wachsenden Erkenntnis, dass man Realität an keinem objektiven Status der Dinge festmachen kann.

In der Prasangika-Madhyamaka existiert keine objektive Basis der Realität. Alle Phänomene entstehen in Abhängigkeit von anderen. Alle Dinge existieren letztlich nur als Sprache, Begriffe, Bezeichnungen – das ist ihr ganzer Realitätsgehalt. Das heißt aber nicht »anything goes«, es heißt nicht, dass alles eigentlich alles sein kann. Es trifft nicht zu, dass man sich irgendetwas vorstellen und es damit zur Realität machen kann. In der Quantenphysik steht man vor dem Dilemma, dass man einerseits die neuen Erkenntnisse berücksichtigen, andererseits aber nicht davon abrücken möchte, dass die Dinge real sind. Auch die Madhyamaka-Philosophen stehen vor einer solchen Herausforderung: Wie wahrt man das Gleichgewicht, den Mittleren Weg? Wir müssen jegliche Vorstellung von objektiver, innewohnender Realität aufgeben, den Dingen jedoch zugleich ein Sein zugestehen, mit dem sich der Ablauf des abhängigen Entstehens erklären lässt.

Wenn Sie sich die verschiedenen Philosophien der Ichlosigkeit genau ansehen, wird Ihnen aufgehen, dass die älteren Ansätze irgendwie nicht ganz richtig oder nicht vollständig sind. Und mehr und mehr werden Sie dann der Anschauung der Prasangika-Madhyamaka zuneigen, nach der innewohnendes Sein grundsätzlich zu verneinen ist. Wenn Sie zu dieser Anschauung gelangt sind, dass die Phänomene »leer« von in ihnen selbst liegendem Sein sind, werden Sie wissen, dass es so ist und vollständig ist. Dies ist abschließend und endgültig. Es enthält keine Widersprüche.

Die Madhyamaka-Tradition

Tsong-kha-pa erläutert uns die Geschichte der verschiedenen Auslegungen von Nagarjunas Lehren in Indien (3,115–17). Wie hat sich die Madhyamaka entwickelt? Zu den Nachfolgern und Interpreten Nagarjunas gehören sein unmittelbarer Schüler Aryadeva und Buddhapalita. Buddhapalitas Lesart der Schriften Nagarjunas schlossen sich unter anderen Chandrakirti und Shantideva an. Es entwickelte sich jedoch noch eine andere Linie der Interpretation Nagarjunas und Aryadevas, die mit Bhavaviveka begann und zu der neben Jnanagarbha auch Shantarakshita und dessen Schüler Kamalashila gehörten. Wir haben also zwei Hauptstränge der Nagarjuna-Deutung und in der von Bhavaviveka ausgehenden Svatantrika-Linie wiederum zwei Zweige. Die eine akzeptiert die Existenz einer äußeren Realität, während die andere sie verneint und sich damit eher auf die Seite der Chittamatra-Schule stellt. Bhavaviveka und Jnanagarbha gehören zur erstgenannten Gruppe, während Shantarakshita und Kamalashila den der Chittamatra-Schule ähnlichen Standpunkt einnehmen.

Tsong-kha-pa stellt in seiner *Großen Abhandlung* vor allem den Prasangika-Standpunkt Chandrakirtis dar und verneint den Gedanken eines innewohnenden Seins selbst auf der konventionellen Ebene. Für den tibetischen Buddhismus lässt sich feststellen, dass die Nyingma-Schule der ursprünglichen Übersetzungen, die Kagyü-Schule mit ihrer Mahamudra-Lehre, die Sakya-Schule mit ihrer Lehre der Einheit von Klarheit und Leerheit sowie die Geluk-Tradition, der Tsong-kha-pa angehört, ihren Begriff der Leerheit an der Prasangika-Schule orientieren. Im tibetischen Buddhismus haben wir darüber hinaus noch die Lehre von der »Leerheit des anderen«, die manchmal als Große Madhyamaka bezeichnet wird.[14] Manche Meister dieser Tradition weisen Buddhapalitas und Chandrakirtis Deutung Nagarjunas zurück und vertreten stattdessen eine Auslegung, die auf eine Konvergenz der Anschauungen Nagarjunas und Asangas hinausläuft. Sie berufen sich dabei auf Nagarjunas *Hymne an die Dharma-Sphäre*, die sie als Formulierung seines definitiven Standpunkts betrachten.[15] Die in dieser Hymne formulierte Lehre hat vieles mit Maitreyas *Erhabenem Kontinuum* gemein.[16]

In den Schriften dieser großen Meister fallen uns natürlich Unterschiede der Terminologie und der Darstellung auf. Wenn wir jedoch zur letztgültigen Sicht der Dinge kommen, so der Penchen Lama Losang Chögyen in seinem Werk zur Mahamudra, laufen die verschiedenen Dharma-Lehren für einen, der in den definitiven Lehren bewandert, von geschultem Verstand und von tiefer yogischer Verwirklichung ist, letztlich auf ein und dasselbe hinaus.[17] Bedenken wir auch immer, dass tibetische und indische Meister ihre Lehren vielfach auf zweierlei Weise formulieren, nämlich entweder für bestimmte Zuhörer oder unter dem Gesichtspunkt einer umfassenden Sicht des Dharma.[18]

13
DIE WIRKLICHKEIT UND DAS ABHÄNGIGE ENTSTEHEN

In den Grußworten zu seiner *Grundlegenden Weisheit des Mittleren Weges* setzt Nagarjuna die höchste Wirklichkeit mit der vollkommenen Befriedung des begrifflichen Denkens gleich. Es ist gut, das im Blick zu behalten, wenn wir uns jetzt ansehen, was Tsong-kha-pa über die tiefe Wirklichkeit der Dinge in ihrem Sosein sagt (3, 119):

> *Nirwana ist die Wirklichkeit, die wir erreichen möchten, doch was ist Nirwana? Wenn »Eintritt in die Wirklichkeit« eine Methode anspricht, nach der man es erreichen kann, wie tritt man dann ein? Die Wirklichkeit, welche du erreichen möchtest, Verkörperung der Wahrheit, ist das völlige Auslöschen aller Vorstellungen dessen, was das Ich ist und was zu ihm gehört. Dazu muss die Neigung unterbunden werden, die inneren und äußeren Phänomene als mit in ihnen selbst liegender Realität begabt zu sehen, denn sie besitzen diese Realität nicht; es muss sogar die schlummernde Anlage zu solchen falschen Eindrücken ausgeschaltet werden.*

Das wird »nicht verweilendes Nirwana« genannt. Tsong-kha-pa fährt fort:

> *Die Stufen, über die du in die Wirklichkeit gelangst, sind diese: Nachdem du dir mit Bestürzung die Mängel und Schattenseiten des zyklischen Daseins vor Augen geführt hast, solltest du den Wunsch fassen, damit fertig zu sein. Da du erkennst, dass du es erst überwinden wirst, wenn die Ursache bereinigt ist, gehst du dem Übel an die Wurzel und erforschst, was die letzte Ursache des zyklischen Daseins sein könnte. Da wirst du die tiefe Herzensgewissheit bekommen, dass die Betrachtung der vergänglichen Anhäufungen als reale Dinge, die Unwissenheit, diese Grundursache des zyklischen Daseins ist. Bemühe dich um den aufrichtigen Wunsch, dies zu beseitigen.*
>
> *Du wirst sehen, dass du, um diese verdinglichende Sicht der vergänglichen Anhäufungen zu überwinden, die Weisheit benötigst, die erkennt, dass ein Ich, wie es in der Vorstellung gegeben ist, nicht existiert. Du wirst also sehen, dass dieses Ich zu verneinen ist. Verschaffe dir Gewissheit, was diese Verneinung betrifft, stütze dich auf die Schriften, auf die Beweisführungen, die der Existenz eines Ichs widersprechen und seine Nichtexistenz beweisen. Dies ist das notwendige Vorgehen für jeden, der Befreiung sucht.*

Hier lehnen sich Tsong-kha-pas Erläuterungen an Chandrakirtis *Klare Worte* an.[1]

Die andere Madhyamaka-Schule, die Svatantrika, hält jedoch an der Vorstellung eines innewohnenden Seins fest, sodass hier zwischen dem Fehlen eines Selbst-Wesens bei den Phänomenen und der Ichlosigkeit der Person unterschieden wird, wobei Ersteres als tiefer gehend betrachtet wird. In Chandrakirtis Prasangika-Deutung der Leerheit ist jedoch klar, dass die Ichlosigkeit der Person und die Ichlosigkeit anderer Phänomene nicht als verschieden tief oder subtil angesehen werden. Tsong-kha-pa zitiert aus Nagarjunas *Kostbarem Blumenschmuck* (3,122):

> *Solange du dir ein Bild von den Anhäufungen machst,*
> *wirst du sie dir als ein »Ich« vorstellen.*

Um also die Ichlosigkeit der Person ganz zu erfassen, muss man das Festhalten an der wahren Existenz anderer Phänomene aufgeben, und dazu gehören auch die geistigen und körperlichen Anhäufungen oder Gruppen.

In Aryadevas *Vierhundert* heißt es: »Die Saat des zyklischen Daseins liegt im Bewusstsein. Objekte sind das Erfahrungsfeld dieses Bewusstseins.«[2] Wenn gesehen wird, dass die Dinge ohne ein Selbst-Wesen oder »Ich« sind, ist die Saat des zyklischen Daseins zerstört, die letztlich in unserem Festhalten am Ich besteht. Um also dem zyklischen Dasein die Basis zu entziehen, müssen wir die echte Einsicht gewinnen, dass dieses Ich, an das wir uns klammern, in Wahrheit nicht existiert.

Aber wenn es doch existierte, wie wäre es dann? Was würde seine Existenz bedeuten? Wir müssen das mit klarem Verstand sehr kritisch beleuchten. Überlegen wir uns zuerst, *wie* wir an dieser Ich-Vorstellung festhalten. Wir bezeichnen das als »Identifikation des Objekts der Verneinung«. Von da aus lässt sich durch Analyse zeigen, dass dieses Ich, an dem wir haften, nicht wirklich existiert. Haben wir ganz verstanden, dass es ein Ich wirklich nicht gibt, nehmen wir uns das zu Herzen, machen uns gänzlich damit vertraut und gewinnen schließlich eine feste Überzeugung. Nur so kommen wir über diese Anhaftung hinweg.

Wie tritt dieses Objekt der Verneinung, dieses Ich, in unserer Erfahrung auf? Sehen wir es uns genau an: Das Ich-Gefühl entsteht ganz von selbst in uns. Der Gedanke »Ich bin« ist ganz natürlich und tritt bei uns allen auf. Bei näherer Betrachtung zeigt sich aber, dass in diesem Ich-Gefühl – vor allem wenn es sehr stark ist – eine stillschweigende Annahme gemacht wird, nämlich dass es irgendwo zwischen Körper und Geist als etwas von beiden Getrenntes und irgendwie über ihnen Stehendes existiert. Wir gehen davon aus – und empfinden es auch so –, dass das, was wir »ich« nennen, irgendwie konkret und real ist. Es definiert sich selbst, es genügt sich selbst, es bestimmt sich selbst. Und dieses Gefühl haben wir nicht nur bei uns selbst, sondern auch unsere Beziehung zu allem anderen ist davon geprägt. Wenn wir irgendetwas außerhalb unserer selbst wahrnehmen, betrachten wir es so, als wäre es eigenständig da draußen, wo wir es sehen, vorhanden. Wir können mit dem Finger darauf deuten, wir können es benennen, es scheint einen bestimmten Raum einzunehmen und so weiter.

Wenn wir dieses Festhalten am Ich als »wahnhaft« bezeichnen, behaupten wir damit nicht, die Person oder die geistigen und körperlichen Anhäufungen existierten nicht. Die Person ist vorhanden. Wir können von ihren früheren Geburten und künftigen Wiedergeburten sprechen. Wir können diese Person von jener unterscheiden. Die Person als unverwechselbares Individuum existiert wirklich.

Verneint wird hingegen, dass die Person so existiert, wie wir gemeinhin annehmen. Und wir nehmen an, dass sie als etwas Gesondertes und in sich selbst Reales existiert. Noch bevor wir einen Gedanken fassen, auf die bloße Sinneswahrnehmung hin, erscheinen uns die Dinge als konkrete, feste Realitäten, die aus sich selbst heraus existieren können. Manche Madhyamika-Lehrer vertreten die Ansicht, der Irrtum der wahrhaften Existenz entstehe erst im Denken und nicht schon in der Sinneswahrnehmung, aber was in Chandrakirtis Prasangika-System verneint wird, ist wirklich sehr subtil. Es besteht nämlich schon auf der Ebene der Sinne ein subtiler Eindruck von innewohnendem Sein, und erst von diesem Eindruck aus denken wir auch so und halten daran fest. Unser Denken bestätigt, was unsere Sinne wahrgenommen haben, und schreibt ihnen dann denkend den Realitätsgehalt zu, mit dem sie unseren Sinnen erscheinen. Von uns selbst haben wir den Eindruck, dass wir ein eigenes, innewohnendes Sein besitzen, und diesen Eindruck hinterfragen wir nicht, sondern nehmen ihn an und klammern uns an ihn. Und dieses Festhalten an in uns selbst liegendem Sein ist es, was durchschaut und verneint werden muss – nicht das schiere Vorhandensein der Person. Das innewohnende Sein an sich, der Inhalt dieser falschen Vorstellung, muss als falsch erkannt werden.

Der Siebte Dalai Lama hat sich zu diesem Thema in sehr deutlichen und einprägsamen Worten geäußert. Er sagt, wenn unser Geist vom Schlaf »berauscht« sei, erschienen uns im Traum allerlei Dinge und Vorgänge. Im Traum nehmen wir sie für bare Münze, sie existieren für uns so, wie sie uns erscheinen. Tatsächlich existiert aber nichts so, wie es uns im Traum erscheint, es ist unwirklich. Im Alltagsleben nun sind wir vom tiefen Schlaf der Verblendung berauscht, die am in den Dingen selbst liegenden Sein festhält. Was sich unserem Geist darbietet, ist scheinbar von eigenständiger, objektiver Realität. Aber diese Wahrnehmung der Dinge hat keine wirkliche Basis, sie ist unhaltbar. Die von unseren Sinnen wahrgenommenen Dinge besitzen keinerlei in ihnen selbst liegende Realität, und trotzdem erscheinen sie uns so, als konstituierten sie sich selbst und bestünden in sich selbst. Unter dem Einfluss dieser Verblendung gewinnen wir den Eindruck, die Dinge existierten objektiv und für sich. Der Inhalt dieser Fehlwahrnehmung ist der subtile Aspekt dieser Sache, der zurückgewiesen werden muss. Wir müssen ihn ganz und gar widerlegen, sodass keine Spur davon zurückbleibt.[3]

Betrachten wir auch die Erläuterung Gungthang Rinpoches. Wenn wir uns der Anschauung der Leerheit annähern, sind wir nach seinen Worten darauf aus, die Natur der Dinge zu verstehen. Bei diesem Unterfangen finden wir kein in den Dingen selbst liegendes Sein – und dieses Nichtfinden ist in sich selbst bereits die Negation des innewohnenden Seins. Im Allgemeinen beweist das Nichtfinden einer Sache noch nicht, dass es sie gar nicht gibt. Aber wie ist es, wenn etwas bei richtig angelegter Suche auffindbar sein sollte und wir nach gewissenhafter Suche nichts finden? In diesem Fall bedeutet das Nichtfinden zugleich Nichtexistenz. Innewohnendes Sein ist so etwas. Wäre es vorhanden, sollte es auffindbar sein. Fördert unser Forschen nach der Natur der Dinge kein innewohnendes Sein zutage, betrachten wir die Behauptung seiner Existenz als widerlegt. Wie Gungthang anschließend betont, bedeutet das nicht, dass die Dinge, denen kein innewohnendes Sein zugeschrieben werden kann, überhaupt nicht existierten. Das schiere Vorhandensein der Dinge ist davon nicht berührt. Aus dieser Analyse folgt aber, dass die Dinge nur nominell oder als bloße Bezeichnung existieren. Und auf dieser Ebene der nominellen Existenz, der Existenz im landläufigen Sinne, muss das Wechselspiel von Ursache und Wirkung seine Anwendung haben. Dass Ursache und Wirkung existieren und Bestandteile eines Wechselspiels sind, dass Beziehungen aller Art auch ohne innewohnendes Sein ihren Lauf nehmen, werden Sie aufgrund Ihrer persönlichen Welterfahrung bestätigen müssen. Gungthang nennt es »an der richtigen Stelle ankommen«.[4]

Wir können auch Nagarjunas fünffache Beweisführung auf das innewohnende Sein anwenden.[5] Die Person und die Anhäufungen, auf deren Basis von einer Person gesprochen wird, sind weder identisch noch essenziell verschieden. Keine der beiden Seiten existiert als Wesenskern in der anderen, und sie sind nicht durch irgendein Wesensmerkmal oder durch Wesensverwandtschaft miteinander verbunden. Die fünffache Analyse wird eine siebenfache Analyse, wenn wir noch hinzufügen, dass die Person nicht der bloße Verbund der Anhäufungen und auch nicht die äußere Gestalt eines solchen Verbunds ist.[6] Wenn Sie das persönliche Ich, wie wir es jetzt auffassen, dieser Analyse unterziehen, finden Sie es nicht. Wenn die Person objektiv existierte, sollte man fragen können: Ist sie mit den geistigen und körperlichen Anhäufungen identisch oder doch etwas anderes? Ist dieses objektiv reale Ich der Träger der Anhäufungen, oder verhält es sich umgekehrt? Sie werden sehen, dass auf diese Art kein Ich zu finden ist. Und daraus geht hervor, dass die Person nicht objektiv und in sich selbst existiert.

Von objektivem Sein kann also nicht die Rede sein, aber mit der subjektiven Realität ist es auch so eine Sache. Ist es nicht so, dass wir über die Existenz der Dinge nur aus unserer persönlichen Geistesverfassung heraus befinden können? Wenn sich zeigt, dass weder von subjektiver Existenz noch von objektiver Existenz gesprochen werden kann, bleibt nur noch eine Möglichkeit: nominelle Existenz. Wir müssen schließlich einsehen, dass alle Phänomene nur dem Namen nach existieren.

Die Falle des Nihilismus

Ganz wichtig ist, dass wir sehr genau benennen, was wir eigentlich verneinen, wenn wir das wahre Wesen der Dinge analytisch zu erfassen versuchen. Nach Tsong-kha-pas Worten (3, 126) gibt es hier zwei Wege, die in die Irre führen: zu viel zu verneinen und zu wenig zu verneinen. Für Gungthang behaupten zwar diejenigen, die zu viel verneinen, sie seien Madhyamikas, doch in Wirklichkeit seien sie wie die buddhistischen Verfechter eines essenziellen Seins der Meinung, etwas, das ohne in ihm selbst liegendes Sein ist, existiere überhaupt nicht.[7]

Die Gleichsetzung der bloßen Existenz, des bloßen Vorhandenseins, mit innewohnendem Sein ist der Standpunkt derer, die Nagarjuna im 24. Kapitel seiner *Grundlegenden Weisheit des Mittleren Weges* als Kritiker anführt, die einwenden, die Lehre von der Leerheit sei gleichbedeutend mit einer Verneinung der vier edlen Wahrheiten. Daneben gibt es noch andere, die Nagarjunas Worten über die Leerheit zustimmen, dann aber mittels der fünffachen Beweisführung zu einer grundsätzlichen Verneinung der Existenz gelangen. Beide Gruppen sagen eigentlich: Wenn etwas überhaupt existiert, muss es aus sich selbst, aus seinem innewohnenden Sein, existieren. Wenn also innewohnendes Sein verneint wird, könne das nur bedeuten, dass Existenz überhaupt verneint wird.

Unter denen, die zu viel negieren, sind beispielsweise alle, die meinen, in Nagarjunas Tradition gebe es überhaupt keine gültige Erkenntnis und folglich kein gesichertes Wissen. Sie glauben Nagarjunas Lehre, dass alles nur Benennung, aber ohne innewohnendes Sein ist, entnehmen zu müssen, die Dinge besäßen keine Existenz. Dann haben sie aber, wie Gungthang aufzeigt, nichts mehr, wonach sie zwischen Gut und Böse, Richtig und Falsch unterscheiden können. Solche Differenzierungen sind dann einfach nicht mehr möglich. Und da sie auch die Wahrnehmung nicht mehr als Garanten der Wahrheit gelten lassen können, verneinen sie grundsätzlich, dass es gültige Erkenntnis und gesichertes Wissen geben kann.

Nun, wenn Sie Existenz verneinen und die Möglichkeit zu unterscheiden verneinen und dazu auch noch jegliches innewohnende Sein verneinen, existiert überhaupt nichts mehr. Dann sind Sie im

Nihilismus, aber nicht auf dem Mittleren Weg, den Nagarjuna als Leerheit beschreibt und nicht als Nichtexistenz. Leerheit *ist* dieser fundamentale Mittlere Weg, die Basis, die angibt, wie alle Dinge existieren.[8] Wenn Leerheit der Mittlere Weg ist, muss sie von den beiden Extremen – absolutes Sein und absolutes Nichtsein oder Nihilismus – frei sein. Das ist ganz wichtig, wenn wir verstehen wollen, was Nagarjuna über die Leerheit lehrt. Nach seinen Worten verstehen die Verfechter des essenziellen Seins weder die Leerheit selbst noch Sinn und Zweck der Lehre über die Leerheit.[9]

Nagarjuna sagt nicht, Leerheit bedeute, dass nichts vorhanden sei und durch Suche nichts auffindbar sei. Vielmehr bringt er die Leerheit in seiner *Grundlegenden Weisheit des Mittleren Weges* mit dem abhängigen Entstehen in Verbindung, wenn er sagt: »Was abhängig entsteht, deuten wir als leer.«[10] Das Entstehen in Abhängigkeit von Bedingungen ist nach seinen Worten gleichbedeutend mit Leerheit. Dahinter stehen Aussagen des Buddha: »Was aus Bedingungen entstanden ist, ist ohne Entstehen« und »Solch ein Ding ist ohne ein in ihm selbst liegendes Entstehen.« Und er fährt fort: »Deshalb wird etwas aus Bedingungen Entstandenes leer genannt.«[11] Wenn Tsong-kha-pa die Leerheit als bedingtes Entstehen und nicht als Nichtexistenz auffasst, hält er sich an das, was Nagarjuna und der Buddha lehrten.

In *Grundlegende Weisheit des Mittleren Weges* fährt Nagarjuna fort: »Dies ist das abhängige Benennen und der wahre Mittlere Weg.«[12] Der Ausdruck »abhängiges Benennen« besagt eine ganze Menge. Betrachten wir seine beiden Anteile, Abhängigkeit und Benennung oder Bezeichnung. Abhängigkeit lässt uns sofort daran denken, dass die Phänomene keine Eigenständigkeit besitzen. Sie sind durch andere Größen bedingt und diese wiederum durch andere. »Abhängig« besagt demnach bereits, dass die Dinge kein in ihnen selbst liegendes Sein haben. Das zweite Wort, »Benennung«, beinhaltet den Gedanken, dass die Dinge nicht gar nichts sind: Sie besitzen eine konventionelle Identität, die sich aus ihren Abhängigkeitsbeziehungen ergibt. Verbinden wir die beiden Anteile zu dem Begriff »abhängige Benennung«, werden sie zum Ausdruck des Mittleren Weges, des wahren Mittleren Weges, wie Nagarjuna sagt.

Was Leerheit eigentlich bedeutet, ist also vom abhängigen Entstehen her zu verstehen. Abhängiges Entstehen lässt sich anhand von Ursachen und Bedingungen, aber auch anhand des abhängigen Benennens verstehen.

Tsong-kha-pa schreibt (3, 129):

> Dieses Erlangen [der Buddhaschaft], von dem die Rede war, beruht darauf, dass sie unterwegs unermessliches Verdienst und erhabene Weisheit angesammelt haben, worin Weisheit und Methode nicht getrennt und nicht zu trennen sind. Das wiederum beruht ganz entschieden auf dem Erwerb bestimmter Kenntnisse von der Verschiedenartigkeit der Phänomene. Diese profunde Erkenntnis sieht die Beziehung zwischen Ursache und Wirkung – Ursache und Wirkung im herkömmlichen Verstande – so, dass bestimmte fördernde und schädliche Wirkungen aus bestimmten Ursachen hervorgehen.

Hier sprich Tsong-kha-pa in den Begriffen von Ursache und Wirkung über die Leerheit. Von hier aus gelangt man zur nächsten Ebene der Erkenntnis, zum abhängigen Entstehen und abhängigen Benennen. So schreibt er weiterhin (3, 130):

> Zugleich hängt aber das Ansammeln von Verdienst und Weisheit auch davon ab, dass man gesichertes

Wissen über die wahre Natur der Phänomene gewon-
nen hat. Man ist zu der Gewissheit gelangt, dass die
Phänomene nicht einmal ein Stäubchen von wesen-
haftem oder innewohnendem Sein besitzen. Dieses
sichere Wissen über die Verschiedenartigkeit und die
tatsächliche Natur ist deshalb notwendig, weil man
ohne sie nicht aus der Tiefe seines Herzens den ganzen
Pfad üben kann, sowohl die Methode als auch die
Weisheit.
Dies ist der Schlüssel zum Weg, der, wenn er seine
Früchte trägt, zum Erlangen der beiden Körper führt.
Ob es dir gelingt, hängt davon ab, welche philosophi-
sche Sichtweise der Grundlagen du gewinnst. Der Weg
zu dieser Sicht besteht darin, dass du sicheres Wissen
von den beiden Wahrheiten gewinnst, wie ich sie eben
dargestellt habe. Andere Leute als die Madhyamikas
wissen nicht, wie diese beiden Wahrheiten als einander
nicht widersprechend aufzufassen sind – sie sehen sie
als einen Wust von Widersprüchen.

Tsong-kha-pa spricht über das abhängige Entstehen unter dem
Gesichtspunkt von Ursache und Wirkung und unter dem Gesichtspunkt des abhängigen Benennens. Er fährt fort:

Aber die wahren Sachkenner mit Feingefühl, Weis-
heit und umfassender Intelligenz – die Madhyamikas
eben – beherrschen die Erkenntnis der beiden Wahr-
heiten so gut, dass sie sie ohne jeglichen Widerspruch
darzustellen vermögen. Und so gelangen sie zur eigent-
lichen Bedeutung dessen, was der Überwinder [der
Buddha] lehrte. Es erfüllt sie mit staunender Hochach-

tung vor unserem Lehrer und seiner Lehre. In dieser
Achtung sprechen sie mit größter Aufrichtigkeit und
erheben immer wieder die Stimme: »*Ihr Verständigen,*
die Bedeutung der Leerheit, Leerheit von innewohnen-
dem Sein, ist das abhängige Entstehen. Sie besagt
nicht, dass die Dinge nicht existierten, sie sagt nicht,
dass sie leer wären von der Befähigung zu ihrem eige-
nen Wirken.«

Abhängiges Entstehen und Leerheit

Wenn wir die Dinge als leer bezeichnen, negieren wir etwas. Es ist
sehr wichtig, dass wir richtig verstehen, was da negiert wird. Das
sollte uns gleich zu Beginn gelingen, denn sonst kommen wir beim
Meditieren vielleicht zu einer gewissen Erfahrung von Leere, die
dann aber nicht unbedingt die endgültige Leerheit ist. Nehmen wir
an, wir meditierten über die Ichlosigkeit der Person. Vielleicht gehen wir dann davon aus, wir meditierten tatsächlich darüber, dass
die Person leer von innewohnendem Sein ist – während es sich vielleicht tatsächlich nur um eine gröbere Leerheit handelt, die Verneinung einer substanzhaft existierenden Person.

Hier noch ein weiteres mögliches Missverständnis der Leerheit.
Nagarjuna spricht in der *Grundlegenden Weisheit des Mittleren We-*
ges von der Leerheit als der vollkommenen Befriedung des begrifflichen Denkens. Manche meinen deshalb, Leerheit sei das bloße Aufhören des begrifflichen Denkens. Wir können die Leerheit auch
unter dem Gesichtspunkt der »Diamantsplitter« betrachten und
uns ansehen, wie die Dinge aus Ursachen hervorgehen.[13] Oder wir
gehen vom Gedanken der fehlenden Identität und Unterscheidung
aus und betrachten die Sache selbst. Aber am Ende ist nichts zu

finden, denn bei dieser Art der Analyse sind die Dinge letztlich nicht zu definieren und deshalb nicht zu vertreten. Manche glauben, daraus schließen zu müssen, dass gar nichts existiert oder zumindest nichts über die Dinge gesagt werden kann. Sogar Tsong-kha-pa hatte in jüngeren Jahren diesen Standpunkt vertreten, als er an seinem Werk *Goldener Blumenschmuck der Erläuterungen* schrieb. Auch in seiner früheren Nacherzählung einer Bodhisattwa-Geschichte sagt Tsong-kha-pa, alle Dinge seien Illusion und nicht zu definieren, doch um der anderen willen nehme der Bodhisattwa die Lehre vom abhängigen Entstehen als zutreffend an. Er scheint also das abhängige Entstehen in seinen frühen Werken als etwas gesehen zu haben, das man annimmt, um anderen besser helfen zu können, nicht als etwas, an das man selbst glaubt.

Später sagt er jedoch in seinem Werk *Die drei Hauptaspekte des Pfades*, man habe das, was der Buddha im Sinn hatte, noch nicht erreicht, solange man innerlich zwischen dem abhängigen Entstehen (auf der Ebene der Erscheinungen) und der Leerheit (auf der Ebene der wahren Wirklichkeit) hin und her wechsle wie die Füße eines Webers, die nie das Gleiche tun. Der entscheidende Punkt ist das Zusammenfallen von Leerheit und abhängigem Entstehen.[14]

Nagarjuna erklärt in seiner *Grundlegenden Weisheit des Mittleren Weges* (24,18), Leerheit bedeute das Gleiche wie das abhängige Entstehen: »Was abhängig entsteht, bezeichnen wir als leer.« Dieser Gedanke, dass die Dinge aufgrund ihres abhängigen Entstehens leer sind, ergibt nicht einfach nur, dass in der Analyse nichts zu finden ist. Darin liegt der Unterschied zu anderen Beweisen der Leerheit, etwa den »Diamantsplittern«. Hier wird vielmehr gezeigt, dass alle Dinge aufgrund von Abhängigkeitsbeziehungen aus anderen hervorgehen. Deshalb transzendiert die auf das abhängige Entstehen gegründete Beweisführung die beiden Extreme des absoluten Seins und des Nihilismus, für den alle Dinge nicht existent sind.

Das wird in Nagarjunas *Kostbarem Blumenschmuck* noch deutlicher:

> *Die Person ist nicht das Erd-Element, das Wasser-Element und so weiter. Sie ist auch nicht das Bewusstsein. Wo ist dann die Peron außerhalb oder jenseits dieser Elemente?*[15]

Auf diese Frage gibt Nagarjuna nun nicht gleich die Antwort, die Person sei leer von innewohnendem Sein. Von der Unauffindbarkeit der Person in der Analyse springt er nicht sofort zur Schlussfolgerung der Leerheit. Vielmehr sagt er in einem weiteren Vers, die Person existiere nicht als etwas Letztgültiges, sondern nur in ihrem Bezug zu einer Zusammenfügung von Elementen. Zuerst sagt er also, die Person sei durch Analyse nicht zu finden, und dann bringt er das abhängige Entstehen zur Sprache. Erst dann kehrt er zur Analyse zurück und sagt, die Person besitze keine letztgültige Realität.[16] Das heißt: Die Person existiert zwar, doch da sie nur abhängig existiert, besitzt sie keine innewohnende, eigene Realität. Sie besitzt kein innewohnendes Sein.

In seinem *Kommentar zum Mittleren Weg* sagt Chandrakirti: Eine Kutsche, die man der siebenfachen Analyse unterzieht, ist nicht aufzufinden, weder im landläufigen noch im höchsten Sinne. Aber *ohne* diese Analyse und im ganz weltlichen und alltäglichen Sinne sei eine Kutsche vorhanden.[17] Eine Kutsche wird aufgrund ihrer Bestandteile so genannt. Für Chandrakirti ist Leerheit das Nichtvorhandensein von innewohnendem Sein – das Fehlen jeglicher Existenzform, die sich auf eine eigene Realität gründet.[18]

Bei Tsong-kha-pa heißt es in der *Großen Abhandlung* (3, 132) weiter:

Das sechsundzwanzigste Kapitel von Nagarjunas Grundlegender Weisheit lehrt das Entstehen in der aufbauenden Reihe der zwölf Glieder des abhängigen Entstehens sowie die Stufen der absteigenden, abbauenden Folge. Die übrigen fünfundzwanzig Kapitel dienen vor allem der Widerlegung des innewohnenden Seins.

Deshalb beginne ich, wenn ich Unterweisungen zu Nagarjunas *Grundlegender Weisheit* gebe, immer mit dem 26. Kapitel. Dieses Kapitel lehrt das abhängige Entstehen anhand der zwölf Glieder als Wechselspiel von Ursachen und Wirkungen. Es bahnt den Weg für ein Verständnis von Ursache und Wirkung und führt zugleich in die Leerheit ein. Das ist ganz im Geist von Nagarjunas *Grundlegender Weisheit,* in der es heißt: »Ohne Rückgriff auf das Gewöhnliche kann das Höchste nicht erkannt werden.«[19] Ähnlich lesen wir in Chandrakirtis *Kommentar zum Mittleren Weg*: »Das Gewöhnliche ist das Mittel, und zum Höchsten gelangen wir durch dieses Mittel.«[20] Wenn Sie das abhängige Entstehen erfasst haben, ist das die Prämisse, unter der Sie Ihre Analyse der Leerheit von innewohnendem Sein aufnehmen.

In der *Großen Abhandlung* schreibt Tsong-kha-pa (3,132):

Das vierundzwanzigste Kapitel von Nagarjunas Grundlegender Weisheit behandelt die vier edlen Wahrheiten. Es zeigt ausführlich auf, dass ohne die Leerheit von innewohnendem Sein keine der Lehren über das zyklische Dasein und Nirwana – Entstehen, Vergehen und so weiter – schlüssig ist und inwiefern sie alle schlüssig sind, wenn der Gesichtspunkt der Leerheit von innewohnendem Sein hinzukommt.

Er gelangt zu dieser Schlussfolgerung (3, 132):

> *Deshalb nehmen viele derer, die gegenwärtig die Madhyamaka-Lehre zu vertreten behaupten, eigentlich den Standpunkt des absoluten Seins ein, wenn sie sagen, Ursache und Wirkung – etwa die Wirkkräfte und Gegenstände der Erzeugung – seien undenkbar, wenn es kein innewohnendes Sein gebe. Deshalb sagt Nagarjuna der Beschützer, man müsse die Leerheit von innewohnendem Sein und den mittleren Weg auf ebendieser Grundlage der Lehre von Ursache und Wirkung suchen – also des Entstehens und Vergehens bestimmter Wirkungen in Abhängigkeit von bestimmten Ursachen und Bedingungen. Im vierundzwanzigsten Kapitel von Nagarjunas Grundlegender Weisheit heißt es: »Was abhängig entsteht, nennen wir leer.«*

Dieses 24. Kapitel unterstreicht etwas, das wir schon erörtert haben: dass ein weitreichendes Verständnis der konventionellen und der höchsten Wahrheit uns die Basis für ein tieferes Erfassen der vier edlen Wahrheiten bietet. Tsong-kha-pa sagt (3, 135):

> *Da dem so ist, kann innerhalb der Leerheit von innewohnendem Sein doch von abhängigem Entstehen gesprochen werden, und wenn vom abhängigen Entstehen gesprochen werden kann, so kann auch vom Leiden gesprochen werden, denn leidvoll kann man nur das nennen, was in Abhängigkeit von Ursachen und Bedingungen entsteht ...*

»Da dem so ist« spricht von der Leerheit als dem Fehlen von innewohnendem, eigenständigem Sein, nicht als dem Fehlen von Existenz überhaupt.

Hier zieht Tsong-kha-pa für uns die Verbindungen: Wenn Sie
zur sicheren Erkenntnis der Leerheit von innewohnendem Sein als
der höchsten Wirklichkeit gelangt sind und nicht zu viel, aber auch
nicht zu wenig negieren, erschließt sich Ihnen die Bedeutung des
abhängigen Entstehens. Wenn das abhängige Entstehen in der Leerheit seinen Lauf nehmen kann, ist auch der Gedanke des Leidens
vertretbar, da Leid ein abhängig entstandenes Phänomen ist. Können Sie das Leiden als etwas in der Leerheit abhängig Entstandenes
auffassen, verstehen Sie auch seinen Ursprung. Der wahre Ursprung
des Leidens, von hinzukommenden Ursachen abgesehen, ist die
Unwissenheit, das Nichtwissen um die wahre Natur der Wirklichkeit.

Die Erkenntnis der Leerheit lässt Sie die Möglichkeit der Beendigung und des Pfades zu dieser Beendigung erkennen. Der Pfad
und die Beendigung, zu der er führt, bilden den Dharma als eine
der drei Kostbarkeiten. Wenn Sie sehen, wie das Dharma-Juwel in
der Leerheit wirkt, können Sie sich auch Menschen vorstellen, die
den Dharma verkörpern, und diese Menschen bilden die Kostbarkeit des Sangha. Und wo ein Sangha besteht, liegen sein Inbegriff
und seine Vollendung im Buddha.

14
DEN MITTLEREN WEG
FINDEN

Für Tsong-kha-pa ist die gewöhnliche Realität durch die Madhyamaka-Analyse nicht infrage gestellt. Er schreibt (3,156):

> *Eine richtig durchgeführte Untersuchung zu der Frage, ob diese Phänomene – Formen und dergleichen – objektiv existieren oder hervorgebracht werden, bezeichnen wir als »die Wirklichkeit analysierenden Gedankengang« oder »das endgültige wahre Sein analysierenden Gedankengang«. Wir Madhyamikas behaupten nicht, die Erzeugung von Formen und dergleichen sei nicht der Analyse anhand solcher Gedankengänge zugänglich, und so verfallen wir nicht dem Irrtum, es gebe Dinge, die in sich selbst wahrhaft existieren.*

Da stellt sich jetzt die knifflige Frage: »Wenn diese Dinge der rationalen Analyse nicht standhalten, wie könnte dann etwas existieren, da der Verstand es doch widerlegt hat?« Tsong-kha-pas Antwort (3, 156): »Wenn etwas der rationalen Analyse nicht standhält, so schließe daraus nicht fälschlich, dass seine Existenz damit verneint sei.«

Das ist eine ganz wichtige Sache. Nehmen wir etwas wie »entstehen« und unterziehen wir es der kritischen Analyse, indem wir etwa fragen, ob die Dinge aus sich selbst oder aufgrund von anderen Faktoren oder in sonst irgendeiner Weise ins Sein treten, so befinden wir uns bereits im Bereich der absoluten Analyse. Aber die Existenz der Dinge wird ja nicht von dort aus postuliert, sondern alle Phänomene werden auf der Ebene der relativen oder konventionellen Realität gesetzt. Das Entstehen und andere Dinge halten der absoluten Analyse nicht stand, doch daraus kann nicht geschlossen werden, dass die absolute Analyse sie negiert oder für nicht existent erklärt.

Ebendas meint auch Gungthang in der bereits angesprochenen Passage:

> Im Zusammenhang mit der philosophischen Anschauung der Leerheit forschen wir nach dem innewohnenden wahren Wesen, und wenn wir es nicht finden, stellt das die Verneinung der Existenz eines innewohnenden Wesens dar.[1]

Es stellt nicht die Verneinung des Entstehens oder Bestehens dar. Wenn wir also mittels der absoluten Analyse das innewohnende Sein negiert haben, ist damit nicht gleichzeitig auch die konventionelle Existenz der Dinge verneint.

Sichere Erkenntnis

Weiterhin sagt Tsong-kha-pa (3, 163–75), gewöhnliche Phänomene seien nicht auf dem Weg über die Frage von der Hand zu weisen, ob sie aufgrund von gültiger Erkenntnis, das heißt von sicheren

Erkenntnismethoden, gesetzt wurden oder nicht. Glaubt Tsong-kha-pa an gültige Erkenntnis?

In den Sutras heißt es mehrfach, Augen, Nase und Ohren seien keine verlässlichen Mittel der Erkenntnis.[2] Tsong-kha-pa weist darauf hin, dass gültige Erkenntnis in diesen Passagen nicht grundsätzlich verneint wird. Eigentlich wird in den Sutras gefragt: Wenn die Sinneswahrnehmung ein verlässliches Mittel der Erkenntnis wäre, wozu brauchten wir dann noch den Pfad der Edlen, die Perspektive der Erleuchtung? So verstehen wir besser, wovon die Sutras eigentlich sprechen. Sie verneinen gültige Erkenntnis, wie Tsong-kha-pa erläutert, nicht grundsätzlich, sondern sagen lediglich, dass mittels der Sinne kein sicheres Wissen über das wahre Wesen der Dinge zu gewinnen sei. Wenn es darum geht, können wir uns nicht auf die Sinne verlassen, sondern müssen uns an die charakteristische Betrachtungsweise der Edlen halten, also derer, die Leerheit von innewohnendem Sein unmittelbar wahrnehmen.

Bis zur Erleuchtung erscheinen die Dinge unserer Wahrnehmung so, als besäßen sie in ihnen selbst liegendes Sein, und das ist eine Fehlwahrnehmung. Doch auch wenn uns die Dinge nicht so erscheinen, wie sie tatsächlich sind, ist diese Wahrnehmung nicht vollkommen falsch. Die Dinge existieren nicht so, wie wir sie wahrnehmen, doch das bedeutet nicht, dass sie gar nicht existierten. In Nagarjunas Schriften finden wir vier Arten der gültigen Erkenntnis erwähnt: unmittelbare Wahrnehmung, schlussfolgerndes Erkennen, Erkenntnis durch Zeugnis und Erkenntnis aufgrund von Analogie.[3] Alle Formen der gültigen Erkenntnis lassen sich den beiden Grundtypen der unmittelbaren Wahrnehmung und des schlussfolgernden Erkennens zuordnen. Erkenntnis aufgrund von Analogie oder Zeugnis besitzen zwar ihren ganz eigenen Stellenwert, sind aber eigentlich Formen des schlussfolgernden Erkennens.

Jetzt bringt Tsong-kha-pa jedoch ernsthafte Bedenken vor (3, 164), indem er aus Chandrakirtis *Vierhundert* zitiert:

Es ist ganz ungereimt, das Sinnesbewusstsein »Wahr-nehmung« zu nennen und zu meinen, es sei triftig, was andere Dinge angeht. In den Augen der Welt ist gültige Erkenntnis einfach ein nicht irregeleitetes Be-wusstsein. Der Bhagavan [Buddha] sagte jedoch, selbst das Bewusstsein habe, da es etwas Zusammen-gesetztes ist, eine falsche und trügerische Seite und sei wie die Vorspiegelung eines Zauberkünstlers. Was aber falsch und trügerisch und wie eine Vorspiegelung ist, kann nicht untrüglich sein, da es anders ist, als es erscheint. Bei so etwas kann man nicht von gültiger Erkenntnis sprechen, denn daraus müsste man den abwegigen Schluss ziehen, dass alle Bewusstseins-formen gültige Erkenntnis wären.

Damit scheint der Standpunkt widerlegt zu sein, dass das Sehbe-wusstsein und die übrigen Formen des Sinnesbewusstseins gültige Erkenntnis lieferten. Tsong-kha-pa schreibt (3, 165): »Dieser Text-abschnitt hat – anders als die Worte ›Auge, Ohr und Nase sind nicht stichhaltig‹ – zu großen Zweifeln Anlass gegeben, weshalb ich ihn hier im Einzelnen erläutern werde.« Er fährt fort:

Chandrakirti verneint, dass irgendetwas selbst im ge-wöhnlichen Verstande wesenhaft oder aufgrund seiner ihm innewohnenden Züge existiert. Wie könnte er dann die Ansicht akzeptieren, das Sinnesbewusstsein erfasse die inneren Züge seiner Objekte richtig? Daher ist diese Zurückweisung der Behauptung, das Sinnes-

bewusstsein liefere gültige Erkenntnis, zugleich die
Zurückweisung der Anschauung, es sei triftig, was das
Wesen der fünf Arten von Sinnesobjekten angeht.

Wenn wir eine Wahrnehmung oder Betrachtungsweise als irrig, un-
zutreffend oder täuschend bezeichnen, müssen wir angeben können, im Hinblick auf *was* wir das tun. So finden wir im begrifflichen
Denken, sogar im denkenden Erfassen der Leerheit, einen Anteil
von Irrtum auf der Ebene der Erscheinung. Dennoch kann dieser
Geist durchaus gültige Erkenntnis zu den von ihm erfassten Objekten liefern. Man muss die Erscheinungsformen der Dinge von dem
unterscheiden, was der Geist gewahrt und erfasst.

Chandrakirti verneint die gültige Erkenntnis nicht grundsätzlich, sondern den Begriff, den andere Meister wie Bhavaviveka von
ihr haben. Für sie nämlich bedeutet gültige Erkenntnis durch die
Sinne, dass sie das wahre Wesen ihrer Objekte richtig erfassen.
Chandrakirti hält dagegen, dass sich die Sinneswahrnehmung hinsichtlich des innewohnenden Wesens ihrer Objekte irrt, weil sie den
Dingen ein objektives innewohnendes Sein zuschreibt. Das aber las-
se sich nicht vertreten, denn hätten die Dinge solch ein Sein, müsste
es ja in der kritischen Analyse immer deutlicher erscheinen, bis es
schließlich nicht mehr zu übersehen ist. Nagarjuna führt dazu im
Kostbaren Blumenschmuck ein Gleichnis an: Bestünde eine Fata
Morgana wirklich aus Wasser, müsste die Echtheit des Wassers
umso deutlicher werden, je näher man der Erscheinung kommt.
Tatsächlich aber verflüchtigt sich die Wahrnehmung von Wasser im
Näherkommen.[4]

So sagt Chandrakirti also, dass unsere Sinneswahrnehmung
täuscht, was das wahre Wesen ihrer Gegenstände angeht, weil diese
Gegenstände eben kein sinnlich wahrnehmbares wahres Wesen haben. Er möchte uns darauf aufmerksam machen, dass unsere Wahr-

nehmung der Dinge nicht richtig erfasst, wie sie wirklich sind. Deshalb ist in unserer gewöhnlichen Wahrnehmung etwas Verzerrendes, wodurch sie nicht zutreffend ist.

Wenn wir an den Dingen eine in ihnen selbst liegende Natur wahrnehmen, neigen wir natürlich zu der Annahme, dass sie wirklich ein objektives, in ihnen selbst liegendes Sein besitzen. Wir nehmen es wahr, und dann glauben wir daran. In der Chittamatra-Schule beispielsweise gilt, dass Dinge aus anderen Dingen entstehen, die von anderer Natur sind. Dort sagen sie: »Wir brauchen uns nicht erst davon zu überzeugen, dass Dinge aus anderen Dingen hervorgehen, denn das ist etwas, was wir direkt wahrnehmen.« Sie nehmen die Dinge als ihrer Natur nach verschieden wahr, und aus dieser Wahrnehmung schließen sie, dass es ein innewohnendes Sein geben muss.

Tsong-kha-pa fährt fort (3, 165–66):

> *Diese Zurückweisung stützt sich auf Bhagavans Aussage, dass Bewusstsein unrichtig und trügerisch ist. Wenn es trügerisch ist, kann es nicht untrüglich sein, und damit ist seine Ungültigkeit erwiesen, denn gültige Erkenntnis ist als »das, was untrüglich ist«, definiert. Was ist trügerisch? Trügerisch ist nach Chandrakirtis Worten das, »was auf eine Art existiert, aber auf eine andere erscheint«.*

Das ist die Unvereinbarkeit, von der ich sprach. Weiterhin schreibt Tsong-kha-pa (3, 166):

> *Dies bedeutet, dass die fünf Sinnesobjekte – Formen, Laute und so weiter – nicht aufgrund ihrer innewohnenden Natur sind, was sie sind, sondern den fünf Ar-*

ten von Sinnesbewusstsein nur so erscheinen. Das Sinnesbewusstsein irrt demnach, was den innewohnenden Charakter seiner Gegenstände angeht. Kurz, Chandrakirti möchte hier sagen, dass sich die fünf Arten von Sinnesbewusstsein ein falsches Bild von der innewohnenden Natur ihrer fünf Gegenstände machen, weil sie sich vom Erscheinungsbild dieser Gegenstände zum Schluss auf ihre innewohnende Natur verleiten lassen. Diese fünf Objekte sind nämlich leer von innewohnender Natur, auch wenn sie so erscheinen, als besäßen sie diese Natur. Um ein Bild zu geben: Es ist, als nähme das Bewusstsein zwei Monde wahr.

Abschließend stellt Tsong-kha-pa fest (3, 166–67), Chandrakirtis Worte widerlegten die Annahme, die Sinneswahrnehmung könne den innewohnenden Charakter ihrer Objekte richtig erfassen. Er verneint nicht, dass Wahrnehmungen in einem allgemeinen Sinne gültig sein können. Sicher kann es eine zutreffende Erkenntnis alltäglicher Dinge geben.

Die Svatantrika und das innewohnende Sein

Die Madhyamaka-Schule gliedert sich in zwei Hauptlinien: Für die Svatantrikas gibt es auf der konventionellen Ebene ein innewohnendes Sein – die Dinge existieren aufgrund realer Eigenschaften. Die Prsangikas dagegen verneinen das sogar für die konventionelle Ebene.

Woraus schließen wir, dass Bhavaviveka und andere Anhänger der Svatantrika ein innewohnendes Sein, also die Existenz aufgrund realer Eigenschaften anerkennen? Eine Quelle ist ein Satz aus Bhavavivekas *Lodern der Vernunfterkenntnis,* seinem Selbstkommentar seines Werkes *Das Herz des Mittleren Weges,* wo er schreibt: »Wir nehmen das Geist-Bewusstsein als das, was mit dem Ausdruck ›Person‹ eigentlich gemeint ist.«[5] Demnach gibt es die Identität der Person, wenn man erforscht, was mit dem Wort »Person« letztlich gemeint ist.

Einen zweiten Anhaltspunkt finden wir in Bhavavivekas Kommentar zu Nagarjunas *Grundlegender Weisheit,* worin er die Chittamatra-Auffassung vom Sutra-Pfad zurückweist. Für die Chittamatra-Schule ist die erste Drehung des Dharma-Rades eine vorläufige. Die zweite Umdrehung bietet definitive Inhalte, die Leerheit, darf aber nicht zu wörtlich genommen werden, da die Sutras der Vollkommenen Weisheit die Vorstellung des innewohnenden Seins grundsätzlich verneinen, das heißt für alle Phänomene von den äußeren Formen bis zum all-erkennenden Geist eines Buddha. Dies, so gilt in der Chittamatra, muss aus der Sicht des *Sutra vom Enträtseln des gemeinten Sinns* betrachtet werden, das der dritten Umdrehung des Dharma-Rades zuzuordnen ist.

Aus der Sicht der Chittamatra-Vertreter müssen die in den Sutras der Vollkommenen Weisheit ausgesprochenen Verneinungen im Zusammenhang gelesen werden, damit man bestimmen kann, wie sie auf Phänomene von unterschiedlicher Art anzuwenden sind. Sie sprechen von drei Naturen: der zugeschriebenen Natur, der abhängigen Natur und der vollkommenen Natur. Wenn der Buddha in den Sutras der Vollkommenen Weisheit sagt, alle Phänomene seien leer von in ihnen selbst liegendem Sein, bedeutet dieses Fehlen für jede der drei Naturen etwas anderes. Im Hinblick auf die abhängige Natur wird das unabhängige Entstehen, das Entstehen aus sich selbst, verneint; im Hinblick auf die zugeschriebene Natur wird ein innewohnendes Sein, ein von realen Wesenseigenschaften getragenes Sein, negiert.

Bhavavivekas Argumentation gegen die Chittamatra sieht nach Tsong-kha-pas Worten (3, 168–69) so aus: »Ihr sagt, alle Phänomene von zugeschriebener Natur seien ohne ein auf reale Eigenschaften gegründetes Sein. Wenn ihr von ›zuschreiben‹ sprecht, können wir daran das Zuschreibende und das Zugeschriebene unterscheiden. Verneint ihr das innewohnende Sein des Zuschreibenden, so verneint ihr das innewohnende Sein der Sprache und der Begriffe, denn das Zuschreiben von Eigenschaften oder Kennzeichen geschieht ja durch Sprache und Begriffe. Aber wenn ihr der Sprache ein innewohnendes Sein absprecht, verfallt ihr in das Extrem des Nihilismus.« Mit dieser Kritik zeigt Bhavaviveka, dass er selbst an das innewohnende Sein der Sprache und Begriffe glaubt.

Wenn sich der Svatantrika-Gelehrte Kamalashila zum *Sutra vom Enträtseln des gemeinten Sinns* äußert, präzisiert er alle Verneinungen mit Ausdrücken wie »im Allerhöchsten«, »aus der Sicht des Höchsten« oder »auf der höchsten Ebene«. Auch er sieht in diesem Sutra die definitive Lesart der buddhistischen Schriften. Er sieht also auch dieses Sutra als definitiv. Das zeigt aber, dass er und sein Lehrer Shantarakshita sich zur Existenz einer innewohnenden Natur auf der konventionellen Ebene bekennen. Tsong-kha-pa untersucht auch Bhavavivekas Svatantrika-Position zur Feinstruktur der Materie (3, 170–72) und spürt auch bei ihm eine Bejahung des innewohnenden Seins auf.

Dieser Teil der *Großen Abhandlung* ist wirklich schwierig, eine harte Nuss. Es kursiert der Spruch, beim Lesen dieses Textes solle man wie ein zahnloser alter Mann beim Essen verfahren: Was er nicht beißen kann, schluckt er einfach. Wenn ich das hier schon äußerst schwierig finde, wird es für Sie womöglich noch schwieriger sein. Wir lassen es einfach im Moment auf sich beruhen. Bei solchen Sachen ist es manchmal für den Lehrer wie für die Schüler besser, sich freizunehmen.

Konventionelle Erkenntnis

Wenn unsere alltägliche Wahrnehmung alltäglicher Dinge diesen Dingen irrtümlich ein in ihnen selbst liegendes Sein zuschreibt, wie kann sie dann »im konventionellen Sinne« richtig sein? Dazu sagt Tsong-kha-pa (3, 173–74): Wenn wir von konventioneller Wahrheit sprechen, ist mit Wahrheit nicht Objektivität gemeint, sondern Wahrheit aus dem Blickwinkel einer bestimmten Geisteshaltung. Wenn konventionelle Wahrheiten als Wahrheiten bezeichnet werden, bedeutet das nicht, dass etwas essenziell Wahres an ihnen sein muss.

Wenn wir das, was verneint wird, nicht richtig benennen, so Tsong-kha-pa weiter (3, 177), könnten wir meinen, dass eine Analyse, die zur Verneinung des innewohnenden Seins auf der konventionellen Ebene gelangt, einer grundsätzlichen Verneinung des Gewöhnlichen und Alltäglichen gleichkommt. Durch diesen Irrtum gelangt man womöglich zu einer Position, von der aus sich nicht mehr unterscheiden lässt, was denn nun in einem bestimmten Zusammenhang richtig oder falsch ist. Je nachdem, was man unter »wahr« versteht, sind das Richtige und das Unrichtige dann beide falsch oder richtig, schließlich besitzen sie beide kein in ihnen selbst liegendes Wesen. Über diesen verheerenden Irrtum schreibt Tsong-kha-pa (3, 178):

> Wer sich zunehmend an diese Sicht der Dinge gewöhnt hat, kommt der richtigen Anschauung dadurch kein bisschen näher. Man entfernt sich sogar immer weiter davon, da diese falsche Anschauung in direktem Gegensatz zum Weg des abhängigen Entstehens steht, auf dem nach unserem System alle Lehren zum abhängigen Entstehen des zyklischen Daseins und zum Nirwana Bestand haben.

Wenn unsere Wahrnehmung uns die Dinge mit einem in ihnen selbst liegenden Sein darstellt, ist das ein Trugschluss, denn sie besitzen keine objektive eigene Natur. Wie entscheiden wir dann, was richtig und was unrichtig ist? Bedeutet »Leerheit«, dass alles, was wir denken, real wird? Wenn wir uns Hörner am Kopf eines Kaninchens vorstellen, müssen wir irgendwie in der Lage sein, uns zu sagen, dass Kaninchenhörner dadurch keine Realität werden.

Stellen Sie sich jemanden vor, der im Dämmerlicht eine Seilschlaufe am Boden liegen sieht und sie für eine Schlange hält. Wir müssen dann sagen können, dass die Wahrnehmung des Seils als Schlange einfach falsch ist. Wenn allerdings wirklich eine Schlange da liegt, ist die Wahrnehmung als Schlange zutreffend. Wie entscheiden wir ohne Rekurs auf eine objektive, in den Dingen selbst liegende Natur, welche Wahrnehmung unrichtig und welche richtig ist? Der Seilschlaufe wohnt keine essenzielle Schlange inne, aber dem Schlangenkörper wohnt ebenfalls keine essenzielle Schlange inne. In dieser Hinsicht sind sie also gleich, und trotzdem trifft die eine Wahrnehmung zu und die andere nicht. Wir schreiben den Dingen einfach eine nominelle Existenz zu, eine Existenz im gewöhnlichen Verstande – was jedoch nicht bedeutet, dass alles möglich wäre. Es bedeutet insbesondere nicht, dass etwas Vorgestelltes so real wäre, wie etwas nur sein kann.

Tsong-kha-pa äußert sich (3,178) zum Vorhandensein der Dinge im landläufigen Sinne:

> *Wie entscheidet man, ob etwas im herkömmlichen Sinne existiert? Wir nehmen an, dass etwas in diesem Sinne existiert, wenn es dem gewöhnlichen Bewusstsein bekannt ist, wenn keine andere gültige Erkenntnis des gewöhnlichen Bewusstseins dagegenspricht, dass es so ist, wie es in diesem Sinne bekannt ist, und wenn die*

korrekt analysierende Vernunft – also die Vernunft, die ergründet, ob etwas aus sich selbst heraus existiert – nichts dagegen einwendet. Wir sagen, dass alles, was diesen Kriterien nicht genügt, nicht existiert.

Nach diesen Kriterien können wir unrichtige Wahrnehmungen von richtigen unterscheiden. Nichts besitzt ein in ihm selbst liegendes Sein, doch in der Alltagserfahrung gibt es dennoch Schaden und Nutzen, Richtig und Falsch. Für solche Unterscheidungen müssen die Dinge nicht in sich selbst existieren.

Zwei Arten von Madhyamaka

Wenn Madhyamikas ihre Argumente darlegen, stellt sich die Frage, ob es statthaft ist, autonome Syllogismen *(Svatantra)* anzuwenden.[6] Wenn wir wirklich erfassen wollen, um was es hier geht, ist es nach Tsong-kha-pas Worten (3, 254–55) nützlich, sich die beiden Standpunkte als zwei Gruppen zu denken, von denen eine den Gedanken des innewohnenden Seins bejaht und die andere ihn grundsätzlich zurückweist, auch für die Ebene der gewöhnlichen Erfahrung. »Befürworter« und »Verneiner« des innewohnenden Seins sagt mehr als Svatantrika und Prasangika. Meister wie Buddhapalita führen gern Argumente an, deren notwendige Schlussfolgerungen *(Prasanga)* dann Widersprüche in der Position der Gegenseite aufdecken. Bhavaviveka und Shantarakshita ziehen diesem Verfahren des Aufdeckens von Widersprüchen das syllogistische Vorgehen vor – und vertreten die Meinung, dass man überhaupt so vorgehen sollte. Für Tsong-kha-pa liegt dieser Position die stillschweigende Annahme zugrunde, dass die Dinge eine in ihnen selbst liegende Natur haben.

Ist das syllogistische Vorgehen unbedingt erforderlich, um zu einem schlussfolgernden Erkennen zu gelangen? Kann das andere Verfahren, das zum Aufdecken von Widersprüchen führt, nicht auch gültige Schlussfolgerungen erbringen? Dies ist ein Teilaspekt der Debatte. Wenn zwei Parteien eine dialektische Analyse aufnehmen, so der gängige Konsens, muss der Gegenstand des Diskurses für beide Seiten der gleiche sein. Es muss sich um etwas von beiden Anerkanntes handeln, es darf also nicht eine Seite bereits philosophische oder metaphysische Vorgaben über die Seinsweise des zu behandelnden Gegenstands machen. Das Thema ist so zu formulieren, dass sich beide Seiten über die Existenz des Gegenstands einig sind. Hier wendet sich Chandrakirti gegen Bhavavivekas Auffassung, dies sei sogar bei Diskussionen zwischen Madhyamikas und Nicht-Madhyamikas über die Leerheit möglich.

Wir finden bei Tsong-kha-pa zwei leicht unterschiedliche Auslegungen dieser wichtigen Passage aus Chandrakirtis *Klaren Worten*, die eine hier in der *Großen Abhandlung*, die andere in seiner *Essenz der Erläuterungen zu den interpretierenden und endgültigen Lehren*. Hier in der *Großen Abhandlung* sieht der Gedankengang so aus: Wenn ein Samkhya-Philosoph[7] sagt, ein Keim entstehe in einem höchsten Sinn von Entstehung, würde Bhavaviveka ihn mit einem Syllogismus widerlegen, der unmittelbar erkennbar macht, dass ein Keim *nicht* im höchsten Sinne entsteht. Nun sagt Chandrakirti, dass Bhavaviveka bei diesem Vorgehen einen Gegenstand voraussetzt, über den sich beide Seiten, der Madhyamika und der Samkhya, insofern einig sind, als er ihnen in gleicher Weise erscheint. Für den Madhyamika jedoch ist der Keim nur im konventionellen Sinne gegeben. Er hält der höchsten Analyse nicht stand, und das Bewusstsein, das ihn für real hält, ist eine Form der ungültigen Erkenntnis. Diese Erkenntnis nimmt den Keim nicht so wahr, wie er tatsächlich ist. Der Samkhya-Philosoph seinerseits glaubt, der Keim sei durch zutreffende Erkenntnis verifiziert, eine Erkenntnis, welche die inne-wohnende Natur des Keims richtig abbildet. Letztlich sprechen also Samkhyas und Madhyamikas, die über einen Keim sprechen, *nicht* über einen Gegenstand, den sie zunächst beide gleich auffassen. Aber kann man unter diesen Umständen Syllogismen anwenden, die einen für beide Seiten das Gleiche bedeutenden Gegenstand voraussetzen? Das ist der Widerspruch, den Chandrakirti aus Tsong-kha-pas Sicht bei Bhavaviveka aufdeckt.

In Tsong-kha-pas *Essenz der Erläuterungen* finden wir eine etwas andere Lesart dieser Passage aus Chandrakirtis *Klaren Worten*.[8] Es läuft jedoch auch hier darauf hinaus, dass ein Gespräch zwischen einem Verfechter des innewohnenden Seins und einem Verneiner des innewohnenden Seins keinen Diskussionsgegenstand haben kann, den beide zunächst gleich auffassen. Der eine nämlich, hier der Samkhya-Vertreter, sieht den Gegenstand der Diskussion als durch gültige Erkenntnis verifiziert an, die ihm ein innewohnendes Sein zuschreibt, während der Madhyamika diesem Gegenstand jeg-liche Selbst-Natur abspricht und davon ausgeht, dass eine Wahr-nehmung, die so etwas an ihm erkennt, nur falsch sein kann. Die beiden haben also letztlich keine gemeinsamen Kriterien, nach de-nen sie den Gegenstand auch nur vorläufig übereinstimmend ein-stufen könnten.

Es geht letztlich immer um die Frage, ob man die Vorstellung des innewohnenden Seins oder der Selbst-Natur akzeptiert oder nicht. Wenn ein gut funktionierendes gewöhnliches Bewusstsein ein Objekt wahrnimmt, irrt es sich dann in der Frage des diesem Objekt innewohnenden Seins oder nicht? Die Dinge scheinen aus sich selbst zu existieren, aber ist es wirklich so?

Bevor Chandrakirti in seinem *Kommentar zum Mittleren Weg* zum Chittamatra-Standpunkt und seiner Widerlegung kommt, un-terzieht er noch einen anderen Ansatz der kritischen Betrachtung, der den Dingen zwar ein wahres Sein im höchsten Sinne abspricht, ihnen jedoch ein innewohnendes Sein im konventionellen Sinne zugesteht.[9] Der Name »Svatantrika« fällt hier zwar nicht, doch es handelt sich um eine Kritik dieser Position, nach der alle Dinge leer von wahrem Sein im absoluten Sinne sind, aber, da sie im gewöhnlichen Sinne vorhanden sind, aufgrund ihrer eigenen jeweiligen Eigenschaften existieren müssen.

Dagegen führt Chandrakirti drei Schlussfolgerungen an, die für unhaltbare Positionen stehen. Wenn diese Sicht der Dinge zutreffend wäre, so sagt er, dann müsste erstens die Weisheit der meditativen Versenkung der Erleuchteten diese Dinge und Vorgänge zunichtemachen, da sie alle Dinge als absolut leer von innewohnendem Sein erkennt. Zweitens würden die Wahrheiten des gewöhnlichen Bewusstseins in diesem Fall der höchsten Analyse standhalten. Wenn wir nach der Essenz der Person fragen, nach ihrem wahren Wesen, und das Geist-Bewusstsein als ihren Wesenskern herausstellen, dann ist die Person etwas, das der höchsten Analyse standhält. Das aber widerspricht der Madhyamaka-Anschauung, dass nichts dieser Analyse standhält, da alle Dinge leer von Sein im absoluten Sinne sind. Wenn diese Sicht der Dinge zuträfe, so Chandrakirti weiter, könnte drittens die Lehre, dass alle aus Bedingungen entstandenen Dinge ohne eigenes ursprüngliches Entstehen sind, nicht aufrechterhalten werden, da das ursprüngliche Entstehen dann bestehen und unwiderlegt bleibt. Schließlich macht Chandrakirti noch darauf aufmerksam, dass die von ihm kritisch beleuchtete Position auch dem *Sutra der Fragen Upalis* widerspricht, das die Leerheit als Leerheit von innewohnendem Sein oder Eigen-Sein definiert.

Wenn wir von den Dingen als selbst-leer, als leer von eigener essenzieller oder innewohnender Natur sprechen, müssen wir gut aufpassen und uns wirklich Klarheit verschaffen. Wir gehen davon aus, dass eine Form, um überhaupt als Form existieren zu können, irgendetwas essenziell Eigenes haben muss – und wenn wir dann hören, diese Form sei leer, könnten wir denken, diese Leerheit sei die Verneinung von einer zusätzlichen absoluten Realität, die in der Form nicht vorhanden ist. Wenn wir die Leerheit so auffassen, haben wir das Problem, dass unsere jetzige Wahrnehmung der Dinge davon gar nicht berührt wird. Wir negieren nur etwas Zusätzliches. Deshalb sagen die Sutras der Vollkommenen Weisheit, dass sichtbaren Formen und anderen Phänomenen nichts Zusätzliches abgesprochen wird, wenn wir sie als leer bezeichnen; vielmehr sind sie in sich selbst Leerheit. Wenn wir glauben, die Form sei in sich selbst real, nur werde ihr mit dem Ausdruck »Leerheit« eine zusätzliche absolute Natur abgesprochen, haben wir die Leerheit noch nicht wirklich verstanden. Wir nehmen die Form, wie wir sie wahrnehmen, um dann zu sehen, dass sie nicht aus sich selbst existiert, dass sie kein Eigen-Sein hat. Diese Selbst-Leerheit ist das, was das *Sutra der Fragen Upalis* lehrt und wovon auch Tsong-kha-pa spricht.

Im sogenannten Großen Madhyamaka-System Tibets gibt es noch eine andere Bedeutung des Ausdrucks »selbst-leer«, nämlich dass alle im herkömmlichen Sinne als Realität geltenden Phänomene selbst-leer sind, leer von eigener wesenhafter Natur, während die höchste Wahrheit von anderen Dingen leer ist. Nach dieser Anschauung ist die höchste Wahrheit absolut und absolut real.[10]

Wie man vorgeht

Wenn die Verneinung des innewohnenden Seins die Ablehnung der Beweisführung nach autonomen Syllogismen mit sich bringt, weil es, wie wir gesehen haben, nicht wirklich einen gemeinsamen Diskussionsgegenstand gibt – akzeptieren die Prasangikas dann überhaupt keine Form der Beweisführung? Tsong-kha-pa verneint das (3, 267–75). Es lassen sich, wie er sagt, verschiedene Formen der Argumentation anwenden, auch das Ziehen von Schlussfolgerungen aus der Position der Gegenseite. Wenn Sie die Position der Leerheit gegen jemanden vertreten möchten, für den die Dinge ein in ihnen selbst liegendes Sein haben, gibt es, wie wir gesehen haben, keinen für beide Seiten in gleicher Weise geltenden Diskussionsgegenstand. Aber der Prasangika kann einfach von der Ansicht des anderen ausgehen und das Thema von dort aus so behandeln, wie es dem anderen präsent ist. Tsong-kha-pa beschließt diesen Abschnitt der *Großen Abhandlung* mit den Worten (3, 274):

Wenn also der Grund, der für das zu Beweisende angeführt wird, für beide Seiten nach den bereits dargelegten Regeln der gültigen Erkenntnis benannt werden kann, handelt es sich um einen autonomen (svatantra) Grund. Kann der Grund nicht so benannt werden und wird die Beweisführung mittels der drei vom Gegenüber als gegeben angesehenen Kriterien vorgenommen, so haben wir die Prasangika-Methode. Ganz klar ist, dass der Meister Chandrakirti dies im Sinn hatte.

An welche Methode halten wir uns nun? Tsong-kha-pa schreibt:

Die großen Madhyamikas, die dem edlen Vater Nagarjuna und seinem spirituellen Sohn Aryadeva folgten, teilten sich in zwei Schulen: Prasangika und Svatantrika. Welcher folgen wir? Wir fühlen uns der Prasangika zugehörig. Und wie gesagt, verneinen wir ein essenzielles Sein oder innewohnendes Wesen sogar

im gewöhnlichen Sinne – doch alles, was über das zy-
klisch Dasein und Nirwana gesagt wurde, muss damit
vereinbar sein.

Nach dieser Anregung, sich der Prasangika-Sicht der Leerheit anzuschließen, erläutert Tsong-kha-pa, wie man auf diesem Weg zur
richtigen Anschauung über die Leerheit gelangt. Er zeigt auf, wie
man die Ichlosigkeit der Person und der Phänomene erkennt und
wie man sich mit dieser Sicht der Dinge vertraut macht, um noch
bestehende Verdunkelungen zu bereinigen.

Die Ichlosigkeit der Person wird am Beispiel eine Kutsche verdeutlicht. Eine Kutsche ist etwas Zusammengesetztes, die Kutsche als
Ganzes beruht auf ihren Bestandteilen. Unterzieht man sie der siebenfachen Analyse, stellt sich heraus, dass ein gesondertes »Kutsche-
Sein« nicht aufzufinden ist. Nach derselben Methode kann man
auch die Person analysieren und ihre Beziehung zu ihren Bestandteilen, den geistigen und körperlichen Anhäufungen, untersuchen. So
erkennt man, dass die Person leer von in ihr selbst liegendem Sein
ist. Das lässt sich dann weiter auf alles ausdehnen, was »mein« ist,
also auf das, was der Person gehört. Auch all das erweist sich als leer.

Weiterhin lässt sich das Selbst-Wesen der Phänomene verneinen, wenn man die vier möglichen Arten ihrer Entstehung untersucht: aus sich selbst, aus etwas anderem, aus beidem und aus keinem von beiden. Genau in dieser Frage, ob Dinge aus sich selbst
entstehen können, zog Buddhapalitas Kommentar zu Nagarjunas
Grundlegender Weisheit die ausführliche Kritik Bhavavivekas auf
sich, bei der wiederum Chandrakirti nachwies, dass sie nicht stichhaltig ist. Hieran entzündete sich die ganze Diskussion über die
Frage, ob es überhaupt einen gemeinsamen Diskussionsgegenstand
geben kann, wenn Madhyamikas mit Nicht-Madhyamikas über die
Leerheit sprechen.

Aber wie kann nun die Meditation über die Leerheit geistige Verdunkelungen bereinigen? Dazu schreibt Tsong-kha-pa (3, 320):

Wenn du erkannt hast, dass dem Ich und dem, was »sein« ist, selbst das kleinste Stäubchen von in ihm selbst liegender Natur mangelt, kannst du dich mit diesen Tatsachen durch Gewöhnung vertraut machen, und so unterbindest du die verdinglichende Deutung der vergänglichen Anhäufungen als ein Ich und als das, was »sein« ist. Endet diese Betrachtungsweise, so beendest du damit auch die bereits erläuterten vier Arten der Anhaftung, also das Festhalten an dem, was du möchtest, und so weiter. Ist das einmal beendet, kommt es nicht mehr zu einer durch Anhaftung bedingten Existenz, es gibt keine Wiedergeburt der bedingten Anhäufungen, und du findest Befreiung.

In Nagarjunas *Grundlegender Weisheit* lesen wir:

Durch Befriedung des Ichs und dessen, was es besitzt, wird die Vorstellung des »Ichs« und die Vorstellung des »Meinen« überwunden sein.[11]

Tsong-kha-pa fasst noch einmal zusammen, weshalb es so wichtig ist, die Leerheit zu verstehen (3, 221):

So werden denn die in der verdinglichenden Wahrnehmung der vergänglichen Anhäufungen wurzelnden Plagen wie Anhaftung und Feindseligkeit von solchen falschen Anschauungen hervorgebracht. Diese Wahrnehmungen sind deshalb so fehlgeleitet, weil an

einem »Dies ist real« festgehalten wird, was die
acht weltlichen Belange,[12] was Männer und Frauen,
was Topf, Tuch, Form oder Gefühl angeht. Weil die
falsche Anschauung diese Dinge in der Vorstellung
hervorbringt, entstehen sie letztlich als Abwandlungen
des Glaubens an wahres Sein.

Er untermauert das mit Chandrakirti-Zitaten und kommt dann zu
diesem Schluss (3,322):

Leerheit sehen – das durchtrennt die Wurzel des
zyklischen Daseins und ist das Innerste des Pfades
zur Befreiung. Deshalb brauchst du feste Gewissheit
darüber.

Vielleicht sind Sie nicht an Befreiung interessiert, vielleicht stellt
sich Ihnen nicht einmal die Frage. Aber *wenn* Sie nach Befreiung
streben, müssen Sie verstehen lernen, was Leerheit bedeutet.

Meditation über die Leerheit

Wenn Sie die Eigenexistenz, das in den Dingen selbst liegende Sein,
verneint haben, bleibt eigentlich gar nichts mehr als objektive Basis
der Existenz. Tsong-kha-pa hebt hervor (3,325), wie schwierig es
ist, in einer Welt ohne innewohnendes Sein so etwas wir abhängiges
Entstehen nach Ursachen und Wirkungen zu postulieren. Aber wir
müssen ja weiterhin Schaden und Nutzen, Ursache und Wirkung
und vieles mehr unterscheiden können. Wie können wir nach der
gründlichen Negation einer objektiven Realität überhaupt noch
eine schlüssige Vorstellung von Realität haben? Wir müssen hin-

nehmen, dass Realität bloße Übereinkunft ist, bloße Benennung. Eben das sagt Tsong-kha-pa auch in seinen Werken *Ozean der Vernunfterkenntnis* und *Erleuchtung des Denkens*. Es sei, sagt er dort, relativ einfach, durch Negation zum Verständnis der Leerheit zu gelangen. Innerhalb des Madhyamaka-Denkens liege die große Schwierigkeit und Herausforderung aber darin, wie man die Realität nach dieser Verneinung in den Begriffen des abhängigen Entstehens erfassen kann.

Hier hilft uns der Rückgriff auf Tsong-kha-pas drei Kriterien für Existenz im landläufigen Sinne. Etwas existiert im konventionellen Sinne, wenn es erstens dem konventionellen weltlichen Bewusstsein bekannt ist und ihm zweitens keine andere gültige konventionelle Erkenntnis widerspricht. Diese andere gültige Erkenntnis kann auch Ihre eigene spätere Erkenntnis sein. Sie nehmen etwas war und glauben, es sei so, wie es Ihnen erscheint, aber später erkennen Sie dann selbst, dass es sich nicht so verhält. Oder Ihre erste Wahrnehmung wird durch die gültige Erkenntnis eines anderen korrigiert. Das erinnert an das Prinzip der unabhängigen Verifizierbarkeit in den Naturwissenschaften, wo gefordert wird, dass Forschungsergebnisse unabhängig reproduzierbar und verifizierbar sein müssen.

Das dritte Kriterium der Existenz im konventionellen Sinne liegt darin, dass die höchste oder absolute Analyse ihr nicht widersprechen darf. Manche Anhänger der Nur-Geist-Schule beispielsweise postulieren ein Grundlagen-Bewusstsein *(Alaya)*. Sie selbst sehen es vielleicht nicht so, dass sie von der absoluten Analyse aus zu diesem Postulat gelangt sind. Für die Prasangika-Madhyamaka stellt jedoch die Setzung eines Grundlagen-Bewusstseins eine falsch angewendete Form der höchsten Analyse dar, zu der es kommt, wenn man die alltägliche konventionelle Auslegung als unbefriedigend ansieht. Man wünschte sich einen realen und objektiven Bezug für den Ausdruck »Person«, und so kam es zum Postulat des Grundlagen-

Bewusstseins. Die Verfechter eines Grundlagen-Bewusstseins fühlen sich nicht wohl bei dem Gedanken, einfach zu sagen, das Geist-Bewusstsein sei die Person. Sie wünschen sich etwas Stabileres. Aber das Grundlagen-Bewusstsein als reale Grundlage der Person hält der letztgültigen Analyse nicht stand.

In Ihrer Meditationspraxis müssen Sie sich mit Gedankengängen wie der siebenfachen Analyse der Person oder der vierfachen Analyse der Phänomene – aus sich selbst entstanden, aus etwas anderem entstanden, sowohl als auch und weder noch – vertraut machen und sie anwenden. Bei diesem logischen Vorgehen werden Sie eine Möglichkeit nach der anderen aussondern, bis Sie am Ende erkennen, dass Ihr Betrachtungsgegenstand auf diese Art letztlich nicht aufzufinden ist. Es stellt sich ein Gefühl ein, dass die betrachtete Sache dem forschenden Blick nicht standhält.

Da müssen Sie sich dann sagen, dass die Dinge *trotzdem* existieren. Dagegen lässt sich auch nicht argumentieren, schließlich haben die Dinge ja ihre beobachtbaren Wirkungen. Sie können schaden, sie können nützen. Folglich existieren sie unbestreitbar irgendwie. Und jetzt fangen Sie an zu verstehen, was es heißt, den Dingen eine nominelle Existenz zuzugestehen.

Nach der analytischen Negation ist es dann sehr hilfreich, Ihre Meditation über Leerheit wieder an das Prinzip des abhängigen Entstehens anzubinden. Meditieren Sie weiter über die Leerheit, aber verwenden Sie jetzt das abhängige Entstehen als das Argument für die Leerheit der Dinge. Wenn die Dinge abhängig entstehen, ist damit ja schon gesagt, dass sie keinen eigenständigen Status besitzen. Wenn sie abhängig entstehen, sind sie ganz und gar bedingt und ihrer Natur nach nicht real – sie existieren nur in Relationen. Dann sehen Sie, dass wir den Dingen nur *eine* Art von Sein zuerkennen können, nämlich ein relationales. Das Sein der Dinge ist nur als abhängige Benennung möglich und denkbar.

Buddhapalita sagt: Existierten die Dinge aus sich selbst, vermöge ihres eigenen innewohnenden Seins, so könnten wir mit dem Finger auf sie deuten und sagen: »Das ist die Essenz!« In dem Falle würde dieses Dinge von nichts anderem abhängen und keinen Bedingungen unterliegen. Auch Nagarjuna argumentiert in seiner *Widerlegung der Ausführungen*: Besäßen die Dinge objektive Realität, sodass sie aus ihrer eigenen Essenz oder innewohnenden Natur existierten, müsste sich noch vor einer Bezeichnung oder Benennung der Gedanke »Die ist so« einstellen.[13] Tatsächlich kann sich aber der Gedanke, dass etwas das und das ist – ein Identitätsgedanke –, nur einstellen, wenn etwas abhängig benannt ist. Besäßen die Dinge ihre eigene essenzielle Natur, sollten sie unabhängig von jeder Benennung erkennbar sein. Aufgrund solcher Gedanken wird uns klar, dass wir den Dingen nur eine nominelle, abhängige Realität zuerkennen können.

Wenn Sie dies ein wenig verstanden haben, müssen Sie Ihr Verständnis immer weiter ausbauen. Vergleichen Sie Ihr Verständnis dann mit der gewohnten Erscheinungsweise der Dinge. Durch meditative Betrachtung der Leerheit haben Sie erkannt, dass Dinge und Ereignisse nicht vermöge ihres eigenen innewohnenden Seins existieren – sie besitzen solch ein innewohnendes Sein gar nicht. Ihrer alltäglichen Wahrnehmung der Welt stellen sich die Dinge freilich nach wie vor so dar, als hätten sie solch ein objektives Sein.

Diese Unvereinbarkeit wird Ihnen schlagend deutlich machen, wie weit das auseinanderklafft: wie Sie die Dinge wahrnehmen und wie sie tatsächlich sind. Und jetzt bekommt dieses ganze Verfahren der Negation den Charakter der *Erfahrung*. Wenn Sie sich dem Objekt der Negation beziehungsweise Ihrem Gefühl seiner objektiven Existenz jetzt erneut zuwenden, wird Ihnen eine Unmittelbarkeit bewusst werden, die wie nackte Berührung ist.

In der tatsächlichen Praxis müssen wir also verschiedene Ansätze kombinieren und zwischen ihnen wechseln. Beginnen Sie mit der kritischen Analyse, um schließlich zu sehen, dass alles, was Sie untersuchen, dieser Analyse nicht standhält. Dann gehen Sie zur Betrachtung des abhängigen Entstehens über, zur bloß relationalen Existenz all dieser nicht definierbaren Dinge. Vergleichen Sie dann das so gewonnene Verständnis mit Ihrer persönlichen alltäglichen Weltwahrnehmung. Das führt Ihnen deutlich vor Augen, was eigentlich geschieht, wenn wir die Dinge als objektiv real nehmen.

So erkennen Sie schließlich, wie die Betrachtung des abhängigen Entstehens zur Leerheit und die Betrachtung der Leerheit zum abhängigen Entstehen führt. Die beiden Blickwinkel ergänzen und verstärken einander. Wie Tsong-kha-pa in seinen *Drei Hauptaspekten des Pfades* sagt:

> *Wenn diese beiden Erkenntnisformen nicht abwechselnd, sondern zugleich gegeben sind, wird das stetig gegebene Sehen des abhängigen Entstehens zu der Weisheit, die alles Haften an Dingen beendet, und du hast den Gipfel der analytischen Betrachtung erreicht.*[14]

Zum Abschluss seiner *Großen Abhandlung* legt Tsong-kha-pa die verschiedenen Arten der analytischen Einsicht dar (3, 327–30). Er zeigt auf, wie man Einsicht gewinnt und aufrechterhält und wie man Gemütsruhe und Einsicht vereinigt (3, 330–59). Er schließt mit einem Abriss des gesamten Pfades mit besonderer Berücksichtigung der Vajrayana-Praxis (3, 361–65).

AUSKLANG

So, wir sind durch. Man braucht Monate, um diese Unterweisungen ganz zu verstehen. Und die eigentliche Praxis dauert dann Jahrzehnte. Aber es hilft nichts, wir müssen uns dem unterziehen. Ich selbst habe mit sechzehn angefangen, mich richtig für diese Lehren zu interessieren, und jetzt bin ich dreiundsiebzig. All die Jahre war Tsong-kha-pas Werk meine wichtigste Anleitung.

Im Tibetischen bezeichnen wir einen sehr umfassenden Text als »tausendfache Dosis«. Tsong-kha-pas *Große Abhandlung über die Stufen auf dem Pfad zur Erleuchtung* ist solch ein Text. Das Besondere an Tsong-kha-pa liegt darin, dass er es unternimmt, die schwierigsten Stellen der indischen Texte auszulegen.[1] Das macht natürlich auch seine Werke besonders schwierig, aber es ist notwendig, die schwierigen Stellen zu klären – und es lohnt sich. Seine Gesammelten Werke füllen im Tibetischen achtzehn Bände. Es handelt sich um Texte unterschiedlichster Art, aber leichte Lektüre ist kaum dabei. Jeder Text hat Gewichtiges mitzuteilen und ist von tiefer Bedeutung. Aber er schreibt einen wunderbaren Stil und vermag mit wenigen Worten großen Sinn zu erfassen. So schreiben zu können ist schon eine besondere Begabung.

Mir als einfachem buddhistischem Mönch ist es ein großes Vergnügen, über dieses Buch Vorträge zu halten. Mein eigenes Verstehen ist noch sehr begrenzt, und für meine persönliche Erfahrung gilt das noch mehr. Aber ich schätze mich glücklich, dieses Buch lesen zu können.

Sehen Sie sich Ihren Lehrer an. Sechzehn bis dreiundsiebzig – so lange arbeite ich schon daran und bin noch nicht fertig. Auch bei Ihnen werden Studium und Praxis dieser Lehren viele Jahre in Anspruch nehmen. Lassen Sie sich nicht entmutigen oder gar demoralisieren. Befassen Sie sich jeden Tag, alle Tage, mit einer Seite, das ist genug, es ist sehr gut. Nach hundert Tagen kennen Sie dann hundert Seiten und nach tausend Tagen tausend.

Der Bau äußerer Dinge braucht seine Zeit, und etwas im Geist aufzubauen dauert auch seine Zeit und ist nicht leicht. Aber ich bin völlig gewiss, dass sich unser Geist ändern kann, und zwar zum Besseren. Ich kann Ihnen das versichern, weil es meine eigene Erfahrung ist. Wenn Sie sich hineinknien und dabei beständig bleiben, ohne in Ihrem Interesse und Ihrer Entschlossenheit nachzulassen, wird sich etwas ändern. Die Dinge werden besser.

Unser Ziel ist es ja, zur echten Erfahrung der grenzenlosen Selbstlosigkeit und zum vollkommenen Verständnis der wahren Wirklichkeit zu gelangen. Für uns als Buddhisten ist Buddhaschaft das letzte Ziel. Wie weit es auch sein mag – brechen wir jetzt auf zu diesem letzten Bestimmungsort.

Ich danke Ihnen.

Zueignung

Wie es bei Unterweisungen zu den Stufen des Pfades üblich ist, wollen wir heute zum Abschluss gemeinsam den Teil aus Tsong-kha-pas Widmungsversen zur *Großen Abhandlung* (3, 368–69) zitieren, der unserem Bestreben Ausdruck gibt:

Möge ich, nachdem ich durch langes Bemühen
die beiden himmelweiten Sammlungen
zusammengetragen habe, der oberste der Überwinder
werden, Führer all der Wesen, deren Geist von
Unwissenheit verblendet ist.

Möge außerdem in allen meinen Leben bis zu diesem
Punkt Manjughosha mich mit liebevoller Güte
behüten. Möge ich durch Verwirklichung des erha-
benen Pfades, der in den Stufen der Lehre in seiner
Gänze gegeben ist, den Überwindern eine Freude sein.

Mögen die Kernpunkte des Pfades, die ich genau
kenne, durch geschickte Mittel und die Inspiration
der Herzensgüte alle geistige Dunkelheit der
Lebewesen aufheben. Möge ich die Lehren der
Überwinder für lange Zeit hochhalten.

Möge ich überall da, wohin die erhabene, kostbare
Lehre noch nicht gelangt ist oder wo sie dem Verfall
unterliegt, den Schatz des Glücks und der Wohltat mit
einem tief von Mitgefühl bewegten Geist beleuchten.

Möge diese Abhandlung über die Stufen des Pfades
zur Erleuchtung – sicher gegründet auf die Wunder-
taten der Überwinder und ihrer Kinder – den Geist
der Befreiung Suchenden erheben und die Errungen-
schaften der Überwinder für lange Zeit bewahren.

Und alle, die günstige Bedingungen für die Annahme
des guten Pfades schaffen, oder das aus dem Weg

räumen, was sie behindert, seien sie Menschen oder
nicht: Mögen sie niemals in allen ihren Leben den
reinen, von den Überwindern gepriesenen Pfad
verlieren.

Möge ich bei meinem Streben nach dem erhabenen
Fahrzeug durch die zehn Taten der Lehre
immer von den Mächtigen begleitet sein,
und möge sich ein Meer des guten Geschicks in alle
Richtungen ausbreiten.

Langes-Leben-Gebet

JOSHUA CUTLER: Eure Heiligkeit, herzlichen Dank für Ihre wundervollen Unterweisungen. Geshe Wangyal, der Gründer und unser Lehrer, sprach von Eurer Heiligkeit immer als einem »wunscherfüllenden Juwel«. Immer wenn ich Eurer Heiligkeit begegne, spüre ich die Kraft dieser Worte, fühle ich, dass meine Wünsche erfüllt werden. In gerade einmal sechs Tagen haben Sie uns das Herz der *Großen Abhandlung* erschlossen. Niemand außer einem großen Dharma-Gelehrten könnte das.

Ich bitte jetzt alle hier Versammelten, mit mir zusammen drei Mal diese Worte für das lange Leben Seiner Heiligkeit zu sprechen:

In diesem von Schneegebirgen umgebenen reinen Land
bist du der Quell aller Wohltat und allen Glücks,
all-vermögender Avalokiteshvara Tenzin Gyatso,
mögest du bleiben bis ans Ende des Samsara.

ANMERKUNGEN

KAPITEL 1

1 *The Great Treatise on the Stages of the Path to Enlightenment*, 3 Bände, Ithaca, N.Y.: Snow Lion Publications 2001, 2002 und 2004 (in der vorliegenden Übersetzung zitiert als *Die Große Abhandlung über die Stufen auf dem Pfad zur Erleuchtung* oder kurz als *Große Abhandlung*, jeweils mit Bandnummer und Seitenzahl der englischen Ausgabe).

2 Gastgeber dieser Vortragsreihe war in enger Zusammenarbeit mit der Lehigh University das Tibetan Buddhist Learning Center of Washington in New Jersey. Das Zentrum wurde von dem mongolischen Gelehrten Geshe Ngawang Wangyal (1901–1983) gegründet, dem ersten buddhistischen Lehrer etlicher prominenter Buddhisten im Westen, darunter Jeffrey Hopkins und Robert Thurman. Siehe www.labsum.org.

3 Tsong-kha-pa Losang Drakpa (1357–1419) war der Begründer der Geluk-Schule des tibetischen Buddhismus, der auch der Dalai Lama angehört. Nalanda, im nördlichen Bihar (Indien) gelegen, hatte vom 5. bis zum 12. Jahrhundert seine Blütezeit als eine der größten Bibliotheken und Universitäten der Welt. Seine Heiligkeit hebt häufig hervor, dass Tibet wie kein anderes Land das Erbe der Nalanda-Universität mit ihrem ganzen Reichtum an indisch-buddhistischer Gelehrsamkeit angetreten hat. Siehe dazu Dalai Lama:

»Praise to Seventeen Nalanda Masters«, in: *The Middle Way*, Boston: Wisdom Publications 2009, S. 153–161. (Deutsche Fassung: *Der Mittlere Weg*, München: Diederichs, 2010)

4 Seine Heiligkeit schildert in seinen fesselnden Erinnerungen, wie die Drohungen und Provokationen der Chinesen ihn damals zu der Entscheidung bewogen, Tibet zu verlassen, und wie er bei Nacht und Nebel aus dem besetzten Lhasa floh. Der Norbulingka-Palast, die traditionelle Sommerresidenz der Dalai Lama, wurde kurz nach der Flucht des Dalai Lama von den Chinesen beschossen. *My Land and My People*, New York: McGraw-Hill, 1962. (*Mein Leben und mein Volk*, München: Droemer Knaur, 1995)

5 Das Thema der globalen Verantwortung ist ein fester Bestandteil in den Unterweisungen seiner Heiligkeit. Eine besonders eingehende Behandlung dieser Thematik findet man in seinen Büchern *A Human Approach to World Peace*, Boston: Wisdom Publications, 1984 (*Ein menschlicher Weg zum Weltfrieden*, Jägerndorf: Diamant, 1989), und *Ethics for the New Millennium*, New York: Riverhead Books, 2001 (*Das Buch der Menschlichkeit*, Bergisch Gladbach: Lübbe, 2000).

6 Zu Nalanda siehe Anmerkung 3.

7 Am Morgen des 9. Juli 2008 besuchte der Dalai Lama den Dargah-Sharif-Schrein in Ajmer im indischen Rajasthan, um an den Gebeten zum »Urs«, dem 796. Sterbetag des großen Sufi Kwaja Moinuddin Chishti, teilzunehmen. In den sechs Tagen der Feierlichkeiten besuchten schätzungsweise eine Million Anhänger aus Indien, Bangladesch, Pakistan und anderen Ländern das Heiligtum.

8 Dem Vorbild Muhammads folgend, haben muslimische Männer auf der ganzen Welt zumindest beim Gebet den Kopf bedeckt. Diese »Takke« genannte Kopfbedeckung (von arabisch *Taqiyah*) ist in Pakistan und Indien als »Topi« bekannt.

9 Jamma Masjid ist eine der größten Moscheen Indiens. Sie wurde 1658 von dem Mogulherrscher Shah Jahan erbaut.

10 So wurde die von Seiner Heiligkeit häufig als Hauptquelle des tibetischen Buddhismus angeführte Nalanda-Universität anscheinend
im Jahr 1193 von Bhaktiya Khalji geschleift. Der überlieferten Er-
zählung nach soll er sich allerdings zuvor erkundigt haben, ob die
Bibliothek auch einen Koran eingestellt habe.

11 Der Mahabodhi-Tempel in Bodhgaya, heute zum UNESCO-Welt-
kulturerbe zählend, gilt als der Ort, an dem der Buddha Erleuchtung fand. Er wurde im 5. oder 6. Jahrhundert n. Chr. an der Stelle
errichtet, an der einmal ein Tempel aus der Zeit Ashokas (3. Jh. v.
Chr.) gestanden hatte. Der Tempel wurde zwar immer wieder er-
heblich beschädigt und war vom 12. bis zum 15. Jahrhundert weitgehend sich selbst überlassen, aber er wurde nicht gänzlich zerstört
und ist jetzt restauriert. Bodhgaya liegt im indischen Bundesstaat
Bihar, wo der muslimische Bevölkerungsanteil ungefähr 14 Prozent
ausmacht. Die Hauptmoschee von Bodhgaya liegt gleich südöstlich
des Mahabodhi-Tempels.

12 Die Unruhen in Tibet begannen am 10. März 2008, dem 49. Jah-
restag des gescheiterten Aufstands gegen Pekings Herrschaft im
Jahr 1959. Die Proteste gegen die Inhaftierung von Mönchen
wurden schließlich gewalttätig bis hin zu Übergriffen auf in Lhasa
lebende Chinesen. Wen Jiabao, Premierminister der Volksrepu-
blik China, warf dem Dalai Lama vor, er stehe als Aufwiegler
hinter den Unruhen. Der Dalai Lama verneinte das und sagte, die
Gründe seien vielmehr in dem verbreiteten Unmut in Tibet zu
suchen.

13 Seine Heiligkeit verweist mit dem Ausdruck »Sanskrit-Tradition«
auf den Mahayana-Buddhismus, da sich das Mahayana auf Schriften beruft, die ursprünglich auf Sanskrit abgefasst wurden. Da
»Sanskrit« hier so viel wie Mahayana bedeutet, kann Seine Heiligkeit weiter unten sagen, das Chinesische sei äußerst wichtig für das
Studium der buddhistischen Sanskrit-Tradition. Demgegenüber
bezeichnet seine Heiligkeit mit dem Ausdruck »Pali-Tradition«
die Praxisformen, die auf in Pali abgefassten buddhistischen

Schriften der nicht zum Mahayana gehörenden Theravada-Tradition beruhen.

14 Theosophie ist eine ursprünglich von Helena Blavatsky (1831 bis 1891) gelehrte religiöse Philosophie. Die Theosophische Gesellschaft wurde 1875 in New York City gegründet, verlegte ihren Hauptsitz jedoch 1882 nach Adyar in der Nähre von Chennai (Madras) in Indien.

15 Dieses Zögern ist Ausdruck der Tatsache, dass Seine Heiligkeit vor Menschen anderer Glaubenszugehörigkeit nur sehr vorsichtig über den Buddhismus als Religion spricht.

16 Gemeint ist der überaus produktive Geluk-Gelehrte Gungthang Könchog Tenpe Drönme (1762–1823). Seine Schriften, darunter auch populäre Sammlungen praktischer Ratschläge, gehören zu den wichtigen Lehrinhalten am Gomang-College des Klosters Drepung. Seine Heiligkeit zitiert hier Vers 2 aus Gungthangs »Versen des Rats zur Meditation über Vergänglichkeit«. Siehe Blanche C. Olschak und Geshe Thupten Wangyal (Übers.): *Spiritual Guide to the Jewel Island,* Zürich: Buddhist Publications, 1973, S. 98–99.

KAPITEL 2

1 Wie Seine Heiligkeit am Beginn des ersten Kapitels feststellt, besteht kein Zweifel, dass Tsong-kha-pa der Autor der *Großen Abhandlung über die Stufen auf dem Pfad zur Erleuchtung* ist. Wenn er hier Atisha als den Autor benennt, bezieht er sich damit auf eine eigenartige Stelle in Tsong-kha-pas *Großer Abhandlung* (1,34–35): »Insbesondere ist Atishas *Leuchte für den Pfad zur Erleuchtung* die Textgrundlage dieses Werks und folglich ist der Verfasser jenes Werks auch der Verfasser dieses Buchs.« Diese Stelle ist viel kommentiert worden. Es ist weder typisch noch üblich, dass ein Autor jemand anderen als Verfasser seines Werkes benennt. Seine Heiligkeit gibt im Folgenden eine gängige Erklärung.

2 Atisha und mit ihm Tsong-kha-pa unterscheiden drei Befähigungsgrade: gering, mittel und groß. Buddhisten von geringer

Befähigung setzen sich eine gute Wiedergeburt zum Ziel. Menschen von mittlerer Befähigung suchen für sich selbst Befreiung vom zyklischen Dasein *(Samsara)*. Und von großer Befähigung sind die, die zum Nutzen aller nach Buddhaschaft streben. Atisha ordnet die buddhistischen Praktiken nach ihrer Eignung für Menschen dieser Befähigungsgrade und zeigt damit auf, dass *sämtliche* Lehren irgendwo auf dem Pfad bedeutsam sind. Im 7. Kapitel geht Seine Heiligkeit darauf näher ein. Siehe auch Geshe Sonam Rinchen und Ruth Sonam: *Atisha's Lamp for the Path*, Ithaca, N.Y.: Snow Lion Publications, 1997.

3 Manjushri ist der Bodhisattwa, der die Weisheit der Buddhas verkörpert. Siehe die Erläuterungen Seiner Heiligkeit zu den erleuchteten Bodhisattwas in der Neuausgabe seines Buches *Kindness, Clarity, and Insight*, Ithaca, N.Y.: Snow Lion Publications, 2006, S. 111–115. (*Logik der Liebe*, München: Goldmann, 1992)

4 Siehe Geshe Wangyals Übersetzung in *The Jewelled Staircase*, Ithaca, N.Y.: Snow Lion Publications, 1986, S. 15.

5 P5709, 83.4.6–7.

6 Siehe Jeffrey Hopkins (Übers.): *Nagarjuna's Precious Garland*, Ithaca, N.Y.: Snow Lion Publications, 2007. Seine Heiligkeit spielt höchstwahrscheinlich auf Vers 212 an: »Der Form-Körper eines Buddha erwächst aus der Ansammlung von Verdienst; sein Wahrheitskörper, o König, erwächst aus der Ansammlung von Weisheit.« Anderswo im *Kostbaren Blumenschmuck* gibt Nagarjuna eine etwas andere Darstellung der Ursachen der Buddhaschaft (die aber der ersten nicht widerspricht). In den Versen 174 und 175 benennt er den Erleuchtungsgeist, die nicht dualistische Weisheit und das Mitgefühl, und in den Versen 435–39 sagt er, Buddhaschaft entstehe aufgrund der sechs Vollkommenheiten (Gebefreudigkeit, Sittlichkeit, Geduld, freudige Beharrlichkeit, meditative Sammlung, Weisheit) und des Mitgefühls.

7 Die vier edlen Wahrheiten sind die Wahrheit des Leidens, die Wahrheit von den Ursprüngen des Leidens, die Wahrheit von der

Beendigung des Leidens und die Wahrheit vom Weg zu dieser Beendigung. Die erste beschreibt unsere Lage im zyklischen Dasein, wo uns nicht nur körperliche und seelische Schmerzen heimsuchen, sondern auch manches Unbehagen und Ungenügen von subtilerer Art. Die zweite Wahrheit ist der Ursprung dieser gegenwärtigen Lage, nämlich das Handeln aus einem mit Gier, Übelwollen und Verblendung behafteten Geist. Mit Beendigung ist das Aufhören der Leiden und seiner Ursprünge gemeint, der Frieden des Nirwana. Der Weg schließlich besteht im Einüben von Geisteshaltungen, die letztlich die Beendigung der Leiden bewirken.

8   Die höchste oder absolute Wahrheit besagt, dass alle Dinge letztlich leer von in ihnen selbst liegendem Sein sind; herkömmliche oder konventionelle Wahrheit bezieht sich auf alles Übrige.

9   Dieses Thema wird im 5. Kapitel angesprochen und dann im 7. Kapitel eingehend erörtert.

10 Das lässt sich anhand von Gavin Kiltys Übersetzung nachvollziehen: *The Splendor of an Autumn Moon,* Boston: Wisdom Publications, 2001, S. 216–45; oder in Thupten Jinpas Übersetzung auf www.tibetanclassics. org/jinpa_translations.html. Die mündlichen Unterweisungen Seiner Heiligkeit zu diesem Text sind auf DVD erhältlich: *In Praise of Dependent Origination,* San Jose, Calif.: Gyuto Vajrayana Center, 2009.

11 Wie auch zum Beispiel in Nagarjunas *Sechzig Strophen.* Die Übersetzung von Geshe Thupten Jinpa ist einzusehen unter www.tibetanclassics.org/pdfs/SixtyStanzas.pdf.

12 Manjushri ist Oberhaupt der Profunden Linie, Maitreya der Allumfassenden Linie. Damit ist gesagt, dass sie die Hauptlehrer der Weisheit beziehungsweise des mitfühlenden Handelns sind. Maitreya ist außerdem der Bodhisattwa, der der nächste Buddha unserer Welt sein wird.

13 Vajrayana ist die Praxis des tantrischen Buddhismus. Es beruht auf der von den Sutras ausgehenden Mahayana-Praxis und setzt diese voraus. Der Dalai Lama betrachtet das Vajrayana als eine Form des

Mahayana-Buddhismus – mit dem gleichen Ziel (vollkommene Erleuchtung) und den gleichen Prinzipien (Weisheit und Mitgefühl), aber mit weiterentwickelten Methoden, insbesondere dem Gottheiten-Yoga, bei dem man sich mit voller Überzeugung als das voll erleuchtete Wesen visualisiert, das man werden möchte.

14 Tsong-kha-pa zitiert diese Stelle aus Aryadevas *Vierhundert* (8.15) in der *Großen Abhandlung* 1,141. Siehe Geshe Sonam Rinchens und Ruth Sonams Übersetzung: *Aryadevas Four Hundred Stanzas on the Middle Way*, Ithaca, N.Y.: Snow Lion Publications, 2008, S. 239.

15 Diesen Vers aus Aryadevas *Vierhundert Strophen* (12.1) zitiert Tsong-kha-pa im ersten Band der *Großen Abhandlung* auf S. 75.

16 Potowa Rinchen Sel (1027–1105) war einer der Hauptschüler Drom Tönpas (1004–1064), der wiederum zu Atishas engstem Schülerkreis gehörte und dessen Nachfolger wurde. Einen umfassenden Eindruck von Potowas entscheidend wichtiger und höchst kreativer Beteiligung an der Verbreitung des von Atisha gelehrten Buddhismus in Tibet gibt Ronald Davidson in *Tibetan Renaissance*, New York: Columbia University Press, 2005, S. 249–55.

17 Die *Jataka-Erzählungen* sind auf Englisch und Deutsch sowohl in Buchform erhältlich als auch online einsehbar. Die Sammlung der Aussprüche, das *Dhammapada*, ist ebenfalls in verschiedenen deutschen und englischen Buchausgaben erhältlich und steht online zur Verfügung. Für unseren Zusammenhang ist die Übersetzung von Gareth Sparham von Bedeutung: *The Tibetan Dhammapada*, London: Wisdom Publications, 1995.

18 Robert Thurman und andere haben den *Schmuck für die Mahayana-Sutras* übersetzt und als *The Universal Vehicle Discourse Literature* veröffentlicht. New York: American Institute of Buddhist Studies, 2004.

19 Etwas weiter unten im Abschnitt »Zwei Bestrebungen« wandelt Seine Heiligkeit diese Aufstellung der Texte leicht ab. Eine ältere englische Fassung der *Sammlung der Regeln (Shikshasamuccaya)*

von Cecil Bendall und W.H.D. Rouse wurde inzwischen neu aufgelegt: *Compendium of Instructions, Siksha-Samuccaya,* Whitefish, Mont.: Kessinger Publishing, 2008. *Eintritt in die Taten eines Bodhisattwas,* das *Bodhicharyavatara* ist in mehreren deutschsprachigen Ausgaben erhältlich. Siehe z. B. die Verweise unter http://de.wikipedia.org/wiki/Shantideva.

20 Unter den zahlreichen Schriften Gyel-tsaps (1362–1432), eines der Schüler, die Tsong-kha-pa besonders nahe standen, befindet sich auch *Der Herz-Schmuck der Erläuterung,* eine ausführliche Erklärung des Texts *Schmuck der klaren Erkenntnis,* der die Kategorien und Auflistungen in den Sutras der Vollkommenen Weisheit zusammenstellt. Siehe dazu Übersetzung und Kommentar von Khenchen Thrangu Rinpoche in *The Ornament of Clear Realization,* Auckland, Neuseeland: Zhyisil Chokyi Ghatsal, 2004. Der Kommentar erschien für sich allein in Khenchen Thrangu Rinpoches *The Ornament of Clear Realization,* Delhi: Sri Satguru, 2001; und die Übersetzung des Wurzeltexts mit indischem Kommentar und einem Subkommentar in Gareth Sparhams *Abhisamayalamkara with Vrtti and Aloka,* 4 Bände, Fremantle, Calif.: Jain Publishing, 2006–2011.

21 Hier die traditionelle Aufstellung der acht Texte: 1. *Große Abhandlung über die Stufen auf dem Pfad zur Erleuchtung* (Tsong-kha-pa); 2. *Mittlere Abhandlung über die Stufen des Pfades* (Tsong-kha-pa); 3. *Kurzgefasste Bedeutung der Stufen des Pfades* (Tsong-kha-pa); 4. *Das Feingold der Stufen des Pfades* (Sonam Gyatso, der Dritte Dalai Lama); 5. *Persönliche Unterweisungen Manjushris* (Ngawang Losang Gyatso, Fünfter Dalai Lama); 6. *Pfad zur Glückseligkeit* (Losang Chökyi Nyima, Erster Panchen Lama); 7. *Der schnelle Pfad* (Losang Yeshe, Zweiter Panchen Lama); 8. *Essenz des wohlgesetzten Rates* (Dagpo Khenchen Ngawang Drakpa). Näheres über diese und andere Texte finden Sie in D. S. Rueggs Einleitung zu der hier zugrunde gelegten englischen Ausgabe der *Großen Abhandlung* (1, 28–31).

22 Unterweisungen Seiner Heiligkeit zu diesem Text finden Sie in
Dalai Lama: *Harmonischer Geist, vollkommenes Bewusstsein,*
München: Lotos Verlag, 2007.

23 Übersetzt von Geshe Wangyal und Brian Cutillo unter dem Titel
Illuminations, Novato, Calif.: Lotsawa, 1988.

24 Die vierte Hauptschule des tibetischen Buddhismus, die Geluk,
nennt Seine Heiligkeit an dieser Stelle nicht. Es ist die von Tsong-
kha-pa ausgehende Linie, der er selbst angehört.

25 Gemeint sind hier 1. die Abkehr vom Haften an diesem Leben;
2. die Abkehr vom Haften an künftigen Leben im zyklischen Dasein; 3. die Abkehr vom Haften am Nirwana lediglich für die eigene Person; und 4. die Abkehr von der Unwissenheit über die Mittel
zum Erlangen der Buddhaschaft. Siehe dazu Gampopas *Juwelenschmuck der Befreiung* in Herbert Günthers englischer Übersetzung *The Jewel Ornament of Liberation,* Boston: Shambhala, 1971,
S. 41. Zu den Besonderheiten der Literatur zu den »Stufen des
Pfades« *(lam rim)* und ihrer Beziehung zu ähnlichen Schriften
siehe David Jackson: »The *bsTan rim* (›Stages of the Doctrine‹)
and Similar Graded Expositions of the Bodhisattva Path« in José
Cabezón und Roger Jackson (Hg.): *Tibetan Literature,* Ithaca,
N.Y.: Snow Lion Publications, 1995. S. 229–243.

26 Jeffrey Hopkins (Übers.): *Nagarjuna's Precious Garland,* Ithaca,
N.Y.: Snow Lion Publications, 2007.

27 Gemeint sind Vaibhashika, Sautrantika, Chittamatra und Madhyamaka – nach diesem Vierer-Schema klassifizieren die Tibeter die
indischen buddhistischen Philosophen. Siehe Geshe Sopa und
Jeffrey Hopkins: *Cutting Through Appearances,* Ithaca, N.Y.: Snow
Lion Publications, 1989; und Guy Newland: *Appearance and Rea-
lity,* Ithaca, N.Y.: Snow Lion Publications, 1999.

28 Jonang verweist auf die Tradition, die von Sherap Gyaltsen (1292
bis 1361) populär gemacht wurde. Siehe Cyrus Stearns: *The Buddha
from Dölpo,* überarbeitete und erweiterte Neuausgabe, Ithaca, N.Y.:
Snow Lion Publications, 2010; und Jeffrey Hopkins: *Mountain*

Doctrine, Ithaca, N.Y.: Snow Lion Publications, 2006, insbesondere die ausgezeichnete Einleitung. Im zweiten Teil seines *Tsong-kha-pa's Final Exposition of Wisdom* (Ithaca, N.Y.: Snow Lion Publications, 2008), zieht Hopkins einen aufschlussreichen und ausgewogenen Vergleich zwischen Sherap Gyaltsen und Tsong-kha-pa.

29 Shugden ist eine umstrittene Gottheit, die mit der Geluk-Schule des Dalai Lama in Zusammenhang steht. Als Seine Heiligkeit die Shugden-Verehrung 1975 offiziell ablehnte, hatte das seine Sorge zum Hintergrund, die Verehrung dieser Gottheit führe zu sektiererischer Intoleranz. Shugden ist nach seinen Worten – und entgegen der Auffassung anderer – kein erleuchtetes Wesen. Weitere Ausführungen seiner Heiligkeit zu diesem Thema unter www.dalailama.com/page.123.htm. Siehe auch Georges Dreyfus: »The Shuk-den Affair«, in: *Journal of the International Association of Buddhist Studies* 21, Nr. 2, 1998, S. 227–270; dieser Artikel steht auch auf www.dalailama.com/page.149.htm.

30 Nachzuvollziehen anhand der gesammelten Werke des Fünften Dalai Lama (Bd. Ha, 423–424) sowie seiner Autobiografie. Den Zusammenhang zeigt Dreyfus auf; siehe den in der vorigen Anmerkung genannten Artikel.

KAPITEL 3

1 Zur Beziehung zwischen Buddhismus und Naturwissenschaft siehe Dalai Lama: *Die Welt in einem einzigen Atom,* Freiburg i. Br. u. a.: Herder, 2011.

2 Es stehen etliche Übersetzung des *Herz-Sutra* in europäischen Sprache zur Verfügung, und dazu gibt es eine Menge Sekundärliteratur. Siehe zum Beispiel Dalai Lama: *Der buddhistische Weg zum Glück,* Frankfurt am Main: O. W. Barth, 2004.

3 Näheres zu diesem Begriff in Kapitel 10.

4 Wie der Stellenverweis zeigt, kommt Tsong-kha-pa erst viel später in der *Großen Abhandlung* (2, 225) auf diese vier Arten, Schüler zu gewinnen. Seine Heiligkeit zieht diesen Punkt vor und gibt ihm

eine vorläufige Erläuterung im Zusammenhang mit den Eigenschaften eines vertrauenswürdigen spirituellen Lehrers (1,70).

5 Die zehn untugendhaften Handlungen sind Töten, Stehlen, sexuelles Fehlverhalten, Lüge, Zwietracht säende Rede, anstößige Rede, sinnlose Rede, Begehrlichkeit, Böswilligkeit und das Hegen falscher Anschauungen. In Tsong-kha-pas *Großer Abhandlung* 1,216–27.

6 Übersetzt von Christian Lindtner in *Nagarjuniana*, Delhi: Motilal Banarsidass, 1987; außerdem online unter www.bodhicitta.net.

7 Vers 73.

8 Siehe dazu auch die Antworten Seiner Heiligkeit im Fragenteil am Schluss dieses Kapitels.

9 Gemeint ist Sungrab Tulku (geb. 1903?), der als Reinkarnation von Alak Dongak Gyatso erkannt und im Kloster Nyen-mo inthronisiert wurde. In seinen Schriften unternimmt er es, die tantrischen Texte der Nyingma-Schule nach Inhalten und Terminologie mit den Tantras in Einklang zu bringen, die den anderen (und späteren) Schulen zugeordnet werden.

10 Vers 192; in der bereits genannten Übersetzung von Rinchen und Sonam, *Aryadeva's Four Hundred Stanzas* auf S. 195.

11 Die Fundstelle in der tibetischen Fassung ist P5709, 81.4.3.

12 Wie aus dem Abschnitt »Leerheit – was bezweckte der Buddha mit dieser Lehre?« im 12. Kapitel hervorgeht, bezieht sich Seine Heiligkeit hier auf die *Grundlegende Weisheit des Mittleren Weges* (24,7), wo sich Nagarjuna gegen die Verfechter eines wesenhaften Seins wendet, die meinen, Leerheit schließe Beziehungen von Ursache und Wirkung aus. Ihnen hält er entgegen, sie verstünden nicht, was Leerheit bedeutet und was der Buddha mit dieser Lehre bezweckte.

13 Dies bezieht sich auf den zweiten Vers des *Sputartha ('grel ba don gsal)*, Haribhadras bekanntesten Kommentars zu den Sutras der Vollkommenen Weisheit nach der Anordnung im *Schmuck der klaren Erkenntnis (Abhisamayalamkara)*, einem Text, der Asanga von Maitreya geoffenbart worden sein soll. Eine englische Fassung

dieses Verses erscheint in Großbuchstaben in Gareth Sparhams Übersetzung eines Textes von Tsong-kha-pa: *Golden Garland of Eloquence,* Band 1, Fremont, Calif.: Jain Publishing, 2008, S. 27–28. Maitreya erschien Asanga der Legende nach als ein Hund, dessen Haut von Maden wimmelte. Asanga schnitt sich Fleisch vom eigenen Körper, um den Maden eine sichere Bleibe zu schaffen, dann schickte er sich an, sie dem Hund mit der Zunge abzusammeln. Daraufhin verwandelte sich Maitreya und wurde Asangas Lehrer. Das ist vielleicht der Hintergrund für Haribhadras Aussage, der *Schmuck der klaren Erkenntnis* sei aus Asangas Haften an den Lebewesen entstanden. Tsong-kha-pa umschreibt den Ausdruck »Haften« hier mit »übergroße Liebe, dem Mitgefühl gleich, das große Bodhisattwas empfinden«.

KAPITEL 4

1   Seine Heiligkeit bezieht sich hier auf Tsong-kha-pas Erläuterungen in seinem *Goldenen Blumenschmuck der Erläuterungen.* (Die betreffende Passage wird im Band 4 von Sparhams Übersetzung erscheinen, der sich beim Verlag Jain Publishing in Vorbereitung befindet. Für den tibetischen Text siehe P6150, Bd. 154; diese Passage findet sich im 5. Kapitel bei 181a der Lhasa-Ausgabe von *gzhol par khang.*) Tsong-kha-pa bezieht sich mit dieser Aussage auf das *Reissetzling-Sutra*; siehe N. Ross Reat: *The Salistamba Sutra,* Delhi: Motilal Banarsidass, 1993.
Die zwölf Glieder des bedingten Entstehens sind: 1. Unwissenheit, 2. willentliches Handeln, 3. Bewusstsein, 4. Name und Form, 5. die sechs Grundlagen, 6. Berührung, 7. Gefühl, 8. Begehren, 9. Anhaften, 10. Werdeprozess, 11. Geburt und 12. Alter und Tod. Unwissenheit meint das Festhalten an einem als real empfundenen Ich, was im Widerspruch zum karmischen Wirken und zur Natur der Realität steht. Willentliches Handeln bezieht sich auf mit Makeln behaftetes Karma, auf alles von geistigen Plagen ausgehende Handeln. Bewusstsein ist hier das primäre oder zentrale

Geist-Bewusstsein mit seinen karmischen Neigungen. Name und Form stehen für die geistigen und körperlichen Anhäufungen. Die sechs Grundlagen bezeichnen die Fähigkeit, die fünf Sinnesobjekte und die Objekte des Geist-Bewusstseins wahrzunehmen. Berührung ist das Zusammenkommen von Objekt, Sinnesvermögen und Bewusstsein. Gefühl steht für angenehme, unangenehme oder neutrale Erfahrung. Begehren hat zwei Formen: nicht von dem als angenehm und wünschenswert Empfundenen getrennt zu werden, aber das Schmerzliche und Unangenehme los zu sein. Das Anhaften ist ein starkes Begehren, etwa ein heftiges Verlangen nach erwünschten Sinnesobjekten, ein Festhalten an falschen Anschauungen und dergleichen. Der Werdeprozess stellt die Aktivierung der Anlage zu neuer Geburt dar. Geburt steht für den ersten Bewusstseinsaugenblick des neuen Lebens. Alter und Tod sind das Ausreifen, die Verwandlung und schließlich das Abfallen der Gruppen oder Anhäufungen. (*Große Abhandlung* 1, 315–319.) Die zwölf Glieder kommen im weiteren Verlauf dieses Kapitels und im 8. Kapitel erneut zur Sprache.

Weitere Erläuterungen zu den zwölf Gliedern gibt Seine Heiligkeit in *The Meaning of Life,* Boston: Wisdom Publications, 2000. (*Die Lehre des Buddha vom Abhängigen Entstehen*, Hamburg: Dharma-Ed., 1996.) Siehe auch Geshe Sonam Rinchen und Ruth Sonam: *How Karma Works*, Ithaca, N.Y.: Snow Lion Publications, 2006.

2 Hier spricht Seine Heiligkeit die Lehre an, dass das zyklische Dasein über die zwölf Glieder des bedingten Entstehens (siehe vorige Anmerkung) seinen Lauf nimmt.

3 Die vier Körper eines Buddha sind seine Verkörperung der Wahrheit als Weisheit (die vollkommene Weisheit eines Buddha), als Natur (die absolute Wirklichkeit), als Form der Glückseligkeit (der göttliche Körper eines Buddha in einem reinen Land) und als Emanation (das barmherzige Erscheinen eines Buddha im zyklischen Dasein).

4 Vers 4–8 nach der Nummerierung in Lindtners *Nagarjuniana,*

S. 103–105; entspricht den Versen 5–9 der Onlinefassung unter www.tibetanclassics.org/pdfs/SixtyStanzas.pdf.

5 Arhats haben auf einem anderen Weg als dem des Mahayana zur Befreiung vom zyklischen Dasein gefunden. Ihr Motiv besteht vornehmlich darin, für sich selbst Frieden zu finden, sie suchen nicht unbedingt das Glück aller Lebewesen.

6 Es handelt sich um siebenunddreißig Eigenschaften, die zur Erleuchtung führen oder mit ihr verbunden sind. In einem Sutra des Anguttara Nikaya (7.67), der »Angereihten Sammlung«, sagt der Buddha: »Ihr Mönche, ein Mönch, der sich nicht der Entwicklung seines Geistes durch Meditation widmet, mag sich wohl wünschen: ›O wäre mein Geist doch durch das Nichthaften von Verdunkelungen frei!‹, so wird sein Geist doch nicht frei werden. Weshalb nicht? Weil er seinen Geist nicht entwickelt hat. Worin nicht entwickelt? In den vier Grundlagen der Achtsamkeit, den vier Arten des rechten Strebens, den vier Ursachen des Erfolgs, den fünf spirituellen Fähigkeiten, den fünf spirituellen Kräften, den sieben Faktoren der Erleuchtung und dem edlen achtfachen Pfad.«

7 Die sechs Vollkommenheiten sind Gebefreudigkeit, Sittlichkeit, Geduld, freudiges Beharren, meditative Sammlung und Weisheit. Wie auch viele andere Mahayana-Autoren verdeutlicht Tsong-kha-pa (2, 85–224) die Praxis des Bodhisattwa-Pfades anhand der Vollkommenheiten. Vollkommen ist diese Praxis dadurch, dass sie vom Wunsch nach vollkommener Erleuchtung zum Nutzen aller Lebewesen und vom Wissen um die Leerheit durchdrungen ist.

8 Tsong-kha-pa gehört zu den Autoren, die tantrische Schriften und Praktiken des Buddhismus in vier Klassen einteilen, deren höchste ebendiese höchsten Yoga-Tantras sind. Siehe Jeffrey Hopkins (Hg.): *Tantra in Tibet: das geheime Mantra des Tsong-kha-pa,* mit einem Vorwort des Dalai Lama, München: Diederichs, 1994.

9 Zu diesem und dem nächsten Satz siehe Rosemarie Fuchs' Übersetzung dieses Texts in *Buddha Nature: the Mahayana Uttaratantra*

Shastra with Commentary, Ithaca, N.Y.: Snow Lion Publications, 2000, S. 21.

10 Die vier Siegel der buddhistischen Lehre lauten: Alle bedingten Phänomene sind vergänglich, alle verunreinigten Phänomene sind leidvoll, alle Phänomene sind leer und ohne ein Ich, Nirwana ist wahrer Frieden. Seine Heiligkeit wird dieses Thema im weiteren Verlauf noch mehrfach aufgreifen. An dieser Stelle geht es ihm um Folgendes: Wenn jemand, der den Dharma versteht, Zuflucht sucht, werden die Horte der Zuflucht, die drei Kostbarkeiten, im Licht der vier Siegel gesehen. Das macht den spezifisch buddhistischen Charakter dieser Praxis aus.

KAPITEL 5

1 *Grundlegende Weisheit* 18.5. Siehe Jay L. Garfield (Übers.): *The Fundamental Wisdom of the Middle Way,* New York: Oxford University Press, 1995, S. 248. Siehe auch den Kommentar Seiner Heiligkeit in seinem *The Middle Way,* S. 77–80.

2 In der tibetischen Fassung unter P5709, 86.1.3.

3 Siehe Gareth Sparham (Übers.): *Abhisamayalamkara with Vrtti and Aloka,* Band 3, Fremont, Calif.: Jain Publishing, 2009, S. 7, 117.

4 Mit Lobsang Chögyen ist Lobsang Chökyi Gyeltshen (1570–1662) gemeint, der Lehrer des Fünften Dalai Lama Ngawang Lobsang. Der Fünfte Dalai Lama verlieh ihm den Titel eines Penchen Lama. Penchen heißt »großer Gelehrter«. Lobsang Chökyi Gyeltshens drei frühere Inkarnationen wurden ebenfalls postum als Penchen Lamas anerkannt. Deshalb wird er in manchen Quellen als der erste Penchen Lama bezeichnet, in anderen als der vierte. Der Siebte (beziehungsweise Zehnte) Penchen Lama trug einen ähnlichen Namen: Lobsang Thrinle Lhündrub Chökyi Gyeltshen (1938–1989). In seinem Buch *Path to Bliss,* Ithaca, N.Y.: Snow Lion Publications, 1991, geht der Dalai Lama auf die Lehren Lobsang Chökyi Gyeltshens zu den Stufen des Pfades ein. (*Der Stufenweg zu Klarheit, Güte und Weisheit,* München: Diamant, 1998)

5 Innerhalb des zyklischen Daseins gibt es drei Bereiche: den des Begehrens, den der Form und den der Formlosigkeit. Wir leben im Bereich des Begehrens. Die Bereiche der Form und der Formlosigkeit sind ausschließlich von Wesen bewohnt, die ihr Leben lang unbeirrbar in der vollkommen auf ein einziges Objekt gesammelten Meditation bleiben. Die jeweils vier Ebenen dieser beiden Bereiche entsprechen den verschiedenen Stufen der Meditation.

6 Vers 64 in David Ross Komitos *Nagarjuna's Seventy Stanzas,* Ithaca, N.Y.: Snow Lion Publications, 1999, S. 94 und 175; und Vers 64 in Lindtners *Nagarjuniana*, S. 63.

7 Vers 135–136 in Rinchen und Sonams *Aryadeva's Four Hundred Stanzas,* S. 159–160. Die *Große Abhandlung* zitiert den ersten dieser beiden Verse.

8 Vers 3 in Komitos *Nagarjuna's Seventy Stanzas,* S. 79 und 101–102. Vers 3 in Lindtners *Nagarjuniana*, S. 35.

9 Siehe Anmerkung 1 zu Kapitel 4.

10 Vers 23 von *Lobpreis des Buddha für die Lehre vom abhängigen Entstehen.* Siehe Thupten Jinpas Übersetzung unter www.tibetanclassics.org/Jinpa_translations.html und Gavin Kiltys Übersetzung in *The Splendor of an Autumn Moon,* S. 227. Mündliche Unterweisungen Seiner Heiligkeit zu diesem Text sind auf DVD erhältlich als *In Praise of Dependent Origination,* San Jose, Calif.: Gyuto Vajrayana Center, 2009.

11 Vers 190. Rinchen und Sonam: *Aryadeva's Four Hundred Stanzas,* S. 193.

12 Sugata, wörtlich »der ins Glück Gegangene«, einer der Beinamen des Buddha.

13 Siehe »Concise Meaning of the Stages of the Path« in Geshe Wangyals *Door of Liberation,* Boston: Wisdom Publications, 1995, S. 176–177. (*Tibetische Meditationen,* Zürich: Theseus, 1975)

14 P5709, 87.5.5.

15 *Rig pa* bedeutet »Wissen« oder »Weisheit«, während *ma* eine Verneinung beinhaltet. Das Gleiche gilt für das Sanskrit-Äquivalent

Avidya, in dem *vidya* »Wissen« oder »Erkenntnis« bedeutet und das *a* eine Verneinung beinhaltet.

16 Das *Sutra des Königs der Konzentration (Samadhiraja-Sutra)* ist eine der Quellen für die berühmten vier Siegel. Geshe Yeshe Tapkay sieht auch das *Sutra von der Frage des Naga-Königs Sagara (glu'i rgyal po rgya mtsho zhu pa'i mdo)* als Quelle an. Dieser kurze Text steht in einer englischen Übersetzung aus dem Chinesischen (Taisho-Tripitaka 0599) online unter www.fodian.net/world/0599. html.

17 Siehe *Abhidharmasamuccaya*, nach einer älteren französischen Fassung von Walpola Rahula ins Englische übertragen von Sara Boin-Webb, Fremont, Calif.: Asian Humanities Press, 2001.

18 Übersetzt von Artemus B. Engle in *The Inner Science of Buddhist Practice*, Ithaca, N.Y.: Snow Lion Publications, 2009. Ebenfalls enthalten in Stefan Anacker: *Seven Works by Vasubandhu*, Delhi: Motilal Banarsidass, 1984.

KAPITEL 6

1 Zu den drei Graden der Befähigung siehe Kapitel 7.

2 In dieser Geschichte war der Bodhisattwa, der später der Buddha Shakyamuni werden sollte, in einem früheren Leben Schüler eines Lehrers, der die Meinung vertrat, es sei tugendhaft zu stehlen. Alle übrigen Schüler stimmten ihm zu, doch der werdende Buddha schwieg. Als er sein Schweigen erklären sollte, sagte er, es erscheine ihm unrecht zu stehlen, da es gegen die Lehre sei. Der Lehrer, der nur zum Schein zum Stehlen aufgefordert hatte, pries ihn als seinen besten Schüler. Siehe die *Große Abhandlung* 1, S. 385–386.

3 Die sechs vorbereitenden Übungen (1, 94–99) sind: 1. Halte deinen Platz sauber und ordentlich und sorge für die richtige Ausstattung mit Darstellungen von Körper, Rede und Geist des Buddha. 2. Besorge auf rechtem Wege Opfergaben und ordne sie so an, dass sie einen schönen Anblick bieten. 3. Nimm die volle oder halbe Lotoshaltung ein, nimm Zuflucht und lass den Erleuchtungsgeist

in dir stark werden. 4. Visualisiere als vor dir im Raum sitzend die Guru-Linien, die Buddhas und die Bodhisattwas. 5. Übe die sieben Zweige der Andacht, wodurch du Verdienst und Weisheit ansammelst und deinen Geist von Verunreinigungen säuberst. 6. Bitte um Segen.

Die sieben Zweige der Andacht sind: 1. Erweise den Erleuchteten deine Ehrerbietung. 2. Bringe ihnen Opfergaben dar. 3. Bekenne deine Sünden. 4. Freue dich am Verdienst der Erleuchteten. 5. Bitte sie inständig, den Dharma zu lehren. 6. Rufe sie an, weitere Weltzeitalter lang zu lehren. 7. Widme das Verdienst deines Tuns der vollkommenen Erleuchtung aller.

4 Tsong-kha-pa widmet sich diesen vier Prinzipien zwar kurz in der *Großen Abhandlung* (3,329), aber sie spielen für den Aufbau des Textes keine große Rolle. Sehr wichtig sind sie dagegen in der Nyingma-Philosophie Rongsoms und Miphams und in den Lehren von Jamgön Kongtrül. Siehe Heidi I. Köppl: *Establishing Appearances as Divine*, Ithaca, N.Y.: Snow Lion Publications, 2008, Kapitel 4; und Matthew T. Kapstein: *Reason's Traces*, Boston: Wisdom Publications, 2001, Kapitel 13.

KAPITEL 7

1 Der gewöhnliche Erleuchtungsgeist strebt zum Wohl aller Wesen nach Buddhaschaft. Der höchste Erleuchtungsgeist besteht in der Erkenntnis der Leerheit, das heißt der Realität im höchsten Sinne, durch einen Bodhisattwa. Zu den sechs Vollkommenheiten siehe Anmerkung 7 zu Kapitel 4.

2 Siehe Anmerkung 5 zu Kapitel 3.

3 Siehe Rinchen und Sonams *Aryadeva's Four Hundred*, Vers 190 auf S. 193.

4 Drei der zehn untugendhaften Handlungen sind geistiger Art: Begehrlichkeit, Übelwollen und falsche Anschauungen. Sie entsprechen den drei Grundplagen oder geistigen Giften Anhaftung, Feindseligkeit und Verblendung. Begehrlichkeit erreicht ihren

Gipfel durch den Einfluss des Haftens, Übelwollen durch Feindseligkeit und falsche Anschauungen durch Verblendung. Siehe
Große Abhandlung 1, 227.

5 Ausgezeichnete Fassungen dieses kurzen Texts bieten Geshe Sonam Rinchen und Ruth Sonam in *Three Principal Aspects of the
Path,* Ithaca, N.Y.: Snow Lion Publications, 1999; sowie Sonam
und Hopkins in *Cutting through Appearances,* hier besonders die
Erörterung S. 71–79.

6 Atishas Anlage der Darstellung folgend, betont Tsong-kha-pa
(z.B. 1, 135–136) die große Bedeutung der Praktiken für Menschen
von geringer Befähigung für die richtige Durchführung der Praxis
für Menschen von mittlerer Befähigung. Erstere dienen demnach
nicht nur den Menschen von geringer Befähigung, sondern den
höheren Stufen ebenso.

7 P5709, 86.5.2.

8 Dieser Teil der *Klaren Worte (Prasannapada)* erscheint in Mervin
Sprungs Teilübersetzung als *Lucid Exposition of the Middle Way,*
London: Routledge and Kegan Paul, 1979, S. 233–246. Siehe auch
Tsong-kha-pas Kommentar zum gleichen Kapitel in Geshe Nga-
wang Samten und Jay L. Garfield (Übers.): *Ocean of Reasoning,*
New York: Oxford University Press, 2006, S. 469–515.

9 Siehe die Erörterung der Beziehung zwischen der Leerheit und
den vier edlen Wahrheiten im 5. Kapitel.

10 *Byang* bedeutet »geläutert« und *chub* bedeutet »Begreifen« oder
»vollkommene Erkenntnis«.

KAPITEL 8

1 Tsong-kha-pa (1, 298–199) führt diese zehn auf als: Anhaftung,
Feindseligkeit, Stolz, Unwissenheit, Zweifel, die verdinglichende
Sicht der vergänglichen Anhäufungen, extreme Anschauungen,
Glaube an die Überlegenheit der falschen Anschauung, Glaube an
die Gültigkeit falscher sittlicher Anschauungen und falsche An-
schauungen. Seine Heiligkeit zählt nur die letzten fünf zu den mit

der falschen Sicht der Dinge verbundenen Plagen, sodass Unwissenheit und Zweifel keinen Bezug zu unseren Anschauungen haben. In dieser Aufzählung hat »Unwissenheit« also nicht die spezifisch buddhistische Bedeutung der Verblendung, die aktiv auf der falschen Sicht der Dinge beharrt; es geht vielmehr um schlichte Unkenntnis bestimmter wichtiger Dinge, wie etwa der vier edlen Wahrheiten. Auch Tsong-kha-pa betont (1, 300), dass er mit Unwissenheit hier nicht die grundlegende Verblendung als Ursache des zyklischen Daseins meint. Auf diese Unwissenheit wird im nächsten Abschnitt über das abhängige Entstehen näher eingegangen.

2 Zur Quelle siehe Anmerkung 17 zu Kapitel 5.

3 Tsong-kha-pa zitiert diese Stelle in 1, 206. Der tibetische Wortlaut steht ganz am Ende der *Klaren Worte* bei P5360, 91.5.3–6 und in Derge Bstan 'gyur, dbu ma, Bd. 'a, 198b5–199a1. Die Sanskrit-Fassung erscheint nicht in La Vallee Possins Sanskrit-Ausgabe, und Wayman bemerkt in Anmerkung 201, S. 465, seines *Calming the Mind and Discerning the Real* (N. Y.: Columbia University Press, 1978), J. W. de Jong ordne diese Stelle einem anderen Werk Chandrakirtis zu; siehe *Oriens Extremus* 9, 1962, S. 47.

4 *Grundlegende Weisheit des Mittleren Weges* 15.2cd; in Garfields *Fundamental Wisdom* auf S. 221.

5 Einen Überblick gibt Anmerkung 1 zu Kapitel 4. In dieser speziellen Aussage folgt Seine Heiligkeit Tsong-kha-pa (1, 322–323), der sagt, es müsse sich nicht um aufeinanderfolgende Leben handeln, und das sei auch häufig der Fall. Das erste Leben in einer solchen Abfolge kann sogar sehr weit in der Vergangenheit liegen. Das Dasein im Zwischenzustand *(Bardo)* zwischen den Inkarnationen wird nicht als Leben gezählt.

6 Das ist hier von Bedeutung, weil unmittelbar vorher im Zusammenhang mit den zehn Plagen von einer Unwissenheit die Rede war, die einfach aus Unkenntnis besteht und nicht wie in den meisten anderen Zusammenhängen als aktive, mit Plagen behaftete und deshalb als falsche Sicht der Dinge zu verstehen ist.

7 Dies bezieht sich auf Tsong-kha-pas Auslegung von Chandrakirtis Darstellung des karmischen Wirkens in Abwesenheit einer in sich selbst existierenden Entität, die das Potenzial einer Aktion von einem Leben zum nächsten weiterträgt. Eine umfassende Erklärung findet sich in Daniel Cozort: *Unique Tenets of the Middle Way Consequence School,* Ithaca, N. Y.: Snow Lion Publications, 1998, S. 181–230.

8 Der Kadampa-Meister Pu-chung-wa Shonu Gyaltsen (1041–1106) war ein Schüler von Atishas Hauptschüler Drom Tönpa.

9 Dies orientiert sich an Tsong-kha-pas Auffassung der Madhyamaka-Haltung Chandrakirtis. Eine knappe Erläuterung findet sich in Cozorts *Unique Tenets* S. 258–259. Im Unterschied zu anderen Systemen, die die Ichlosigkeit der Person einer gröberen Form der Leerheit zuordnen als die Ichlosigkeit der Phänomene, ist hier mit der Ichlosigkeit der Person die gleich profunde Leerheit angesprochen.

10 Dharmakirtis *Kommentar zum Kompendium gültiger Erkenntnis,* P5709, 87.1.8. Seine Heiligkeit kommt im Abschnitt »Gemütsruhe genügt nicht« im 12. Kapitel noch einmal auf diese Stelle zu sprechen.

11 Kapitel 7, Vers 30. Meine Übersetzung ist von der inspiriert, die sich auf der Website www.berzinarchives.findet.

12 Pabongka (1878–1941) war ein äußerst charismatischer Lama und eine der einflussreichsten Gestalten in der Zeit des Dreizehnten Dalai Lama. Die persönlichen Lehrer Seiner Heiligkeit, Ling Rinpoche und Trijang Rinpoche, hatten von Pabongka Unterweisungen zu den Stufen des Pfades erhalten. Siehe die überarbeitete Neuausgabe von Pabongka Rinpoches *Befreiung in unseren Händen,* München: Diamant, 1999.

13 In der Zeit seit diesen Vorträgen hat Seine Heiligkeit das Buch *Beyond Religion: Ethics for a Whole World,* New York: Houghton Mifflin Harcourt, 2011, veröffentlicht (*Rückkehr zur Menschlichkeit: neue Werte in einer globalisierten Welt,* Köln: Lübbe, 2011). Darin legt er seine Vision einer säkularen Ethik dar und betont

auch gleich zu Beginn, dass »säkular« nicht den Ausschluss der Religion bedeutet. Gemeint ist vielmehr die Suche nach einer gemeinsamen ethischen Basis für die vielen Religionen und ihre Gläubigen, aber auch für Menschen ohne Religion.

14 Angesprochen ist hier das 8. Kapitel von *Eintritt in die Taten eines Bodhisattwas*, insbesondere Vers 8.104–105. Hier stellt sich Shantideva die Frage:»Aber Mitgefühl ist von viel Leid begleitet. Wozu danach streben?« Und seine Antwort lautet:»Verglichen mit den Leiden aller Lebewesen, kann doch das Leid des Mitfühlens nicht gar so groß sein. Wenn die Leiden vieler durch das Leid eines Einzelnen schwinden, wird ein mitfühlender Mensch bereit sein, es um seiner selbst und der anderen willen auf sich zu nehmen.«

KAPITEL 9

1 Siehe die Übersetzung von Thurman et al. in *The Universal Vehicle Discourse Literature*, S. 32.

2 Siehe Kapitel 5 und die erste Hälfte von Kapitel 7.

3 *Eintritt in die Taten des Bodhisattwas*, 8.118.

4 Siehe dazu den Abschnitt »Der Buddha« im zweiten Kapitel und Anmerkung 3 zu Kapitel 4.

5 Siehe Dalai Lama: *Essence of the Heart Sutra*, S. 128–129.

6 Schüler oder Hörer *(nyan thos)* sind all jene, die vor allem für sich selbst Frieden suchen und deshalb den Lehren des Buddha lauschen und sie befolgen. Selbst-Erleuchtete *(rang sangs rgyas)* oder einsam Verwirklichte *(rang rgyal)* sind Menschen, die zurückgezogen praktizieren und so vor allem für sich selbst Frieden finden möchten. Beide Typen gehen nicht den Bodhisattwa-Pfad; sie sind Arhats und erlangen die Erleuchtung, das Nirwana, als tiefen Frieden, der noch nicht die vollkommene Erleuchtung eines Buddha ist. Siehe Daniel Cozort und Craig Preston: *Buddhist Philosophy*, Ithaca, N.Y.: Snow Lion Publications, 2003, S. 275–278.

7 Siehe Anmerkung 3 zu Kapitel 6 und die etwas detailliertere Darstellung in der *Großen Abhandlung* 1, 94–98.

8 8.129–130, der folgende Vers ist 8.131. Tsong-kha-pa zitiert die Stelle in der *Großen Abhandlung* 2, 52.

9 *Eintritt in die Taten eines Bodhisattwas* 1.7 und die umgebenden Verse.

10 Ein aus dem *Eintritt in die Taten eines Bodhisattwas* (etwa 2.26 und 3.22) abgeleitetes traditionelles Gebet.

11 3.26. Das folgende Zitat ist 3.27.

KAPITEL 10

1 Zum Beispiel im Abschnitt »Der Buddha« im 2. Kapitel.

2 In den *Sechzig Strophen* Vers 60 nach der Nummerierung der Übersetzung unter www.tibetanclassics.org/pdfs/SixtyStanzas.pdf.

3 Die Thematik dieses kurzen Abschnitts wird an anderer Stelle (2, 85–99) sehr ausführlich behandelt.

4 Siehe Anmerkung 5 zu Kapitel 3.

5 Zu dem Zitat aus dem *Lobpreis des Buddha* vergleiche Kiltys *Splendor of an Autumn Moon* (S. 235) und Berzins Übersetzung unter http://samforbes.wordpress.com/in-praise-of-dependent-arising-from-berzin-archives. In seinem paraphrasierenden nächsten Satz spricht Seine Heiligkeit eine spätere Stelle an, wo Tsong-kha-pa sagt, er habe Frieden gefunden, als er den Stern der Weisheit Chandrakirtis über den Himmel der Worte des Buddha ziehen und die Finsternis extremer Anschauungen vertreiben sah.

KAPITEL 11

1 Zur Sonderstellung des Buddha unter den drei Kostbarkeiten siehe Fuchs' Übersetzung von *Das erhabene Kontinuum* in *Buddha Nature: The Mahayana Uttaratantra Shastra with Commentary*, S. 20–22. Da Buddhaschaft gleichbedeutend mit dem Erlangen der höchsten Weisheit ist, haben nur Buddhas den Zustand des Nicht-mehr-Lernens erreicht. Deshalb bezieht sich die Unterscheidung von Lernen und Nichtlernen nur auf die Kostbarkeiten Dharma und Sangha. Die Kostbarkeit des Lerner-Dharma ist die Praxis des

wahren Pfades und des wahren Nirwana; und mit dem Lerner-Sangha sind die angesprochen, die das verwirklicht, also Nirwana erlangt haben, aber noch nicht voll erleuchtete Buddhas sind. Die Dharma-Kostbarkeit des Nicht-mehr-Lernens meint die Vollendung des wahren Pfades und des wahren Nirwana im Geist eines Buddha, und mit dem Sangha des Nicht-mehr-Lernens ist der Buddha gemeint, der den wahren Pfad und das wahre Nirwana vollendet hat.

2   Siehe Anmerkung 7 zu Kapitel 4.

3   Siehe hierzu die Erläuterungen des Dalai Lama zu Kamalashilas zweitem von drei Texten zu den *Stufen der Meditation* in seinem Buch *Stages of Meditation,* Ithaca, N.Y.: Snow Lion Publications, 2003. (*Die Essenz der Meditation,* München: Ansata, 2002.)

4   Vairochana ist in vielen tantrischen und nicht tantrischen Traditionen und Texten des Mahayana ein wichtiger Buddha.

5   Dzogchen ist eine Methode der direkten Einführung des Schülers in den grundlegenden klaren Geist, eng mit der Nyingma-Schule des tibetischen Buddhismus verbunden. Die Unterweisungen des Dalai Lama zu diesem Thema sind nachzulesen in *Dzogchen: die Herz-Essenz der großen Vollkommenheit,* Berlin: Theseus, 2001. Zur Kalachakra-Praxis siehe sein *Kalachakra-Tantra: der Einweihungsritus,* Berlin: Theseus, 2002.

6   In der Praxis des höchsten Yoga-Tantra geht es auch um Kontrolle der Vitalenergien oder Winde *(rlung).* Der Körper erhält seine Lebendigkeit durch den Strom dieser subtilen Energien in unzähligen unsichtbaren, aber physischen Kanälen. Außer diesen Winden und Kanälen besteht der feinstoffliche Körper auch noch aus feinstofflichen Essenzen, die als weiße und rote Tropfen bezeichnet werden. Siehe Daniel Cozort: *Highest Yoga Tantra,* Ithaca, N.Y.: Snow Lion Publications, 1986, S. 42–45 und 72–73.

7   Mahamudra ist ähnlich dem Dzogchen eine Methode des direkten Zugangs zur grundlegenden Natur des Geistes, eng mit der Kagyü-Schule des tibetischen Buddhismus verbunden. Siehe dazu Dalai

Lama: *The Gelug/Kagyü Tradition of Mahamudra,* Ithaca, N.Y.: Snow Lion Publications, 1997.

8 Der Geist des klaren Lichts ist im buddhistischen Tantra die subtilste Form des Bewusstseins. Siehe dazu Cozorts *Highest Yoga Tantra,* S. 75–76.

9 Hier folgt Tsong-kha-pa dem Prasangika-Madhyamaka-Denken Chandrakirtis, nach dem sich ein einzelner Bewusstseinsmoment nicht selbst erkennen kann.

10 Letztlich ist der Geist wie alle anderen Phänomene leer. Selbst im gewöhnlichen Sinne besitzt er nichts, was ihm erlauben würde, aus sich selbst zu existieren. Er existiert wie alles andere nur aufgrund seiner Interdependenz mit anderen Gegebenheiten. Doch wie Feuer an seiner Hitze und Eis an seiner Kälte zu erkennen ist, besitzt auch der Geist Züge, die ihn selbst für das gewöhnliche Bewusstsein auszeichnen.

11 Zu den neun Stufen, acht Fehlern usw. siehe Leah Zahler: *Study and Practice of Meditation,* Ithaca, N.Y.: Snow Lion Publications, 2009, Kapitel 4.

KAPITEL 12

1 Das zyklische Dasein besteht aus drei Bereichen, dem Reich der Begierde, in dem wir leben, und den beiden höheren Bereichen der Form und der Formlosigkeit. In die Bereiche der Form und der Formlosigkeit gelangt man durch hohe meditative Entwicklung, und sie zeichnen sich durch lange Lebensspannen ohne körperliche Leiden aus. Allerdings sind die dort existierenden Wesen nicht unbedingt erleuchtet oder spirituell besonders hoch entwickelt. Über die Arten des Leidens in den Bereichen der Menschen, Halbgötter und Götter schreibt Tsong-kha-pa in der *Großen Abhandlung* 1, 292–295. Eine kurze Einführung in die buddhistische Kosmologie bietet Damien Keown in *Der Buddhismus,* Stuttgart: Reclam, 2010, Kapitel 3.

2 P5709, 87.2.5.

3 *Kommentar zum Mittleren Weg (Madhyamakavatara)* 6.164; siehe die Übersetzung der Padmakara Translation Group: *Introduction to the Middle Way,* Boston: Shambhala, 2002, S. 91.

4 Diesen wichtigen Vers zitiert Tsong-kha-pa drei Mal in der *Großen Abhandlung:* am Beginn des Gemütsruhe-Teils (3, 23), am Beginn des Einsicht-Teils (3, 108) und noch einmal am Ende des Einsicht-Teils (3, 345). Dieses Zitat erscheint zusammen mit dem vorausgehenden Vers in Kamalashilas zweitem von drei Texten mit dem Titel *Stufen der Meditation;* siehe Dalai Lama: *Stages of Meditation,* S. 83–84 (die Quelle des Zitats ist hier unrichtig angegeben).

5 P5709, 87.1.8.

6 In *Grundlegende Weisheit* (18.8) heißt es: »Alles ist wirklich und nicht wirklich, sowohl wirklich als auch unwirklich, weder wirklich noch unwirklich. Dies ist die Lehre des Buddha.« Garfields Übersetzung in *The Fundamental Wisdom of the Middle Way,* S. 49.

7 Vers 44: »Die Buddhas haben bewusst von ›ist‹, ›ist nicht‹ und ›sowohl ist als auch ist nicht‹ gesprochen. Das ist nicht leicht zu verstehen.« Vergleiche Lindtners *Nagarjuniana,* S. 55, und Komitos *Nagarjuna's Seventy Stanzas,* S. 90 und 155–157.

8 John Powers (Übers.): *Wisdom of Buddha,* Berkeley: Dharma Publishing, 1995.

9 Tsong-kha-pa führt beide Sutras an (3, 113) und entnimmt ihnen, dass Schriften über die Leerheit als endgültig und solche zu anderen Themen als vorläufig anzusehen sind.

10 Nagarjunas sechsteilige Analytische Sammlung *(rigs tshogs drug)* besteht aus: *Grundlegende Weisheit des Mittleren Weges, Sechzig Strophen der Beweisführung, Siebzig Strophen über die Leerheit, Widerlegung der Einwände, Fein gewebt* und *Kostbarer Blumenschmuck.*

11 Dieser berühmte Vers wird in einem Kommentar zum *Kalachakra-Tantra* mit dem Titel *Makelloses Licht (Vimalaprabha)* zitiert sowie von Shantarakshita in *Leitfaden der Prinzipien (Tattvasamgraha).* Bei Shantarakshita erfahren wir nicht, aus welchem Sutra er

stammt. Er wird auch von modernen Theravada-Lehrern zitiert und soll im Pali-Kanon vorkommen, aber ich habe noch keine genaue Quellenangabe gesehen. Eine Stelle mit dem gleichen Originalwortlaut, aber etwas anders ins Tibetische übertragen, erscheint in einem Tantra mit dem Titel *Der sehr mächtige Herr der Tantras (dpal stobs po che'i rgyud gyi rgyal po)* in Tarthang Tulkus *Derge Kanjur*, rgyud, ga, 216b.6; Bd. 28, 447-3-6.

12 Die Stelle in den *Sechzig Strophen* (51–52ab) lautet: »Hat man einen Ort gefunden, hält einen die schlängelnde Schlange der Plagen gefangen. Die, deren Geist keinen Ort hat, sind nicht so gefangen. Wie könnte sich das tödliche Gift der Plagen nicht in denen regen, deren Geist einen Ort hat?« Siehe www.tibetanclassics.org/pdfs/SixtyStanzas.pdf.

13 Zur Beziehung zwischen dem Buddhismus und der Quantenphysik siehe Dalai Lama: *Die Welt in einem einzigen Atom.* Eine kritische Betrachtung des materialistischen Reduktionismus in der westlichen Naturwissenschaft aus der Sicht des tibetischen Buddhismus bieten B. Alan Wallace und Brian Hodel in *Embracing Mind,* Boston: Shambhala, 2008.

14 Dieser Ansatz der »Leerheit des anderen« *(gzhan stong)*, in Umlauf gebracht von dem Jonang-Lehrer Sherap Gyaltsen (1292–1361), war von erheblicher Breitenwirkung.

15 *Dharmadhatu-stotra.*

16 Weil sie das Höchste in positiven, wenn nicht absoluten Begriffen darstellen und nicht als bloße Leerheit von innewohnendem Sein. In Fuchs' Übersetzung *Sublime Continuum as Buddha Nature: The Mahayana Uttaratantra Shastra with Commentary*, S. 52, heißt es: »Die Verfassung des Muni [Buddha], ihrer Natur nach ungeschaffen, ist von Urbeginn an in vollkommenem Frieden … da sie von absoluter [Wahrheit] ist, ist sie unaussprechlich … da sie nicht erforscht werden kann, ist sie absolut. Unerforschlich ist sie, weil sie nicht schlussfolgernd hergeleitet werden kann.«

17 Über Losang Chögyen siehe Anmerkung 4 zu Kapitel 5. Die

Unterweisungen Seiner Heiligkeit zu dem hier angesprochenen Text sowie eine Übersetzung finden sich in seinem Buch *The Ge-lug/Kagyü Tradition of Mahamudra*. Sachkundige finden weiteren Aufschluss in Roger Jacksons »The dGe ldan-bKa' brgyud Tradition of Mahamudra« in Guy Newland (Hg.): *Changing Minds*, Ithaca, N.Y.: Snow Lion Publications, 2001.

18 Vergleiche dazu den Abschnitt »Wie man Schüler anleitet« in Kapitel 3.

KAPITEL 13

1 Die Übersetzung der entsprechenden Stellen aus den *Klaren Wor-ten* erscheinen in Tsong-kha-pas *Großer Abhandlung* 3, 120–121. Vergleiche Sprungs *Lucid Exposition of the Middle Way*, S. 165.

2 Rinchen und Sonam, *Aryadevas Four Hundred Sanzas*, Vers 350 auf S. 275.

3 Der angesprochene Text ist »Meditation zur Abtrennung des Egos« aus den *Gesängen zur geistigen Schulung* des Siebten Dalai Lama Kelsang Gyatso (1708–1757), insbesondere Vers 2–5. Siehe dazu die Übersetzung von Glenn Mullin in *Meditations to Transform the Mind*, Ithaca, N.Y.: Snow Lion Publications, 1999, S. 110.

4 Zu Gungthang siehe Anmerkung 16 zum 1. Kapitel. Dieser Verweis und alle weiteren beziehen sich auf sein Werk *Meaningful Praises of Tsong-kha-pa (tsong kha pa'i bstod pa don dang ldan pa)*, Taipei: The Corporate Body of the Buddha Educational Foundation, 2002.

5 Siehe Garfields *The Fundamental Wisdom of the Middle Way*, S. 276–277.

6 Chandrakirti stellt die siebenfach Analyse in Kapitel 6 seines Wer-kes *Kommentar zum Mittleren Weg* dar. In Tsong-kha-pas *Großer Abhandlung* ist die entsprechende Stelle 3, 289–300.

7 Auch Tsong-kha-pa argumentiert in der *Großen Abhandlung* (3, 144) so: »Die meisten Tibeter, die sich als Madhyamikas ausgeben, stimmen offenbar mit den Verfechtern eines essenziellen Seins darin überein, dass eine Widerlegung der innewohnenden Natur

zwangsläufig auch die Existenz von Ursache und Wirkung verneint. Anders als die Verfechter des essenziellen Seins scheinen diese Tibeter jedoch munter anzunehmen, die Vernunft spreche gegen die Existenz von Ursache und Wirkung, und das sehen sie als das Madhyamaka-System an.« Gungthangs Aussage findet sich in *Meaningful Praises of Tsong-kha-pa* auf S. 1–2.

8   Dies bezieht sich auf *Grundlegende Weisheit des Mittleren Weges* 24.18; bei Garfield auf S. 69.

9   *Grundlegende Weisheit des Mittleren Weges,* 24.7; bei Garfield S. 68.

10 24.18; bei Garfield S. 69.

11 Dies bezieht sich auf eine Stelle im *Sutra der Fragen des Naga-Königs Anavatapta,* die Tsong-kha-pa in der *Großen Abhandlung* (3, 188) zitiert und kommentiert.

12 *Grundlegende Weisheit,* 24.18; bei Garfield auf S. 69.

13 Der Ausdruck »Diamantsplitter« verweist auf den Gedankengang, dass etwas – zum Beispiel ein Keimling oder der Körper eines Menschen – nicht seiner Natur nach etwas Hervorgebrachtes ist, weil es nicht aus sich selbst und nicht aus etwas essenziell anderem und nicht aus beidem entsteht oder ohne Ursache entsteht. Bei Nagarjuna finden wir das in den ersten Versen der *Grundlegenden Weisheit,* bei Garfield auf S. 3. Ein Beispiel für eine Auslegung nach der tibetischen Tradition gibt Jeffrey Hopkins in *Meditation on Emptiness,* Boston: Wisdom Publications, 1996, S. 57–59.

14 Siehe Sopa und Hopkins' *Cutting Through Appearances,* S. 101 bis 102.

15 *Kostbarer Blumenschmuck,* Vers 80; in Hopkins' *Nagarjuna's Precious Graland,* S. 104.

16 Hier bezieht sich Seine Heiligkeit auf die Verse 81 und 82 von Nagarjunas *Kostbarem Blumenschmuck.*

17 Chandrakirtis *Kommentar zum Mittleren Weg,* 6.158–160. Siehe die Übersetzung der Padmakara Translation Group, *Introduction to the Middle Way,* S. 90.

18 Chandrakirti, ebenda 6.185; Padmakara Translation Group, ebenda S. 94.

19 *Grundlegende Weisheit* 24.10ab; bei Garfield S. 68.

20 *Kommentar zum Mittleren Weg* 6.80; in der Übersetzung der Padmakara Translation Group S. 79.

KAPITEL 14

1 An der angesprochenen Stelle (siehe S. 199) paraphrasiert Seine Heiligkeit Gungthang und sagt: »Wenn wir uns der Anschauung der Leerheit annähern, sind wir nach seinen Worten darauf aus, die Natur der Dinge zu verstehen. Bei diesem Unterfangen finden wir kein in den Dingen selbst liegendes Sein – und dieses Nichtfinden ist in sich selbst bereits die Negation des innewohnenden Seins.«

2 Gemeint ist das *Sutra des Königs der Konzentration (Samadhiraja-Sutra)*. Tsong-kha-pas Aussagen dazu finden sich in der *Großen Abhandlung* (3, 164).

3 Diese vier Arten der verlässlicher Erkenntnis werden von der Nyaya-Schule der Hindu-Philosophie genannt. Nagarjuna kritisiert in seiner *Widerlegung der Einwände* (Vers 40–46) das Realitätsverständnis der Nyaya-Auffassung von verlässlicher Erkenntnis. Tsong-kha-pa und Seine Heiligkeit schließen sich Chandrakirtis Auslegung von Nagarjunas Worten an, wonach dessen Einwand gegen das Nyaya-Denken nicht ausschließt, dass die vier Arten von verlässlicher Erkenntnis für die konventionelle Ebene Gültigkeit besitzen. In Chandrakirtis *Klaren Worten* heißt es sogar ausdrücklich, die Dinge der Welt würden auf diese vier Weisen im gewöhnlichen Sinne erkannt.

4 Vers 52 führt diesen Vergleich ein, der in den weiteren Versen bis 56 erörtert wird. Siehe Hopkins' *Nagarjuna's Precious Garland*, S. 101.

5 Näheres hierzu findet sich bei Hopkins in *Tsong-kha-pa's Final Exposition of Wisdom*, S. 41, Fußnote c; sowie in Jeffrey Hopkins:

Maps of the Profound, Ithaca, N.Y.: Snow Lion Publications, 2004, S. 890.

6 »Syllogismus« bezeichnet hier einen formallogischen Zusammenhang des Typs: »Im Hinblick auf X ist Y aufgrund von Z der Fall – wie im Fall von A.« Ein autonomer Syllogismus funktioniert so, dass beide Parteien eines Disputs die Elemente des Syllogismus nach der gleichen Art von gesicherter Erkenntnis verifizieren und der Syllogismus gleichsam automatisch abläuft und der jeweiligen Gegenseite ein gewandeltes Verständnis vermitteln kann. Bhavaviveka vertritt entschieden die Auffassung, die Auseinandersetzung mit Nagarjunas Argumenten müsse nach diesem Muster angelegt sein, und er wirft Buddhapalita vor, dies versäumt zu haben. Chandrakirti und seine Nachfolger kritisieren wiederum Bhavavivekas Ansatz und sagen, syllogistische Beweisführung könne bei Gesprächen über die Leerheit zwischen Madhyamikas und anderen nicht autonom funktionieren, weil Madhyamikas eine ganz andere Art von gültiger Erkenntnis bei der Verifikation der Elemente eines Syllogismus zugrunde legen.

Das ist ein zwangsläufig sehr schwieriges Thema. Eine relativ zugängliche Darstellung liefert Guy Newland in *Introduction to Emptiness,* Ithaca, N.Y.: Snow Lion Publications, 2008, S. 77–85. (*Einführung in die Leerheit,* München: Diamant, 2009)

7 Samkhya ist eine der sechs traditionellen Schulen der Hinduphilosophie. Die Samkhya-Philosophie ist stark dualistisch und erkennt zwei Grundrealitäten: Person *(Purusha)* und Natur *(Prakriti).* Der charakteristische Samkhya-Gedankengang ist dieser: Da alle Phänomene als Permutationen des im Begriff »Natur« Gegebenen erscheinen, sind Wirkungen bereits latent in ihren Ursachen vorhanden. Darauf richtet sich die buddhistische Kritik, die besagt: Nach dieser Ansicht gehen die Dinge *aus sich selbst* hervor, sie sind Manifestationen oder Wandlungsformen früherer nicht manifestierter Formen ihrer selbst.

8 Zum Unterschied zwischen Tsong-kha-pas beiden Kritiken an

Bhavaviveka und zu der Frage, weshalb er zwei unterschiedliche Ansätze wählte, siehe Jeffrey Hopkins: »A Tibetan Delineation of Different Views of Emptiness in the Middle Way School«, in *Tibetan Journal* 14, Nr. 1, 1989, S. 10–43.

9 Kapitel 6, Vers 34–36. Siehe die Übersetzung der Padmakara Translation Group, *Introduction to the Middle Way*, S. 73 und 204–210.

10 Hier verweist Seine Heiligkeit abermals auf die Lehre der »Leerheit des anderen«, wie sie in der Jonang und anderen Linien des tibetischen Buddhismus anzutreffen ist, aber von Tsong-kha-pa in der *Großen Abhandlung* (3,201) verworfen wird. Zu Jonang siehe Anmerkung 28 zu Kapitel 2.

11 *Grundlegende Weisheit* 28.2cd; in Garfields *The Fundamental Wisdom of the Middle Way*, S. 48.

12 Die acht weltlichen Belange sind 1. Mögen, 2. Belohnung, 3. Lust, 4. guter Ruf, Nichtmögen, 5. ausbleibender Lohn, 6. Schmerz, 7. Kritik und 8. alles den Ruf Schädigende.

13 *Vaidalya-prakarana*, verschiedentlich. Eine nützliche Zusammenfassung der Argumente dieses Textes bietet Richard A. Jones in *Nagarjuna*, New York: Jackson Square Books, 2010, S. 79–90. Siehe auch die Übersetzung in Fernando Tola und Carmen Dragonetti: *Nagarjuna's Refutation of Logic*, Delhi: Motilal Banarsidass, 1995.

14 Vers 12 in meiner Übersetzung. Eine ausgezeichnete Übersetzung mit Kommentar bieten Geshe Sonam Rinchen und Ruth Sonam in *The Three Principal Aspects of the Path*, Ithaca, N.Y.: Snow Lion Publications, 2010. Dieser Vers dort auf S. 122.

AUSKLANG

1 Zu Tsong-kha-pas Umgang mit seinen Quellen in der *Großen Abhandlung* siehe Elizabeth Napper: *Dependent Arising and Emptiness*, Boston: Wisdom Publications, 2003; und »Ethics as the Basis of a Tantric Tradition«, in *Changing Minds*, herausgegeben von Guy Newland, S. 107–131.